MétodoSymlog
e Aprendizagem Organizacional

Antônio Carlos Valença
Robert Köenigs
Paul Hare

MétodoSymlog
e Aprendizagem Organizacional

Copyright© 2004 by Antonio Carlos Valença

Todos os direitos desta edição reservados à Qualitymark Editora Ltda.
É proibida a duplicação ou reprodução deste volume, ou parte do mesmo,
sob qualquer meio, sem autorização expressa da Editora.

Direção Editorial	Produção Editorial
SAIDUL RAHMAN MAHOMED	EQUIPE QUALITYMARK
editor@qualitymark.com.br	

Capa	Editoração Eletrônica
WILSON COTRIM	UNIONTASK

CIP-Brasil. Catalogação-na-fonte
Sindicato Nacional dos Editores de Livros, RJ

V247m

Valença, Antonio Carlos
Método SYMLOG e aprendizagem organizacional / Antonio Carlos Valença, Roberto Köenigs, Paul Hare. — Rio de Janeiro : Qualitymark, 2004.

Inclui bibliografia
ISBN 85-7303-522-6

1. Sistema SYMLOG. 2. Aprendizagem organizacional.
I. Köenigs, Robert. II. Hare, A. Paul (Alexander Paul), 1923–. III. Título.

04-2112.   CDD 658.4
            CDU 65.012.2

2005
IMPRESSO NO BRASIL

Qualitymark Editora Ltda.
Rua Teixeira Júnior, 441
São Cristóvão
20921-400 – Rio de Janeiro – RJ
Tel.: (0XX21) 3860-8422

Fax: (0XX21) 3860-8424
www.qualitymark.com.br
E-Mail: quality@qualitymark.com.br
QualityPhone: 0800-263311

Dedicatória

Este livro é dedicado
ao amigo, professor e parceiro
Robert Freed Bales (*in memoriam*).

Propósitos e Agradecimentos

Este livro tem o propósito de apresentar de forma elementar, mas um tanto detalhada, as bases da teoria do Método Symlog, da Ciência da Ação, da Educação Reflexiva e da Aprendizagem Organizacional Abrangente ou de Ciclo Duplo e de como é possível acioná-las e usá-las de modo complementar, no pressuposto de que, quando utilizadas em conjunto, elas se tornam mais ricas do que em suas funções isoladas.

Não é um livro escrito para a academia e muito menos para disputas teóricas. É um livro escrito para apresentar – insistimos –, de forma elementar, os esforços de vários pesquisadores internacionais e brasileiros, que praticam ciência com o compromisso de manter um caráter de acionabilidade do seu arcabouço teórico, de aperfeiçoar sua potencialidade como um meio de boa transformação social, de reivindicar sua função de instrumentadora de processos reflexivos, de alegar que as defesas lógicas e processuais da construção da democracia social, especialmente no âmbito da educação, não se resumem no cuidado retórico de um pretenso concurso de melhores discursos, em atmosfera excitada das assembléias públicas, e, sobretudo, este livro se propõe a alegar que devem ser desmascaradas as várias formas de discurso e de estratégias de proteção unilateral das imagens pessoais, que se proclamam com perfis de "competência" e "bondade", na forma de um pretenso afeto positivo e genuíno para os outros.

É um livro com a intenção de continuar nosso esforço de publicação no Brasil destas teorias, no intuito de fazer e zelar por uma contribuição para a urgente tarefa de educação da cidadania. Estamos numa armadilha sem precedentes. Os cenários oferecidos pelos especialistas e as preocupações de todas as lideranças espirituais mais expressivas do planeta nos apontam nos próximos 30 anos para desafios que só poderão ser superados com a sinergia de todos os esforços de estratégias cooperativas, e, diga-se, bem-intencionadas. A lógica da separatividade, da extração desenfreada, do consumismo supérfluo, do individualismo, da conveniência, do oportunismo, do cinismo, da competitividade, dos jogos de soma zero, baseada em estratégias declaradas ou implícitas de controle unilateral (1) de uma natureza que não nos pertence ontologicamente, (2) das tarefas sociais que não recebem reflexão e contribuição solidária, (3) dos ambientes de trabalho e convivência que são deformados e revelam uma hierarquia de valores inteiramente prejudiciais para o destino de todos, e (4) das pessoas e seus destinos comportamentais, tudo, interdependentemente, traduz que tornamos mais sutis as estratégias de manipulação, mas continuamos vestindo peles sofisticadas de "cordeiro em corpos de lobo".

Dentre as oportunidades de diálogo mais expressivo que a modernidade tem conhecimento, vemos nos esforços da convivência, da contribuição ecumênica de perdões recíprocos, da partilha de práticas e da reflexão não dogmática dos líderes religiosos, um sinal muito alvissareiro para a construção de um novo desafio da educação e de uma comunidade internacional pacífica. A desejada paz do mundo não será construída na academia. Nem muito menos na esfera política. Menos ainda na diplomacia. Alegamos que somente o esforço combinado da pesquisa secular da educação de um lado e dos esforços de espiritualidade dos práticos da transcendência de outro poderá contribuir para esta paz. Neste sentido, a contribuição da ciência é complementar, em que pese seu esforço de se livrar dos grilhões da objetividade experimental.

Nos encontros *Mind and Life* que bem representam este esforço combinado de pesquisas da academia e dos líderes da espiritualidade, assim como nas tentativas de diálogo inter-religioso da United Religions Iniciative, em mais de 60 países do planeta, pensamos que estão os exemplos de movimentos mais significativos para a construção da democracia e da paz. Consideramos todos os esforços científicos, em todas as suas direções e dimensões, além de legítimos e imprescindíveis, como tendo um caráter de plataforma de sustentação, pois estarão dando suporte a estes esforços hierarquicamente superiores. Não estamos alegando nem recomendando esforços religiosos, que em seu bojo contêm um pressuposto de universalidade equivocada, porque redutor dos esforços dos outros diferentes à obediência. Estamos nos referindo à legítima preocupação com a espiritualidade, o que, na maioria das vezes, pode libertar as pessoas das armadilhas das religiões.

O parágrafo anterior serve de introdução para dizer que no último encontro *Mind and Life* sobre as emoções humanas, assim como no Encontro Internacional da URI que congregou mais de 400 líderes espirituais de diferentes tradições em todo o planeta para discutir a Paz Duradoura, houve uma manifesta e expressa declaração da urgência de uma nova atitude na educação secular, não necessariamente religiosa, voltada para a efetiva construção da democracia e da paz social. Nestes encontros, houve uma preocupação com o predomínio dos esforços tradicionais de técnicas educativas baseadas em transmissão cognitiva, em apelos e exortação de virtudes, nas expectativas dos educadores de respeito e obediência incondicional dos educandos, quase sempre com base em métodos e técnicas reducionistas às aquisições de informações, porque tudo isto está se revelando de baixa utilidade, ou, pelo menos, incapaz de responder aos desafios e à urgência de solução de problemas crônicos, sistêmicos e incrementalmente mais graves da sociedade.

Daniel Goleman e o Dalai Lama no livro *Como Lidar com Emoções Aflitivas* (Editora Campus, 2003) compilam os esforços de dezenas de cientistas e líderes espirituais do Ocidente e do Oriente, e eles parecem concordar na necessidade de se enfrentar este desafio singular de uma nova proposta de educação para este século que se inicia: uma nova proposta que precisa ajudar as pessoas a aprender a desacelerar, refletir e mudar efetivamente: (a) seu sistema e seus processos de percepção; (b) a estrutura, a dinâmica e o impacto de suas emoções que provocam reatividades e impulsos negativos para agir; e (c) a concepção e a implementação das estratégias e dos cursos de ação. Ou seja, a nova proposta de uma educação reflexiva tem um desafio de combinar todos os esforços dos vários campos de conhecimento dos comportamentos humanos e sociais e colocá-los à disposição das pessoas para serem mais reflexivas e mais competentes na sua percepção e julgamento dos seus fenômenos internos, assim como da sua visão de mundo como um todo, nas reflexões sobre as emoções que impulsionam ações não virtuosas e na sua competência de agir com eficácia, portanto, para agir de modo a alcançar o que se tem por intenção, com abertura para partilhar e aprender e, sobretudo, para agir com justiça. Mas, isto, ressalte-se, deve ser uma proposta educadora que se materializa no conhecimento do aprendiz enquanto ele está em ação, portanto com a ação em seu curso corrente, e não simplesmente como um exercício de "exame de consciência", pós-fato, que às vezes pode se tornar uma reflexão inútil. Talvez útil para o aprendiz pedir perdão pelas perdas.

Este livro quer contribuir com teoria e métodos para se juntar a esta nova avenida, para este desafio inovador da educação reflexiva, que hoje é atendida em parte pelas propostas terapêuticas. Mas, terapia é antes um privilégio e uma opção individual um tanto sigilosa, enquanto que educação deve ser um direito de todos. Outras obras nossas foram publicadas nesta direção. Este livro dá continuidade a todas elas, especialmente ao nosso *Eficácia Profissional* (Qualitymark, 1997), quando fizemos um apanhado da Teoria de Ação, da Ciência da Ação e da Aprendizagem Organizacional propostas por Chris Argyris e Donald Schön até aquela data. Estávamos escrevendo aquela obra ao mesmo tempo que dávamos início às traduções e aos testes lingüísticos no Brasil dos instrumentos do Método Symlog, convencidos da complementaridade e sinergia das duas teorias. Agora, avançamos um pouco mais e ilustramos os cinco anos de pesquisa em comum entre as equipes de V&A – Valença & Associados e SCG – Symlog Consulting Group no Brasil. Os resultados são muito animadores.

Queremos agradecer, penhoradamente, ao Prof. Robert Freed Bales (em memória, pois faleceu em 16 de junho de 2004, a menos de 30 dias do início da redação deste livro, interrompido de viver a alegria de ter em mãos a primeira das publicações em conjunto do SCG e V&A), a quem tivemos a oportunidade de conhecer pessoalmente; depois, de tê-lo tido por guia acadêmico por duas décadas, e poder nos entregar a uma das emoções mais fortes que a vida me reservou: estar perto de um gênio e saborear, por três ocasiões, os momentos mais intensos de exemplo de vida de um pesquisador singular na história da humanidade, que emanava simplicidade, cordialidade, cuidado, respeito e integridade com relação às teorias, e denodada paciência e senso de cooperação para um homem de mais de 85 anos, que ainda conseguia dar contribuições com grande energia ao nosso esforço de pesquisas conjuntas no Brasil.

Agradecimentos profundos aos Profs. Robert Köenigs e Margaret Cowen pela demonstração incansável de confiança, colaboração e desprendimento com suas contribuições. Sua convivência de afeto, cuidado, dedicação e respeito incondicional pelo Prof. Robert Freed Bales permitiu uma das parcerias mais profícuas do Método Symlog desde a metade da década de 80. Convivemos de perto nestes cinco anos, não três pesquisadores amigos, mas três amigos pesquisadores. De fato, desde o nosso primeiro encontro, eles se revelaram muito mais do que nossos parceiros de negócios. São nossos amigos, confidentes e colegas generosos, cujos resultados de negócios no Brasil ainda estão distantes do crédito e da utilidade potencial do Método Symlog para nossa sociedade. Mas, talvez estejamos fazendo juntos no Brasil o que eles fizeram nos Estados Unidos e depois em todo o mundo na década de 90: serem profetas ou pioneiros num método extraordinário, ainda desconhecido nos seus atributos.

Agradecimentos existenciais, se é que faz sentido este termo, para Chris Argyris (com o qual nunca tivemos oportunidade de nos encontrar pessoalmente, mas que é nosso principal mestre e guia científico) e Donald Schön (a quem tivemos oportunidade de conhecer pessoalmente) por sua obra revolucionária. Alegamos que estes dois autores estão para a educação no século XX/XXI quanto Freud esteve no século XIX/XX para a terapia. Há ainda uma longa jornada de encanto e magia a ser feita pelos educadores brasileiros com as obras da Ciência da Ação, e, por decorrência, da Aprendizagem Organizacional Abrangente ou de Ciclo Duplo, como concebidas por estes dois autores exponenciais. A sua contribuição dialética, na linha de pesquisa-em-ação, para a construção de ambientes reflexivos e democráticos, é excepcional. Tomara que este segundo livro possa ser mais eficaz na comunicação de sua proposta do que conseguiu ser *Eficácia Profissional*.

Agradecimentos a todos os companheiros do Programa Aberto de Formação de Consultores, em especial, a Ana Clara Vinhas, Edson Cabral, João Gratuliano Glasner de Lima e Margarita Bosch, que nos últimos 10 anos partilham uma crença profunda nas propostas da educação reflexiva. Cada um ao seu modo, cada um em sua especialidade, cada um com um estilo próprio de viver, conviver, trabalhar, partilhar, mas sempre tendo em mente como aproximar seus esforços e preferências pessoais das recomendações dos três autores citados. Temos a convicção de que a liberdade nasce da escolha livre e informada, portanto que a autonomia não é uma dádiva, mas uma construção, um dos bens mais raros, altos e caros da condição humana. Procuramos praticar isto entre nós mesmos, nos interesses, nas estruturas da relação, nos suportes institucionais para trabalhar. Estamos ensaiando estruturas cada vez mais leves, autônomas, virtuais em nossas relações. Nos últimos cinco anos trabalhamos em duplas, rotativamente, e descobrimos que nós como parceiros estivemos mais separados do que juntos nos vários projetos, embora sempre trabalhando em conjunto com nossas equipes. A descoberta mais fascinante foi que, embora separados, teríamos feito o que os outros fizeram, se estivéssemos em seu lugar numa outra dupla. Ora, isto é a certificação mais patente que temos e honramos os mesmos mestres. Podemos criar maneiras ainda mais virtuais de conviver e trabalhar, cultivando e praticando a liberdade que ensinamos aos nossos clientes.

Com esta preocupação em mente, descobrimos que somos companheiros experientes, na vida e nas profissões, com faixa etária entre 44 e 69 anos. Cada um ao seu estilo e preferência, vai tentando construir uma despedida digna para o último terço de suas vidas. Meditantes e com preocupações espirituais, acreditamos piamente naquilo que nos ensinam os orientais quando dizem que a vida depois dos 60 anos é uma fase de "despedida matura e de reciprocidade" da vida. Sou profunda e ternamente grato a cada um deles por termos passado juntos a fase profissional mais bonita e mais profícua de nossas vidas, a que talvez os orientais também poderiam chamar de fase da "produção matura". Estamos neste momento criando alternativas estruturais e institucionais de relacionamento e de parceria que melhor respondam às demandas de nossa faixa etária, de nossos interesses familiares e espirituais, e, sobretudo, ao expresso interesse da maioria de fazerem decrescentes investimentos físicos no trabalho. Liberdade!

O desafio de propor e exercer com exclusividade a educação reflexiva, aprendemos, além de extremamente cansativo, tem-se revelado quase que demandante de uma vida missionária, com baixa reciprocidade financeira, que, embora não seja nossa prioridade, não pode ser descartada como algo fútil, mas, sim, como uma exigência real de sobreviver com dignidade. É tempo e hora de fazer o possível, no limite do possível. Concluímos, com elegância e leveza, que é hora de desenhar estruturas que melhor atendam nossas demandas de saúde física e mental para poder continuar servindo com lucidez, com alegria, com senso de colaboração, e, sobretudo, mantendo-nos fiéis aos valores e princípios profissionais que regularam toda a nossa vida. Três de nós estamos completando mais de 40 anos como educadores. Isto é uma vida! Não estamos nos aposentando, mas harmonizando as energias para nossas vidas poderem ser mais duradouras, se não tão intensas.

Para este livro, Ana Clara e João Gratuliano colaboraram ao fazer uma exaustiva pesquisa nos nossos exercícios de aplicação do Método Symlog no Brasil. Sou grato ao cuidado, digamos, pedagógico como prepararam a arquitetura de apresentação de todos os casos. Eles se juntaram ao nosso esforço pessoal de sumariar um livro de usos profissionais do Método Symlog em todo o mundo. Edson Cabral e Margarita Bosch compilaram uma das experiências e produções mais fascinantes que já tivemos como profissionais de educação: fizemos juntos um estudo de decomposição de um filme comercial – *Doze Homens e Uma Sentença* – a cada 2 minutos. Os 12 personagens foram cuidadosa e exaustivamente analisados em sua intenção, motivos, estratégias de ação, comportamentos verbais e não-verbais e nas conseqüências de suas ações. Foram extraídas perto de 10 leituras científicas diferentes deste esforço, usando as teorias dos três autores homenageados neste livro. No texto de sua colaboração, Edson e Margarita nos presenteiam com parte da produção coletiva de mais de 20 consultores no Brasil e da equipe do Symlog Consulting Group nos Estados Unidos, oferecendo quatro leituras básicas do filme – *Doze Homens e Uma Sentença* – mais utilizado pelos cientistas sociais desde a década de 60. Aqui teremos as seguintes leituras: Teorias de Ação, Estilos de Liderança, Coesão e Produtividade da Equipe, Cultura e Aprendizagem Organizacional.

Agradecimentos ao amigo Saidul Rahman Mahomed, diretor da Qualitymark, que nos confiou o convite para nossa segunda obra sobre a ação humana por sua editora. Ele, além de nos desafiar a produzi-la em menos de 45 dias, como de fato o fizemos, ainda nos desafiou a incluir o relatório Symlog sobre o perfil dos executivos de RH no Brasil, num intervalo inferior a 15 dias entre a sua publicação, análise e impressão no livro, o que é mérito exclusivo da grande competência da equipe de trabalho da Qualitymark. Esperamos que nossos esforços conjuntos contribuam efetivamente para o destino bem-sucedido da educação reflexiva no Brasil. A análise da reflexão da ação humana, como proposta neste livro, precisa se juntar aos textos de filosofia e de ética e, deverá, passar a ser uma orientação de educação e de gestão de pessoas. Desde já, sabemos, contamos com a parceria de Mahomed, com sua resiliência, sua coragem, seu senso de visão estratégica, sua capacidade de empatizar e investir em talentos, sempre com sua colaboração extremamente profissional e inovadora.

Ao colega e presidente do Conselho de Administração da ABRH-Nacional, Tjerk G. Fronken, nosso agradecimento especial pelo convite para apresentarmos o caso de perfil de valores da cultura dos executivos de RH em Pernambuco e no Brasil, e, posteriormente, ao se juntar ao Saidul Rahman Mahomed para nos desafiar a produzir este livro em tempo recorde. Somos gratos por estes dois sinais de consideração e apreço por um esforço de pesquisa científica, uma marca notável na gestão da ABRH-Nacional. Gratos ainda pela gentileza de escrever o prefácio desta primeira edição no Brasil. Contamos com suas virtudes de iniciativa, condução mediadora de trabalhos associativos, visão estratégica das oportunidades para os profissionais de RH, senso de inovação e orientação para excelência para podermos desenvolver novas parcerias. Estendemos nossos agradecimentos a todos os companheiros das ABRH Regionais e Estaduais por sua denotada ajuda nesta pesquisa. Agradecimentos especiais para Maira Hyeronides Barros de Lima, Diretora Executiva da ABRH-Nacional, e Rijane Mont'Alverne, Gerente de Desenvolvimento de Pessoas da ABRH-Nacional, pela colaboração inestimável. Dois amigos de Pernambuco, Diretores da ABRH-PE, Enildo Oliveira e Manoel Balbino, foram uma fonte permanente de estímulo e apreciação para a pesquisa de perfil de executivos de RH em Pernambuco. A todos nosso agradecimento fraterno.

Somos gratos também a Ediane Souza, que nos ajudou incansavelmente na logística da pesquisa do caso de perfil de profissionais de RH no Brasil, além de importar gráficos, digitar os capítulos e diagramar preliminarmente o livro; enfim, co-autorar a formatação deste livro, sempre com muita colaboração e criatividade, juntamente com Vânia Barbosa, nossa secretária executiva por mais de 15 anos, que fez as mesmas atividades para o caso do perfil de RH em Pernambuco, ela que é uma das companheiras na qual se lastreia a memória profissional de V&A. Junto aos dois seguem os agradecimentos para Sylvia Helena Scheidegger, Wilma Carneiro e Reginaldo Manoel da Silva, que nos permitem os movimentos logísticos internos, externos e administrativo-financeiros para nossa produção.

Antônio Carlos Valença, Ph.D.
Diretor-Técnico de Valença & Associados – Aprendizagem Organizacional
081-32684403
cva@valencaeassociados.com.br
www.valencaeassociados.com.br

Prefácio

Em recente congresso da ASTD – Sociedade Americana de Treinamento e Desenvolvimento – foi ouvida com certa freqüência a frase: "O RH precisa conquistar seu lugar à mesa". Obviamente, a mesa a que se referia era a da Diretoria. Embora para um número crescente de empresas esta frase já não se aplique tanto, em outros casos o RH não é visto ainda pelos demais membros das diretorias de empresa como um igual, um par. Nem sua contribuição aos negócios e aos resultados é reconhecida por eles como estrategicamente relevante, pelo menos tão relevante quanto a das outras diretorias.

Por outro lado, a literatura de gestão considera cada vez mais o "fator humano" como sendo o principal responsável pelo desempenho extraordinário das empresas vencedoras e, por conseguinte, pelo seu valor de mercado (ativo intangível). Mais do que dinheiro, instalações, processos e tecnologia, elementos como competências, motivação, liderança, alinhamento estratégico, espírito de equipe, clima, valores, comprometimento, cultura, criatividade, inovação, resistência à mudança, feedback, coaching, e assim por diante, são as verdadeiras variáveis de que depende o sucesso ou o fracasso das organizações.

O problema é que estes elementos, mesmo quando considerados importantes, sempre foram tidos como pouco palpáveis, na maioria das vezes difíceis de definir e quase sempre impossíveis de quantificar e medir. Ao mesmo tempo, eram tidos como difíceis de gerenciar, complicados de administrar no dia-a-dia, principalmente quando comparados com assuntos mais estruturados como: administração do fluxo de caixa, compra de insumos, operação da logística, gestão de estoques, folha de pagamento, manutenção de equipamento, gestão de TI etc. Para a maioria dos executivos o "fator humano" existe sem dúvida e determina em grande medida os resultados da empresa, mas representa um quase insuperável desafio: como gerenciá-lo de forma planejada e previsível? Como dominar e moldá-lo a ponto de produzir os efeitos tão desejados em termos de eficiência, eficácia, efetividade?

Mas o cenário está mudando. Com base em conceitos e teorias científicas tiradas da sociologia, psicologia, antropologia, etnografia, pedagogia, ciência política e até a biologia estão surgindo no mercado novas metodologias e ferramentas que permitem a qualquer "gestor de pessoas", seja de que nível for, estruturar as suas ações e intervenções de forma objetiva e segura, quantificar os resultados que pretende alcançar e medir os efeitos obtidos. Em alguns casos elas até possibilitam dimensionar o retorno sobre os investimentos realizados. Assuntos como liderança, comprometimento, clima, cultura etc. estão deixando o terreno pantanoso e pouco objetivo do "achismo" intuitivo e entrando na esfera do planejável, gerenciável e mensurável.

Isto está sendo possível graças às pesquisas e contribuições altamente relevantes e consistentes de respeitados pensadores e pesquisadores da administração e da dinâmica organizacional como, no caso, Robert Freed Bales, Chris Argyris e Donald Schon. Estes estudiosos do comportamento organizacional, conectados entre si e interagindo com equipes de especialistas de diversos centros universitários e especialidades, foram responsáveis pela consolidação do Método Symlog, que é o acrônimo em inglês para "Observação Sistemática de Grupos em Múltiplos Níveis".

Trata-se de uma teoria de personalidade e de dinâmica de grupo, integrada com um conjunto de métodos práticos para a medição e mudança de comportamentos e valores dos grupos e das organizações, de um modo democrático e participativo. Seus conceitos e métodos foram desenvolvidos com base em pesquisas e discussões teóricas, testados, ajustados e retestados durante vários anos, até chegar ao estágio atual de maturidade conceitual, confiabilidade técnica e aplicabilidade prática.

A ABRH tem tido, ao longo de sua história de quase quarenta anos, papel destacado neste processo de profissionalização e instrumentalização da função de RH no Brasil, seja através de seu Congresso Anual – o CONARH – e dos congressos regionais ou temáticos, seja através de suas publicações, participação em fóruns de debates, realização de seminários e workshops organizados pelas Seccionais e Núcleos Regionais etc. O apoio à publicação do presente livro é mais um passo importante neste processo. Não só disponibiliza para o profissional de RH brasileiro todo o arcabouço conceitual do método Symlog e de suas ferramentas como nos brinda com uma pesquisa baseada nele, realizada em Pernambuco pela Valença & Associados junto com a Seccional Pernambucana da ABRH. Esta pesquisa traça o perfil do profissional de RH local e faz uma análise muito pertinente das características facilitadoras e inibidoras das equipes de recursos humanos na busca de uma ação efetiva de mudança de comportamentos e de valores nas nossas organizações.

Ainda não podemos dizer que o nosso RH conquistou "o seu lugar à mesa da diretoria", salvo em poucas e honrosas exceções. Nas nossas práticas do dia-a-dia, todavia, falta um bom pedaço de caminho em direção ao uso intensivo de metodologias e ferramentas profissionais, baseadas em pesquisa e testadas dentro das organizações. Mas este livro certamente nos ajudará a institucionalizar uma gestão do "fator humano" cada vez mais objetiva, planejada, tecnicamente eficaz e mensurável em termos de resultados desejados.

Tjerk G. Franken
Presidente do Conselho de Administração da ABRH Nacional

Sumário

PRIMEIRA PARTE – FUNDAMENTAÇÃO TEÓRICA, 1

Capítulo 1. Método Symlog, Ciência da Ação e Aprendizagem Organizacional, 3

1. Método Symlog: Breve Histórico, 3
2. Antecedentes, 5
3. Da Personalidade para a Intenção, 7
4. Um Encontro Ontológico na Pesquisa-ação, 9
5. Um Encontro Metodológico na Interação, 12
6. Um Encontro nos Propósitos, 13
7. A Arte na Combinação de Macro e Micromodelos, 16
8. A Arte do Uso Combinado e Complementar dos Modelos, 20
9. Sete Usos Artísticos Mais Freqüentes, 23
10. Formatação das Clínicas Individuais e Coletivas de Desempenho, 29
11. Cultura e Sistema de Aprendizagem, 35
12. Modelo de Aprendizagem Organizacional, 42
13. Fatores de Infra-estrutura para a Aprendizagem Organizacional, 46
14. Resultados da Investigação Organizacional, 48
15. Relatórios Symlog e Aprendizagem Organizacional, 49

Capítulo 2. A Teoria de Campo do Symlog, 53

1. O Diagrama de Cubo Symlog, 54
2. O Questionário Symlog, 55
3. O Diagrama de Campo, 58

Capítulo 3. A Liderança Pode Ser Ensinada, 59

1. A Necessidade de uma Decisão para Liderança, 59

2. A Necessidade de Medida, 60
3. A Tendência à Unificação e à Polarização dos Grupos, 61
4. Como a Liderança Está Relacionada à Unificação e à Polarização, 62
5. O Papel dos Valores no Treinamento da Liderança, 62
6. Relação Entre Liderança e Trabalho em Equipe, 65
7. Liderança Eficaz e Engajamento Eficaz, 66
8. O Papel dos Valores na Liderança Eficaz, 67
9. Implicações para o Tratamento da Liderança, 68
10. Metas e Métodos para o Treinamento da Liderança, 69
11. Componentes do Feedback Útil no Treinamento da Liderança, 69
12. Sumário, 73

SEGUNDA PARTE – CASO: LEITURAS CIENTÍFICAS DO FILME *DOZE HOMENS E UMA SENTENÇA*, 75

Capítulo 4. O Enfoque da Aprendizagem, 77
1. Aprender com a Prática e Através da Reflexão Durante e Pós-Prática, 78
2. Aprendendo Enquanto se Vive, 79
3. Reflexão sobre as Conseqüências da Ação – Ciclo-único, Ciclo Duplo de Feedback, 83
4. Problemas da Reflexão – Raciocínio Defensivo (Mecanismo Individual), as Rotinas Defensivas em Nível Organizacional, 84
5. Diferentes Impactos das Conseqüências, 85
    5.1. Impactos para o Próprio Agente, 86
    5.2. Impactos para o Grupo, 87
    5.3. Impactos para a Tarefa, 88
    5.4. Impactos para a Cultura Organizacional, 88

Capítulo 5. O Enfoque da Teoria Symlog e da Ciência da Ação, 91
1. O Contexto do Filme, 91
2. Primeira Fase – O Início, 92
    2.1. O que Diz a Teoria?, 92
    2.2. O que Vemos no Filme?, 93
    2.3. Intenções, 95
    2.4. Valores e Comportamentos, 96
    2.5. Formas de Intervenção Segundo a Ciência de Ação, 97
    2.6. Teoria Symlog, 97

3. Segunda Fase – O Movimento na Direção do Confronto, 101
   3.1. O que Diz a Teoria?, 101
   3.2. O que Vemos no Filme?, 101
   3.3. Valores e Comportamentos, 105
   3.4. Formas de Intervenção Segundo a Ciência de Ação, 106
   3.5. Teoria Symlog, 107
4. Terceira Fase – Compromisso e Harmonia, 111
   4.1. O que Diz a Teoria?, 111
   4.2. O que se Aplica ao Filme?, 111
   4.3. Valores e Comportamentos, 113
   4.4. Formas de Intervenção Segundo a Ciência de Ação, 114
   4.5. Teoria Symlog, 115
5. Quarta Fase – Resolução e Reciclagem, 118
   5.1. O que Diz a Teoria?, 118
   5.2. O que se Aplica ao Filme?, 118
   5.3. Valores e Comportamentos, 119
   5.4. Formas de Intervenção Segundo a Ciência de Ação, 120
   5.5. Teoria Symlog, 121

TERCEIRA PARTE – USOS DO MÉTODO SYMLOG NO BRASIL, 129

Capítulo 6. Múltiplas Aplicações Nacionais do Symlog por V&A, 131
Introdução, 131

Capítulo 7. Aplicações Symlog, 133
1. Aplicação de Cultura Organizacional, 133
   1.1. O que é Aplicação de Cultura Organizacional, 133
   1.2. Foco, 133
   1.3. O que se Pode Alcançar, 133
   1.4. Tipos de Feedback, 134
   1.5. O que Você Faz, 134
   1.6. Tempo Requerido, 134
   1.7. Para Este Tipo de Avaliação São Feitas Quatro Perguntas, 135
   1.8. Aplicações, 135
   1.9. Aplicações em Órgãos Públicos, 135
   1.10. Aplicações em Empresas Privadas, 140
   1.11. Aplicação em Associação de Profissionais, 145

2. Aplicação de Pesquisa de Imagem Pública, 149
   - 2.1. O que é Aplicação de Pesquisa de Imagem Pública, 149
   - 2.2. Foco, 149
   - 2.3. O que se Pode Alcançar, 149
   - 2.4. Tipos de Feedback, 150
   - 2.5. O que Você Faz, 150
   - 2.6. Tempo Requerido, 150
   - 2.7. Para Este Tipo de Avaliação é Feita Uma Pergunta, 150
   - 2.8. Aplicações, 150
3. Aplicação de Pesquisa para Perfil de Liderança – Lead, 155
   - 3.1. O que é Aplicação Lead, 155
   - 3.2. Lead 1: Liderando Grupos, 155
   - 3.3. Lead 2: Seu Perfil de Liderança, 157
   - 3.4. Lead 3: Liderança para o Trabalho Eficaz em Grupo, 158
   - 3.5. Aplicações, 160
4. Aplicação de Pesquisa para Perfil de Liderança – Team, 168
   - 4.1. O que é Aplicação Team, 168
   - 4.2. Team 1: Visão Geral da Equipe, 168
   - 4.3. Team 2: Otimização do Desempenho da Equipe, 169
   - 4.4. Team 3: Construção da Equipe e Cultura Organizacional, 172
   - 4.5. Aplicações, 174

QUARTA PARTE – USOS INTERNACIONAIS DO MÉTODO SYMLOG, 183

Capítulo 8. Múltiplas Aplicações Internacionais do Symlog, 185

1. Aplicações em Terapias, 185
   - 1.1. Grupos de Auto-Análise, 185
   - 1.2. Terapia de Grupo, 185
   - 1.3. Terapia Familiar, 186
   - 1.4. Terapia Individual, 187
2. Aplicações em Ambientes de Ensino, 189
   - 2.1. Administração de Sala de Aula, 189
   - 2.2. Faculdades de Administração, 191
3. Intervenções de Assistência Social, 192
   - 3.1. Assistência Social, 192

4. Aplicações em Análise de Conteúdo, 193
   4.1. Textos Diplomáticos de Relações Internacionais, 193
   4.2. Análise Temática e de Conteúdo, 194
5. Avaliações de Imagem, 196
   5.1. Avaliação de Imagem e Atitude, 196
   5.2. Pesquisas de Posicionamento de Marketing (Positioning), 197
6. Desempenho Artístico, 199
   6.1. Artes Cênicas e Esportes, 199
7. Aplicações em Organizações, 199
   7.1. Liderança, 199
   7.2. Formação de Equipe, 200
   7.3. Clima e Cultura, 202
   7.4. Desenvolvimento Organizacional, 205
   7.5. Sistema de Aprendizagem Organizacional, 206
8. Formação e Certificação de Consultores, 208
   8.1. Certificação de Consultores, 208

QUINTA PARTE – PERFIS DE CULTURA RH, 209
Caso 1. Perfil de Valores da Cultura ou da Prática Profissional dos Executivos de RH em Pernambuco, 212
Caso 2. Perfil de Valores da Cultura ou da Prática Profissional dos Executivos de RH no Brasil, 223
Método Symlog no Brasil, 257

Lista de Ilustrações

PRIMEIRA PARTE

Capítulo 1
Figura 1.1 – Mapa sistêmico da dinâmica de ação de uma equipe de trabalho, 32
Quadro 1.1 – Mapa conceitual da teoria de ação oscilante entre o Modelo I e o Oposto ao Modelo I da mesma equipe de trabalho, 33
Quadro 1.2 – Classificação dos fatores infra-estruturais, 46
Quadro 1.3 – As virtudes sociais dos modelos I e II, 48

Capítulo 2
Figura 2.1 – O diagrama de cubo Symlog, 55
Figura 2.2 – Amostra do gráfico de barras Symlog, 57

Capítulo 3
Figura 3.1 – Diagrama de campo de uma equipe unificada, 63
Figura 3.2 – Diagrama de campo de um grupo polarizado, 63
Figura 3.3 – Gráfico de barras, 71
Figura 3.4 – Valores individuais e organizacionais, 72

SEGUNDA PARTE

Capítulo 5
Figura 5.1 – Diagrama de campo dos valores dos jurados, 95
Figura 5.2 – Diagrama de campo dos comportamentos dos jurados na Fase 1, 96
Figura 5.3 – Métodos de unificação de grupos e pecados capitais da liderança na Fase 1, 98
Figura 5.4 – Hipóteses heurísticas na Fase 1: os membros dominantes entram em conflito rapidamente, 99

Figura 5.5 – Hipóteses heurísticas na Fase 1: os membros salientes podem polarizar ou unificar o grupo, 100

Figura 5.6 – Hipóteses heurísticas na Fase 1: a polarização pode ser neutralizada pela dominação, pela acusação a um bode expiatório (pessoa inocente ou objeto), pela existência do problema ou pela mediação do conflito de valores, 100

Figura 5.7 – Diagrama de campo dos comportamentos dos jurados na Fase 2, 106

Figura 5.8 – Métodos de unificação de grupos e pecados capitais da liderança na Fase 2, 107

Figura 5.9 – Hipóteses heurísticas da Fase 2: imagens salientes podem polarizar ou unificar o grupo, 108

Figura 5.10 – Hipóteses heurísticas da Fase 2: imagens salientes podem polarizar ou unificar o grupo, 108

Figura 5.11 – Hipóteses heurísticas da Fase 2: imagens isoladas podem entrar em conflito mais cedo ou mais tarde, 109

Figura 5.12 – Hipóteses heurísticas da Fase 2: imagens dominantes entram em conflito rapidamente, 109

Figura 5.13 – Hipóteses heurísticas da Fase 2: a polarização pode ser neutralizada pela dominação, pela acusação a um bode expiatório (pessoa inocente ou objeto), pela existência do problema ou pela mediação do conflito de valores, 110

Figura 5.14 – Hipóteses heurísticas da Fase 2: membros submissos podem aderir por último, 110

Figura 5.15 – Diagrama de campo dos comportamentos dos jurados na Fase 3, 113

Figura 5.16 – Métodos de unificação de grupos e pecados capitais da liderança na Fase 3, 115

Figura 5.17 – Hipótese heurística na Fase 3: membros dominantes entram em conflito rapidamente, 116

Figura 5.18 – Hipótese heurística na Fase 3: a polarização tende a criar líderes e subgrupos, 116

Figura 5.19 – Hipótese heurística na Fase 3: membros submissos podem aderir por último, 117

Figura 5.20 – Hipótese heurística na Fase 3: a polarização pode ser neutralizada pela dominação, pela acusação a um bode expiatório (pessoa inocente ou objeto), pela existência do problema ou pela mediação do conflito de valores, 117

Figura 5.21 – Diagrama de campo dos comportamentos dos jurados na Fase 4, 120

Figura 5.22 – Métodos de unificação de grupos e pecados capitais da liderança na Fase 4, 121

Figura 5.23 – Hipótese heurística na Fase 4: membros dominantes entram em conflito rapidamente, 122

Figura 5.24 – Hipótese heurística na Fase 4: a polarização pode ser neutralizada pela dominação, pela acusação a um bode expiatório (pessoa inocente ou objeto), pela existência do problema ou pela mediação do conflito de valores, 123

Figura 5.25 – Sinopse do gráfico de barras de Davis, 125

TERCEIRA PARTE

Capítulo 7

Figura 7.1 – Gráfico de barras: empresa pública 1, 136

Figura 7.2 – Diagrama de campo: empresa pública 1, 137

Figura 7.3 – Gráfico de barras: empresa pública 2, 138

Figura 7.4 – Diagrama de campo: empresa pública 2, 140

Figura 7.5 – Gráfico de barras: empresa privada 1, 141

Figura 7.6 – Diagrama de campo: empresa privada 1, 142

Figura 7.7 – Gráfico de barras: empresa privada 2, 143

Figura 7.8 – Diagrama de campo: empresa privada 2, 144

Figura 7.9 – Gráfico de barras: associação de profissionais, 146

Figura 7.10 – Diagrama de campo: associação de profissionais, 147

Figura 7.11 – Gráfico de barras do técnico B, 153

Figura 7.12 – Diagrama de campo da média do grupo, 154

Figura 7.13 – Gráfico de barras: equipe de RH de empresa privada, 161

Figura 7.14 – Diagrama de campo: equipe de RH de empresa privada, 162

Figura 7.15 – Gráfico de barras: formação de consultores internos no primeiro levantamento, 164

Figura 7.16 – Gráfico de barras: formação de consultores internos no último levantamento, 165

Figura 7.17 – Gráfico de barras: liderança para empresa estadual, 166

Figura 7.18 – Diagrama de campo: liderança para empresa estadual, 167

Figura 7.19 – Gráfico de barras: diretoria de associação de empresas, 175

Figura 7.20 – Diagrama de campo: diretoria de associação de empresas, 176

Figura 7.21 – Gráfico de barras: diretoria de empresa privada, 178

Figura 7.22 – Diagrama de campo: diretoria de empresa privada, 179

Figura 7.23 – Diagrama de campo Team 3: organização, 180
Figura 7.24 – Gráfico de barras: programa aberto de formação de consultores, 181
Figura 7.25 – Diagrama de campo: programa aberto de formação de consultores, 182
Quadro 7.1 – Medidas resultantes nos três eixos, 163

QUARTA PARTE
Capítulo 8
Figura 8.1 – Percepção original sobre a família de Dan, 186
Figura 8.2 – Percepção de Dan sobre a família na terapia, 187
Figura 8.3 – Dois tipos de paciente: histéricos e limítrofes, 188
Figura 8.4 – Grupo unificado, 189
Figura 8.5 – Grupo polarizado, 190
Figura 8.6 – Grupo fragmentado com imagens de bode expiatório e mediador, 191
Figura 8.7 – Diagrama de campo: personagens públicos, 192
Figura 8.8 – Análise de polarização entre jovens delinqüentes, 193
Figura 8.9 – Comunidade apostólica antes do concílio, 195
Figura 8.10 – Comunidade apostólica durante o concílio, 195
Figura 8.11 – Diagrama das imagens das faculdades, 196
Figura 8.12 – Imagens dos restaurantes, 198
Figura 8.13 – Diagrama dos seis continentes, 200
Figura 8.14 – Avaliações de um grupo de líderes da ANDOR, 201
Figura 8.15 – Avaliações de outro grupo da ANDOR, 201
Figura 8.16 – Avaliações na Dinamarca, 203
Figura 8.17 – Avaliações na França, 203
Figura 8.18 – Avaliações na Holanda, 204
Figura 8.19 – Avaliações na Alemanha, 204
Figura 8.20 – Avaliações na Suíça, 205
Figura 8.21 – Avaliações na AMA, 207

Algumas Instituições que usaram o Método Symlog:

ABA – Associação Brasil-América
ABRH – Associação Brasileira de Recursos Humanos – Nacional
ABRH – Associação Brasileira de Recursos Humanos – Pernambuco
AC Lira Transportes
Banco Rural
Grupo BOMPREÇO
Federação das Indústrias do Paraná – FIEPR
FIABESA – Fiação Águas Belas S/A
Grupo João Santos (SE, RN, PA, AM, PE e CE)
Grupos de Análise de Prática Profissional – APP
Jomar Indústria e Comércio de Importação e Exportação Ltda
PETROFLEX Indústria e Comércio S/A
Prefeitura Municipal de Arapiraca – AL
Prefeitura da Cidade do Recife
Programa de Formação de Consultores de Valença & Associados
SEBRAE – Serviço de Apoio a Micro e Pequenas Empresas
Secretaria de Estado de Educação de Mato Grosso
Secretaria de Estado de Fazenda de Mato Grosso
STI – Suporte a Tecnologia da Informação Ltda
Tribunal de Contas do Estado de Pernambuco

Primeira Parte

Fundamentação Teórica

Capítulo 1

Método Symlog, Ciência da Ação e Aprendizagem Organizacional

Antônio Carlos Valença, Ph.D.

1. Método Symlog: Breve Histórico

No prefácio do livro *The Symlog Practitioner* (New York: Preager, 1988), o autor do Método Symlog, Prof. Robert Freed Bales, revela que sua origem remonta ao curso de Relações Humanas, na década de 40, na Universidade de Harvard. Naquela década ele criou, lançou e usou sistematicamente o primeiro instrumento científico de observação de interações sociais (IPA), divulgado no livro *Interaction Process Analysis – A Method for the Study of Small Groups* (Reading, MA: Addison Wesley, 1950). Ainda hoje o IPA é um instrumento de largo uso e grande aceitação pelos profissionais de Dinâmica de Grupo. Sua criação marcou o início do notável percurso científico do Prof. R. F. Bales que, por 60 anos, se transformou num dos pesquisadores mais profícuos e consistentes da história da pesquisa sobre valores humanos.

Aquele curso de Relações Humanas estava estruturado numa abordagem laboratorial de pesquisa-ação, usando vivências voltadas especialmente para a discussão livre, observação sistemática e padronizada de interações, processos democráticos, cuidadosos e eficientes de retorno da informação, análise de valores e traços individuais e, fundamentalmente, princípios e exercícios de dinâmica de grupo. De 1954 até os anos 80, o curso foi reestruturado, contando agora com o apoio permanente das inovações dos sistemas computacionais. A intenção primordial na reestruturação do curso era imprimir maior rapidez a resultados, análises e discussões das observações interativas e integrar a ação eficaz com o ensino e a pesquisa sistemática.

Em 1970, durante um dos retiros sabáticos do Prof. Robert Freed Bales, recolhido em silêncio e contemplando a "deslumbrante beleza do mar grego" (depoimento pessoal), ele escreveu um livro magistral sobre valores e traços de personalidade, de fundo psicanalítico, *Personality and Interpersonal Behavior* (New York, Holt, Rinehart and Winston, 1970), plataforma final do refino do instrumento IPA e de sua adaptação aos ambientes organizacionais, e que deu origem, em definitivo, ao Método Symlog, divulgado na obra do Prof. R. F. Bales e S. P. Cohen, *Symlog: A System for the Multiple Level Observation of Groups* (New York: The Free Press, 1983). Em 1985, o Prof. R. F. Bales avaliaria o Método Symlog como um esforço ou movimento inovador de integração global das pesquisas e do ensino de psicologia social, em *The New Field Theory in Social Psychology* (*International Journal of Small Group Research* 1(1), 1-18, 1985).

Em 1983, foi criado o Symlog Consulting Group pelos seus colegas de ensino Robert Köenigs e Margareth Cowen, sem a participação acionária do Prof. R. F. Bales, que se manteve por mais de 20 anos, até sua morte em 2004, nas funções de consultor e parceiro técnico. Juntaram-se a este esforço de uso sistemático do Método Symlog diversas universidades e centros de pesquisa em todo o mundo, além de mais de mil consultores e professores certificados que usam o Método Symlog em seus trabalhos acadêmicos, de pesquisa e de consultoria técnica. No Brasil, Valença & Associados – Aprendizagem Organizacional (V&A) se uniu a este esforço, traduzindo todos os instrumentos do Método Symlog, além de desenvolver as pesquisas lingüísticas para uso no Brasil, em Portugal e nos demais países de língua portuguesa, sendo a representante técnica do Symlog Consultant Group e sua parceira em processos de certificação de consultores.

Nas palavras do Prof. Paul Hare[1]:

> O nome "Symlog" é um acrônimo para Observação Sistemática de Grupos em Múltiplos Níveis. Os conceitos básicos na Teoria de Campo Symlog permanecem como foram descritos por Bales na coleção de artigos sobre o Symlog, em 1988 (Bales, 1988). Entretanto, a teoria agora está mais abrangente, principalmente na aplicação que agora ela faz à análise da interação social das equipes de trabalho e do comportamento organizacional.
>
> O Symlog é uma teoria de personalidade e de dinâmica de grupo, integrada com um conjunto de métodos práticos para a medição e a mudança de comportamento e valores dos grupos e das organizações, de um modo democrático. As normas de comportamento e valores efica-

---

[1] *Symlog Field Theory*: organizational consultation, value differences, personality and social perception. Praeger Publishers, 1996.

zes, derivadas de avaliações feitas por administradores de organizações, são usadas como critérios para indicar as mudanças que podem ser necessárias para que os líderes e os membros possam provocar mudanças desejáveis no desempenho do grupo.

A teoria Symlog é uma teoria "estabelecida" que oferece uma integração compreensiva dos achados e teorias da psicologia, psicologia social e disciplinas de ciências sociais correlatas. É uma nova "teoria de campo" (Bales, 1985).

Como uma teoria de campo, o Symlog leva em conta o fato de que todo comportamento acontece em um contexto maior, um "campo" interativo de influências. A abordagem assume que um agente precisa entender o contexto maior, incluindo aspectos pessoais, interpessoais, grupais e situacionais, para entender padrões de comportamento e para influenciá-los com sucesso. Os procedimentos de medição do Symlog estão desenhados para medir tanto os padrões de comportamento como o seu contexto maior.

2. Antecedentes

Nosso primeiro contato informativo sobre o Método Symlog ocorreu durante uma palestra do Prof. Richard Boyatzis, em 1987, na semana em que ele estava decidindo sair da presidência da McBer e aceitar o convite para vir a ser professor titular da Case Western Reserve University (CWRU). Naquela ocasião, não concentramos a atenção que seria devida à importância da teoria e do método desenvolvidos pelo Prof. Robert Freed Bales. Somente em 1988, já como aluno regular de R. Boyatzis no curso de Técnicas de Análise Temática e de Conteúdos, vislumbramos então todas as notáveis qualidades do Método Symlog e sua auspiciosa perspectiva de utilidade e de combinação com a nossa prática profissional, inspirada há mais de 10 anos na abordagem da Teoria da Ação.

Na época, três anos após o lançamento de *Action Science* (Chris Argyris, Robert Putnam e Diane Smith, Jossey Bass Publishers, 1985), murmurava-se nos corredores da CWRU sobre as teses desta obra, que refutavam várias das premissas equivocadas sobre a atuação de Chris Argyris "voltada para a resolução dos problemas", da maneira como alegavam os criadores do método da Investigação Apreciativa, a menina dos olhos do Departamento de Comportamento Organizacional da CWRU. Pessoalmente, este livro era uma obra mais que esperada, era emblemática, como o texto inaugural de uma psicologia do cotidiano, num *status* de ciência, e era, ao mesmo tempo, um marco conclusivo, depois de 20 anos de pesquisas sistemáticas de Chris Argyris e Donald Schön na linha da Teoria de Ação. Ele passaria a ser o meu livro básico de referência para a vida e para a prestação dos serviços profissionais.

Retomamos nossa prática exclusiva em consultoria no Brasil, com base na Ciência da Ação, com um programa aberto de formação de consultores em 1988/89. Somente em 1996 iríamos abrir negociações com os Profs. Robert Freed Bales, Robert Köenigs e Margaret Cowen, membros do *Symlog Consulting Group* (SCG), para traduzir e representar tecnicamente o Método Symlog no Brasil. Nosso contato foi explícito quanto às intenções: temos por hipótese que o Método Symlog é o melhor e o mais complementar dos instrumentos para uma abordagem conjunta com a Ciência da Ação e com a Aprendizagem Organizacional Abrangente. Queremos usar o Método Symlog no Brasil com este propósito, embora possamos atender os clientes de acordo com a prática convencional do método em todo o planeta. Reconhecíamos que havia um compromisso do SCG com uma longa tradição de Desenvolvimento Organizacional e que não iríamos fazer restrições aos usos mais freqüentes, de acordo com as demandas e a prontidão dos clientes.

Demonstramos a esses três professores que a preocupação com a Aprendizagem Organizacional Abrangente vinha sendo a missão congruente de (V&A) e que gostaríamos de nos associar a este esforço internacional de pesquisas sobre os valores de prática, voltando nosso olhar sobre a utilidade do Método Symlog nesta nova avenida da educação. Esclarecemos, nas negociações, que tínhamos uma opção preferencial pela proposta da Educação Reflexiva, como defendida especialmente por Donald Schön, pois tínhamos longa experiência e vocação de abordagem vivencial e laboratorial, sobretudo na formação e certificação de consultores organizacionais, com programas que variavam de 4 a 8 anos, na linha da investigação reflexiva. As partes ficaram entusiasmadas com a nova parceria e os novos horizontes de pesquisa.

Fizemos as traduções e os testes lingüísticos imperativos do Método Symlog. Temos diversas aplicações em muitos negócios e organizações brasileiras, já testadas. Adaptamos todos os tipos do Método Symlog aos modelos da Ciência da Ação. Toda a nossa atenção está voltada para ler valores humanos na ótica da intencionalidade e da causalidade pessoal, portanto, da ética da responsabilidade na construção dos ambientes sociais e das culturas. Fizemos e fazemos leituras de todos os relatórios Symlog de cultura com o olhar voltado para as condições estruturais e infra-estruturais que condicionam a natureza e as potencialidades do sistema de aprendizagem do cliente. Desde então, temos uma relação de reciprocidade e de pesquisas sistemáticas. Vamos tentar fazer, neste artigo, uma ponte teórica entre as duas teorias.

3. Da Personalidade para a Intenção

Em que pese ter a vasta obra de Chris Argyris e Donald Schön uma ampla base cognitivo-social; em que pese haver pressupostos basilares sobre os padrões consistentes, repetitivos, observáveis, mensuráveis e generalizáveis de fenômenos e processos relacionados à percepção, à estrutura e operação do pensamento, a sua integração inseparável com as emoções e os sentimentos; e, certamente, em que pese haver todo um arcabouço teórico que trata com detalhes sobre os padrões repetitivos e articulados dos comportamentos em forma de estratégias de ação, pode-se afirmar com segurança que definitivamente a obra destes dois pesquisadores não versa sobre uma teoria da personalidade ou de tipos de personalidade. Desde a década de 60, a Teoria de Ação, e, a partir de 1985, a Ciência da Ação, fazem uso da teoria cognitivo-social da personalidade para fundamentar uma teoria da intencionalidade. Nisto, a obra de Chris Argyris e Donald Schön tem maior aproximação das preocupações da filosofia e da ética do que propriamente da psicologia ou da neurociência, que também se contam entre suas bases de pesquisa.

O compromisso destes pesquisadores com a proposta da Ciência da Ação é oferecer três eixos ou dimensões como contribuições originais à pesquisa sobre a intenção humana:

1. construir uma teoria que não apenas descreva a ação eficaz, mas que seja capaz de oferecer uma dimensão normativa de como se estrutura e se desenvolve uma ação eficaz;

2. construir uma teoria capaz de descrever os valores e as estratégias de ação que criam ou estruturam uma ambiência (ou mundo comportamental ou mesmo cultura), mas, sobretudo, uma teoria capaz de oferecer modelos e guias de ação eficaz como alternativas para o *status quo*, e, finalmente;

3. construir uma teoria educativa, voltada para a criação de eventos raros de aprendizagem de ciclo duplo (mudança simultânea de valores e estratégias de ação).

No cerne desta proposta científica repousa uma orientação explícita por métodos, modelos, técnicas, meios e instrumentos educativos voltados para a investigação reflexiva e os processos dialogais, nas interações humanas. Em vez de descrever padrões e criar tipos de personalidade, Chris Argyris e Donald Schön dedicaram suas vidas como pesquisadores, educadores e consultores à busca da criação de um arcabouço teórico cuja essência se revela e se organiza na convicção de que a explicitação das intenções entre as pessoas é o caminho mais saudável para a construção de comunidades profissionais ou comunidades de prática profissional que se transformam em comunidades de investigação.

Assim, das pesquisas originais no início dos anos 60 até a primeira publicação sistemática uma década depois (*Theory in Practice*: increasing professional effectiveness, Chris Argyris e Donald Schön, San Francisco Jossey-Bass, 1974), eles passaram a construir uma profícua, sistemática e inovadora produção de conhecimento que deu origem a uma ciência que se põe a serviço dos profissionais que se reúnem para refletir e aperfeiçoar sua prática profissional. Eles alegam que esta prática reflexiva deve estar pautada por três princípios-fim: os participantes destas comunidades de prática, para poderem fazer de fato uma investigação reflexiva, devem tornar-se por intenção: (a) mais eficazes, mais competentes; (b) mais abertos à aprendizagem; e (c) mais justos nas relações.

A Ciência da Ação é uma proposta que vem na contramão de uma sociedade que tem, na prática, a inspiração de valores e crenças de que a transparência é difícil, arriscada, às vezes inocente, ineficaz, e, sempre, muito custosa, de modo que a sociedade usa e recompensa, em várias dimensões complexas, um modelo complacente de competência, assim como algumas virtudes sociais de proteção unilateral que privilegiam:

1. a prática generalizada de estratégias de concessão e obediência aos pontos de vista ou comando dos mais poderosos, muitas vezes combinadas com rejeição e omissão passiva aos comandos;
2. a proteção unilateral da auto-imagem e do outro (sob o pressuposto de mais maturidade psicológica do protetor) ou suposto estado emocional "instável" ou de "menos maturidade" do outro;
3. a demonstração de aparente respeito às intenções equivocadas dos outros com silêncio ou com distanciamento psicológico sutil ou imperceptível a todos;
4. o uso bilateral das lisonjas e dos elogios gratuitos ou da apreciação conveniente;

5. a prática de influência e sedução através de linguagem retórica, casuísmos, maneirismos, mentiras brancas, ocultações e jogos bilateralmente consentidos.
6. o uso de estilos consagrados de "maestria" e "mistério".

Com estas seis estratégias, fundadas em falsas virtudes, todas aparentes ou pervertidas, se evitam o aprendizado e a prática de investigações autênticas nos confrontos, nas discussões de diferenças e, mesmo, e especialmente, se evitam as investigações que envolvem hipóteses, teses e alegações envolvendo processos cognitivos carregados de emoções aflitivas. Na contramão desta onda de "democracia fundada em falsa bondade" e do "silêncio que permite a suposta falta de responsabilidade com as decisões", a Ciência da Ação se coloca com princípios normativos de integridade e transparência na revelação das intenções para poder haver, de fato e consistentemente, a reciprocidade investigativa.

A pesquisa de Chris Argyris e Donald Schön ajudou a criar uma teoria que propugna considerar, sempre e em qualquer situação ou circunstância, que o sujeito deve ter por crença ou premissa que o outro, interlocutor ou não, tem um potencial inesgotável de força e de aprendizado; que o ser humano é potencialmente capaz de exercitar a auto-reflexão e o auto-exame de suas condições e operações mentais e emocionais sem perder sua eficiência na ação e sua responsabilidade com as decisões ou cursos alternativos de ação. Esta crença basilar se desloca e confronta o eixo convencional, predominante nas teorias que têm por base a alegação e a defesa de "vanguarda" de uma competência melíflua baseada na sutileza da ocultação da intenção e no uso do controle unilateral subseptício para proteger os "menos capazes". Ela se desloca, com firme direção, para uma recomendação normativa formal da expressão transparente das intenções e das teses, que devem ser colocadas assertiva, firme e impessoalmente sempre em forma ou condição hipotética e desconfirmável, para permitir sua discussão pública e sua eventual refutação, gerando sempre um grau ou condição investigativa de igualdade para as partes. Esta igualdade, singular na prática, não é nem uma dávida nem uma concessão gratuita dos fortes. É, antes, uma conquista prática de virtudes e de cidadania de todos, pelos caminhos abertos e oferecidos pela educação reflexiva.

4. Um Encontro Ontológico na Pesquisa-ação

O primeiro ponto de encontro entre as teorias de Chris Argyris e Donald Schön e as teorias de Robert Freed Bales se dá numa orientação macro, digamos taxonômica, de seus elementos ou fatores, que estão voltados para a aderência à boa tradição dos princípios de dois mestres em comum: Kurt Lewin e George Kelly. Ambos se inspiram na teoria e nos métodos cognitivos de George Kelly, mas é com fidelidade a Kurt Lewin que eles mantêm vivo o compromisso e acesa a responsabilidade de praticarem a congruência de fazer pesquisa para seu uso concreto na construção de um novo mundo prático. Eles se debruçaram com sua tarefa científica, cuidadosos com um mundo contraditório e paradoxal, estando os três conscientes de lidarem com um cenário de uma sociedade em grande transformação, com enormes problemas e desafios sociais, com dramas crônicos, repetitivos e aparentemente insolúveis do cotidiano, ansiosa pela busca incansável de inovações no trabalho, carente de descobrir meios de formar equipes mais produtivas e eficazes, ambivalente nos valores e recompensas da prática e dos processos da aprendizagem, pois, às vezes, ela se apresenta crente e apreciativa nas potencialidades humanas e, outras vezes, punitiva de suas deficiências, um cenário, enfim, quase sempre marcado por tirania e exploração. Eles são mestres de uma tradição de pesquisa científica comprometida socialmente com a realidade, e engajada simultaneamente em descrevê-la e em oferecer guias de ação eficaz ou de cursos alternativos de ação para as situações sob análise.

A vida pessoal desses pesquisadores, e não somente sua biografia acadêmica, serve de testemunho vivo de uma contribuição exemplar para os destinos da democracia. Na melhor tradição da pesquisa de Kurt Lewin, os três pesquisadores se voltaram para a questão basilar da geração da informação válida e útil para a vida social paritária. Neles, há uma preocupação única: como o ser humano é ou pode ser mais competente? Ou, colocada noutra perspectiva: em que bases normativas se pode criar um ambiente cujos padrões relacionais estejam baseados na reflexão e na aprendizagem, de modo que todos se sintam e se tornem iguais e com o mesmo poder de investigação? Nunca se colocaram com uma proposta de igualdade discursiva que relaxe seus cuidados de monitoramento dos critérios de justiça na suposição de que bastam as políticas ou corpos de leis que referendem um discurso democrático. Antes, eles dão orientações normativas, de modo que as pessoas devem se assumir como cidadãos responsáveis, e como causadores e criadores de seus ambientes e seus destinos, desde que coloquem em julgamento suas teses e suas intenções do agir coletivo.

Agora, um detalhe importante: eles não propugnam um ambiente de "assembleísmo" no qual as pessoas têm garantido um direito inquestionável e um espaço interminável para expor teses e abstrações ou fazer jogos intrincados de palavras e de retórica. Pelo contrário, e eis o grande desafio da educação reflexiva: as pessoas devem ser fortes em dois sentidos. A primeira fortaleza é a assunção das idéias e dos sentimentos ou das intenções de agir. Ou seja, devem ter a coragem e a prontidão de dizer por inteiro o que pensam. E nisto está embutido um princípio basilar de que ao se falar deve existir consistência no que se diz. Logo, a pessoa deve ter uma coragem não somente de falar (e nunca exclusivamente um direito garantido por normas ou por lei dos poderosos), mas também de assumir a responsabilidade pela conexão, articulação, precisão, consistência e congruência do que está dizendo. Falar tem ônus, mas este ônus deveria ser sempre menor do que calar.

A segunda fortaleza diz respeito à competência comunicativa. As informações precisam ser descritivas, observáveis, testáveis, e, sobretudo, devem ter utilidade e importância para a ação. Então, há princípios ligados a esta segunda fortaleza: o que dizer, a quem dizer, como dizer, em que circunstância dizer, para que finalidade dizer. E estes princípios vão colocar um separador de águas no tratamento da emoção. A Ciência da Ação se desloca, imediatamente, visceralmente, da atitude protetora de que toda e qualquer emoção humana é natural e legítima, e digna de expressão catártica, inclusive de facilitação profissional desta expressão catártica, para colocá-la certamente na dimensão da naturalidade e da legitimidade de sua existência nas pessoas para a dimensão definitiva: qual é a justiça que esta emoção provoca como expressão ou como base de ação? Sentir e emocionar-se é natural, legítimo e humanamente comum, mas o que se deve perguntar é: como a pessoa afeta os outros com sua emoção? Como a pessoa age com base nesta emoção e o que provoca de conseqüências?

Estas duas fortalezas são a essência da proposta da Ciência da Ação no que diz respeito à assertividade e à congruência, e como tal é diferenciada, e sobremodo auspiciosa para os desafios de aprendizagem nos ambientes de trabalho. Uma questão fascinante que decorre destas duas fortalezas é muito inovadora: é possível criar ambientes com pessoas competentes nestas duas forças, nos quais as emoções possam ser as mais naturais possíveis, e a linguagem, sempre numa categoria descritiva, não se transforme de imediato em categorias convencionais de agressão. Ou seja, é possível ouvir pessoas gritando, inteiramente emocionadas, exprimindo suas teses sobre o mundo interior e exterior, e nem por isto serem julgadas de agressivas. E, no entanto, pessoas muito "mansinhas e suaves" podem estar agredindo os outros com sua omissão sutil das intenções e com seus maneirismos e jogadas interativas.

Toda a obra de Chris Argyris e Donald Schön faz um tributo e reconhecimento explícito à tradição reflexiva de William James, John Dewey e Kurt Lewin, pioneiros na crítica sistemática da separação de pensamento e emoção, conhecimento e ação, pesquisa básica e pesquisa aplicada, ensino artificial e aprendizagem. Eles dão continuidade genuína à tradição daqueles mestres que buscavam a integração da pesquisa científica e da ação, a descoberta de atividades e meios de aprendizagem em contextos concretos e engajados de ação, de modo que estas experiências promovessem o fortalecimento de valores e princípios voltados para a dignidade da ciência, a prática da democracia, o esforço diligente na educação reflexiva, combinando sempre todos os benefícios integrados de pesquisa e ação a serviço da prática social competente e igualitária.

5. Um Encontro Metodológico na Interação

Os três autores têm por opção metodológica e por objeto de sua pesquisa a interação humana. Como afirmamos, no final da década de 40, Robert Freed Bales criou o instrumento IPA e, a partir desta pesquisa inaugural, tomando por objeto os processos interativos, desenvolveu toda a estrutura teórica e estética do Método Symlog. Em toda sua obra, Chris Argyris e Donald Schön têm por alegação básica que os padrões da ação interpessoal seriam o objeto da observação ou mesmo da manifestação da teoria de ação das pessoas, cuja fonte é normalmente tácita, fruto da maneira como as pessoas são socializadas, de acordo com os vários modelos e exemplos de educação formal e informal a que são submetidas ou desenvolvidas.

Chris Argyris e Donald Schön propõem uma estrutura simples para a Teoria de Ação, composta por duas teorias subordinadas: há uma Teoria Proclamada – a teoria exortada, professada, prometida, esposada, alegada – e há uma Teoria-em-Uso ou Praticada – aquela que vem a ser construída ou inferida pela observação da prática efetiva de uma pessoa, através de seus comportamentos e estratégias de ação. As duas teorias podem ser consistentes ou inconsistentes internamente ou entre si, a depender do grau de nexo, sentido lógico ou relacional de seus elementos, fatores ou variáveis. Na relação entre elas, podem ser inteira ou parcialmente compatíveis, à medida que certos elementos, fatores ou variáveis se superpõem, ou podem ser incompatíveis; podem ser ainda congruentes ou incongruentes, de acordo com o grau de proximidade ou semelhança entre as duas teorias (discurso *versus* prática do discurso).

Os três autores se encontram na mesma crença de que as bases da personalidade são fatores atributivos ou constitutivos em suas teorias. Em suas obras, eles não se preocupam em aprofundar ou descrever estes fatores, e, muito especialmente, não procuram perfilar ou tipificar personalidades. Eles têm por fonte a mesma base psicanalítica de referência, especialmente para compreender as reações de defesa das pessoas diante de ameaças ou as razões porque elas têm baixa eficácia diante dos impedimentos ou barreiras da aprendizagem. Seu interesse é: por que as pessoas se tornam curiosas, ou têm espanto, ou por que ficam presas e se distanciam, ou por que se frustram, ou, ao contrário, por que se mantêm bem-sucedidas e evoluem? Estas e outras perguntas precisam da fundamentação implícita das teorias da personalidade, e eles fazem as alegações com maestria e consistência. Chris Argyris e Donald Schön vão definir as interações investigativas com base no conceito do valor humano do Controle e Robert Freed Bales vai definir as interações em geral com base nos eixos de valores de Poder, Afeto e Aderência às Normas de Convivência e Trabalho.

Eles estão preocupados, de fato, em pesquisar e construir teorias, enfatizando a natureza recíproca das ações interpessoais, nas quais estão presentes valores implícitos, tácitos, embutidos na prática efetiva. Eles entendem que estes valores são criados e promulgados culturalmente, tanto pelo sujeito como por aqueles que recebem o impacto da ação do sujeito. Nos três autores, há uma preocupação recorrente em definir um conceito que se tornará o cerne de sua proposição operativa: "situação" ou "contexto". Seu conceito ou entendimento mais moderno seria de "mundo comportamental" ou "cultura", na forma de padrões mais ou menos estáveis de interação, que se tornam um "artefato social". Algo que pode ser objeto científico, um artefato fora das pessoas, embora diretamente criado por elas. Eles atribuem uma enorme importância ao conceito de "situação", convencidos de que é a partir das condições estruturais e infraestruturais do mundo comportamental que se cria e se reforça a prática de determinados valores e estratégias dos sujeitos, e, deste ponto, desenvolvem duas teorias absolutamente convergentes do ponto de vista epistemológico. Aqui, entra também, com grande importância, um fator comum na construção das duas teorias: a dimensão da criação conjunta, recíproca e interagente de significados, de um lado, produzidos através dos comportamentos e das ações dos sujeitos e, de outro lado, os produzidos com as leituras advindas dos impactos das ações dos sujeitos sobre os outros.

6. Um Encontro nos Propósitos

Pode-se afirmar que são três autores dedicados ao bom êxito dos processos de desenvolvimento humano, via educação, especialmente no ambiente de trabalho. Em essência, o trabalho deles nem é terapêutico nem é simples recomendação pragmática, ou moralista ou exortativa de prática rotineira ou repetitiva. Está antes numa dimensão da maiêutica, a mudança via educação reflexiva. Nisto, podem ser claramente identificadas algumas preocupações em comum:

1. o desenvolvimento de métodos, técnicas e instrumentos que favoreçam a investigação genuína;

2. a consciência da relevância e da necessidade de boa-fé dos envolvidos para fundar relações recíprocas e paritárias, como condição imprescindível de utilidade para se auferir os benefícios da investigação e os do diálogo;
3. uso de mecanismos de "feedback" construtivos, úteis, maturos e democráticos;
4. criação de uma ambiência segura, confortável e respeitosa para a investigação e o diálogo;
5. presença e facilitação competente dos processos reflexivos com profissionais experientes.

A obra desses três autores tem inúmeros pontos de encontro nos propósitos. Eles pensam o ser humano, na dimensão ontológica, como um ser de integração de pensamento e de emoção, portanto um ser que age com inteireza orgânica. E nisto, desde já, eles se separam de toda uma construção secular da teoria administrativa que modela o ser humano eficaz como um ser de "inteligência ou lógica adjetiva", estritamente racional, objetivo, quase mecânico. Eles concebem, com base em pesquisa ampla, sistemática e consistente, um modelo de ser humano competente, ou seja, descobrem e recomendam um modelo de ser humano investigativo, democrático e equilibrado na direção de seus valores. Mas, em especial, eles pensam o ser humano como um ser de flexibilidade diante das situações. Não há um modelo ideal para toda e qualquer circunstância, no entanto crêem que muitas circunstâncias requerem um modelo específico. Os três têm um propósito em comum na dimensão ontológica: o ser humano não é regulado nem pode ser modelado por fatores de estrita, estreita e exclusiva racionalidade.

Do ponto de vista epistemológico, eles se encontram numa construção muito sólida e consistente, que talvez possa ser simplificada, senão reduzida desta maneira:

1. tomam por base e fundamento os fatores constitutivos ou atributivos da personalidade, considerando-os como fatores implícitos imprescindíveis, mas não fazem deles o objeto específico da pesquisa;
2. tomam por base científica a observação dos comportamentos (verbais e não-verbais) das pessoas e escolhem assumir uma atitude de construção inferencial das teorias, a partir dessas observações;

3. com base na identificação sistemática dos padrões recorrentes e estruturados de comportamentos, modelam os perfis mais adequados e eficazes de ação para cada situação.

Ainda numa dimensão epistemológica, os focos supratemáticos de interesse dos três autores têm uma convergência comum e singular no cotejo das teorias organizacionais:

1. autonomia das partes – no cerne das preocupações dos autores com a construção da democracia estão a crença e o propósito de realçar e favorecer a liberdade das pessoas;
2. causalidade pessoal na construção dos mundos comportamentais – nos três autores, há uma evidente suposição lógica de que são as pessoas que criam e influenciam os ambientes nos quais elas vivem e dos quais recebem influência;
3. comprometimento interno como fator sobredeterminante da eficácia do comportamento e da ação – eles alegam, explícita ou implicitamente em suas teorias, que a motivação e a congruência na prática do sujeito com os valores esposados serão os fatores sobredeterminantes da sua eficácia, no sentido de ter o sujeito, de fato, as competências para alcançar suas intenções através de seus comportamentos e suas ações;
4. crença educativa na construção e no desenvolvimento de um "perfil ideal" de comportamentos e ações humanas.

Na obra e na prática de pesquisa dos três autores há um compromisso deliberado de favorecer as condições operativas de um processo educativo que almeje criar as condições de desenvolvimento de ambientes constituídos por pessoas que: (a) conheçam teoricamente e tenham por referência um "modelo ideal" de comportamentos e ações humanas; (b) dominem métodos e técnicas de aperfeiçoamento desses ambientes e dessas competências; (c) se disponham a praticar processos educativos de desenvolvimento e crescimento. Ora, isto revela um quinto foco supratemático marcado pela:

5. confiança profunda na capacidade de aperfeiçoamento da comunicação humana. Os três autores estão inteiramente conscientes das limitações humanas para interagir e aprender; ainda assim, fazem uma opção epistemológica genuinamente apreciativa sobre a capacidade humana

de se comunicar com mais integridade, de agir com mais competência e de aprender no contexto social com mais solidariedade.

Na dimensão metodológica, a recomendação desses autores é a de acionar suas teorias e seus modelos através de processos vivenciais, laboratoriais e reflexivos, com base na observação sistemática de comportamentos e ações humanas, e tendo por referência uma "modelagem ideal". Esta base normativa de uma "modelagem ideal" deve servir antes como uma referência teórica de orientação, e nunca como uma prerrogativa ética ou moral que sirva de julgamento ou comando de ação sobre a conduta dos outros, distinguindo os "bons e competentes" dos "ruins e incompetentes". Os perfis ideais de valores de prática de Robert Freed Bales (Eficácia e coesão em equipe, imagens comuns e progresso social) e o Modelo Investigativo (Modelo II) de Chris Argyris e Donald Schön devem ser vistos antes como desideratos do processo educativo, modelos idealizados e, nunca como chancelas atributivas de julgamento de desempenho. No ponto de vista da prática metodológica, esses perfis e modelos devem servir como mapas conceituais ou roteiros de desempenho que ajudam e instrumentam os participantes nos processos educativos de mudança, como uma competente referência teórica.

Uma leitura cuidadosa e sem preconceitos de suas obras jamais afastaria quem as lê destes cinco focos supratemáticos e destas recomendações metodológicas, percebendo-se que os autores estão sempre conscientes dos riscos no processo de uma aprendizagem inovadora, mas oferecem pontos de vista absolutamente íntegros sobre a potencialidade humana de agir com eficácia, praticar a democracia e investigar com integridade. Deve-se alertar para uma contrapartida presente de forma expressa entre os autores: os profissionais que praticam suas teorias têm o dever de se manter coerentes e consistentes com estas crenças. São duas teorias complexas, embora não pretensiosas, mas que requerem a distância e a censura do amadorismo e da má-fé.

7. A Arte na Combinação de Macro e Micromodelos

A pergunta que talvez inquiete no momento seja: com tanta confluência e tanta semelhança, onde está a separação ou distinção entre os três autores? Na verdade, parece sutil esta diferença. Para descrevê-la melhor, digamos que é possível distinguir claramente os seguintes fenômenos:

1. as características e os traços de personalidade;
2. a intenção;
3. a exortação de valores, de um lado, e a prática efetiva de valores, de outro;
4. os comportamentos; e
5. as ações humanas.

Se fizermos isto, talvez fique bem claro o ponto onde eles se despedem em suas pesquisas, depois de tantos encontros. Um exemplo poderia facilitar: tomemos por referência as características de duas pessoas, uma introvertida e outra extrovertida. Elas podem ter, apesar de suas diferenças básicas de personalidade, intenções comuns ou diferentes, valores comuns ou diferentes, e apresentar comportamentos comuns ou diferentes, com estratégias de ação comuns ou diferentes, sendo mais ou menos congruentes em sua prática com aquilo que professam. Introversão e extroversão, como já dissemos anteriormente, não pertencem às categorias descritivas ou operativas nas teorias dos três pesquisadores, embora sejam conceitos atributivos implícitos. A dimensão da investigação em torno da relação entre discurso e prática, portanto a investigação dos dilemas entre as duas teorias que compõem o universo de ação de uma pessoa, equipe ou instituição, é o foco de interesse e o objeto de pesquisa de Chris Argyris e Donald Schön, enquanto a natureza, a descrição e os perfis dos valores praticados pelas pessoas, especialmente no contexto das interações ou ambientes de trabalho, são o objeto de pesquisa de Robert Freed Bales.

Os três autores se encontram na relevância da observação dos comportamentos e das conseqüências dos comportamentos para o mundo comportamental, e daí constroem suas inferências teóricas com objetos diferentes: Chris Argyris e Donald Schön teorizam sobre a intenção humana nos processos investigativos, e Robert Freed Bales teoriza sobre a constituição e os perfis dos valores que orientam estes comportamentos. Os resultados dos comportamentos deliberados servem de base para a constituição da dimensão teórica sobre a ação humana para os três autores. A questão mais desafiadora é procurar o domínio de uma arte de intervenção, um bom manejo de prática das duas teorias capaz de torná-las de fato complementares e combinatórias. Este processo artístico começa ao se contemplar os modelos normativos propostos pelas duas teorias.

A partir da observação sistemática dos comportamentos, Chris Argyris e Donald Schön construíram três macromodelos de ação humana, ligados aos processos investigativos. Estes modelos estão estruturados a partir das seguintes premissas:

1. as pessoas têm variáveis governantes do comportamento, na forma de valores, crenças, atitudes, pressupostos, raciocínios causais;

2. estes comportamentos se estruturam, se articulam e têm propósitos, na forma de estratégias de ação, cuja finalidade é construir meios e processos de interação que façam a pessoa alcançar suas intenções, embutidas nas variáveis governantes dos comportamentos;

3. há conseqüências das estratégias de ação, ou seja, emergem resultados e conseqüências decorrentes do uso de uma determinada estratégia sobre:

    a) as percepções da imagem da pessoa (sua própria percepção e a dos outros);

    b) a eficácia da tarefa;

    c) as interações;

    d) as normas do ambiente;

    e) padrões de qualidade de vida;

    f) o sistema de aprendizagem; e

    g) os critérios de justiça nas relações.

No que diz respeito à construção de Modelos de Teoria de Ação, como referência teórica, Chris Argyris e Donald Schön identificaram o modelo mais freqüente e mais acionado na prática humana, chamando-o de Modelo I (Modelo de Controle Unilateral), cujas Variáveis Governantes são:

1. alcançar os objetivos da maneira como o sujeito os define unilateralmente;

2. ganhar ao máximo e não perder;

3. suprimir os sentimentos negativos; e

4. enfatizar a racionalidade.

As Estratégias de Ação deste modelo são basicamente controlar unilateralmente o ambiente relevante e as tarefas, proteger-se e proteger os outros unilateralmente. As Conseqüências da Ação são normas de competitividade, decréscimo incremental da eficácia das tarefas, aprendizagem repetitiva e auto-oclusiva, baixa assunção de riscos, baixa autenticidade nas relações, baixo teste público nas investigações.

Os dois autores identificaram também um modelo considerado na prática convencional como competente e muito acionado. Os dois autores chamam-no de Oposto ao Modelo I (Modelo de Dissimulação), cujas Variáveis Governantes são:

1. participação de todos, indistintamente, na definição de objetivos e propósitos;
2. todos ganham ao máximo e ninguém perde;
3. expressão incondicional e sem censura de sentimentos; e
4. supressão dos aspectos cognitivos e intelectivos da ação.

As Estratégias de Ação incluem uma ênfase exagerada nos processos retóricos e manipulativos de investigação, minimização do controle unilateral e aumento dos processos de proteção unilateral. As Conseqüências das Ações são as mesmas do Modelo Unilateral, agora intensificadas e agravadas pelas condições de barganha e de jogos de manipulação.

Chris Argyris e Donald Schön propugnam, como um modelo ideal para os processos educativos e investigativos de modo geral, um terceiro tipo que eles chamam de Modelo II (Modelo Investigativo ou de Controle Bilateral), considerado "ideal", pouco praticado, e o seu baixo uso explica a dificuldade de se construir ambientes investigativos, democráticos e inovadores e, sobretudo, a dificuldade para poder se criar e estruturar sistemas abertos de aprendizagem. Este modelo ideal tem por Variáveis Governantes:

1. geração da informação válida e útil;
2. escolha livre e informada;
3. comprometimento interno.

As Estratégias de Ação incluem a partilha das informações com os que têm informação, competência e responsabilidade com a implementação das decisões e a combinação sistemática de advocacia ou assertividade das teses combinadas com a investigação (há uma diferença fundamental com respeito ao Modelo Unilateral, no qual as alegações unilaterais são complementadas pela obediência ou omissão dos outros e com respeito ao Modelo Dissimulado, no qual as alegações se tornam um jogo permanente de significados embutidos ou dissimulados). As Conseqüências da Ação são normas de menor defensividade e maior cooperação nas relações, normas voltadas para a aprendizagem de ciclo duplo, autonomia e comprometimento interno, processos investigativos mais abertos à desconfirmação, testes públicos de validação das alternativas de ação, eficácia das tarefas a médio e a longo prazos.

Fazendo observações sistemáticas de comportamentos, o Prof. Robert Freed Bales identificou 27 espaços psicográficos de constelações ou conglomerados de valores de prática. Numa pesquisa sistemática com mais de 2,3 milhões de respondentes em todo o planeta, desde que a teoria foi construída, hoje podem ser classificados perto de 100 arquétipos de perfis de valores de prática, sendo que 9 destes têm uma freqüência dominante entre os perfis. Assim, a pesquisa do Prof. R. F. Bales oferece uma contribuição singular na modelagem de microperfis para entender as interações humanas, para recomendar quais são os valores e comportamentos mais ou menos adequados para as situações específicas, mais ou menos eficazes para a constituição de equipes unificadas e coesas, mais ou menos recomendáveis para estilos de liderança eficaz, mais ou menos producentes de ambientes democráticos e mais ou menos sobredeterminantes para a construção de sistemas abertos de aprendizagem.

8. A Arte do Uso Combinado e Complementar dos Modelos

Quando nos comprometemos a praticar uma investigação reflexiva com os clientes, estamos absolutamente convencidos da importância de oferecer modelos, mapas, roteiros e guias-de-ação consistentes e congruentes que os ajudem nas suas reflexões e escolhas práticas. Por sua vez, os clientes estabelecem relações de confiança com os profissionais que os servem, nas quais quase sempre repousam e sustentam suas esperanças de que estes profissionais tenham integridade, segurança e manejo competente das teorias que proclamam. Não cabe ao cliente o papel de aferidor da procedência, da consistência, da validade e da usabilidade de uma teoria acadêmica. Eles são competentes noutras teorias práticas. Eles podem desistir de uma relação, desconfiados da utilidade da teoria que foi testada com um profissional de educação, mas, quando o fazem, talvez se decidam pelo desconforto ou pela discordância na ocorrência dos resultados ou conseqüências desagradáveis, que não imaginaram ou planejaram com antecedência, mas nunca porque discordaram *a priori* de uma determinada teoria comportamental. Na prática, os clientes se surpreendem ou se frustram com o desatendimento de suas expectativas, diante de resultados de teorias que eles não sabem ou conhecem bem, mas cuja escolha delegaram aos profissionais que lhes servem, por pura confiança.

Em V&A, usamos em conjunto os modelos propostos pelas duas fontes de pesquisa para atender aos objetivos imprescindíveis na nossa prática reflexiva com os clientes, com as seguintes alegações:

1. os modelos servem de referência conceitual comum e de parâmetros científicos para testar e validar hipóteses ou teses, de uma maneira democrática e objetiva, sobre valores, estratégias de ação, comportamentos, cultura e sistema de aprendizagem. Ou seja, deslocamos as discussões destas questões da dimensão opinativa, subjetiva, tão corriqueira e comum nos ambientes pseudodemocráticos e pseudo-investigativos (ver referência ao Oposto ao Modelo I de Chris Argyris e Donald Schön) para uma dimensão científica, mais objetiva, mantendo-se a base investigativa e as escolhas pessoais inteiramente autônomas;

2. os modelos servem de apoio para o aprofundamento das pesquisas, análises, inferências e conclusões das realidades diagnósticas, prognósticas e normativas do sistema cliente, mantendo-se inalterados os princípios gerais que devem regular a construção de qualquer teoria (simplicidade, economia, testabilidade, generalidade, refutabilidade etc.), e, ao mesmo tempo, dando ao cliente a inteira liberdade de ser criativo, sem perder a qualidade de uma investigação científica de sua prática cotidiana;

3. os modelos servem de referência antecipatória para as estratégias de ação alternativas, das quais os clientes poderiam dispor em seus repertórios de prática. Ou seja, uma vez que o cliente "ensaie" em caráter laboratorial algum outro tipo alternativo de comportamento ou estratégia de ação, ele pode fazer um exercício de análise preliminar, com o apoio referencial do modelo, deste "futuro ensaiado artificialmente" e vislumbrar o grau efetivo de mudança alcançado entre seus desejos e suas atuações de potencialidades, podendo fazer exercícios e análises sobre a conveniência, utilidade e aprendizagem envolvidas no processo de "ensaio" da inovação;

4. os modelos servem de instrumentos indispensáveis para a criação de um ambiente seguro, íntegro, confidencial e aberto à experimentação, porque sua referência de ampla validação científica coloca os participantes diante de uma condição concreta de haver alta probabilidade de exercício de critérios de justiça do sistema na avaliação do seu desempenho como aprendiz. Ou seja, o cliente sente que os modelos servem de guia para um julgamento correto do sistema sobre sua aprendizagem e uma eventual recompensa, colocando o aprendiz fora da paisagem mental, segundo a qual ele pode ser julgado por parâmetros subjetivos, injustos, do tipo "eu o trato assim, ou o recompenso assim, porque achei isto ou aquilo de seu aprendizado";

5. os modelos servem de meios de geração de uma atmosfera apreciativa e criação de padrões cooperativos. Ou seja, o trabalho coletivo com a ajuda de instrumentos de ampla validação científica, quando bem manejados em intervenções competentes, são uma fonte segura de promoção de aprendizado do esforço cooperado e do cuidado recíproco entre os aprendizes;

6. os modelos servem de meios de desenvolvimento da maturidade e estabilidade emocionais dos participantes durante os processos e os exercícios laboratoriais. Ou seja, eles podem desenvolver uma segurança e uma sadia confiança de que têm em mãos instrumentos competentes, amplamente validados, que ajudam na avaliação de sua efetiva mudança e de seu crescimento ou então que os instrumentos ajudam onde localizar suas barreiras ou impedimentos como aprendizes. Diferentemente das críticas subjetivas, generalizadas, tão comuns, que são feitas ao "aprisionamento" dos clientes que ficam "estereotipados" pelos modelos. Ao contrário, eles, se bem usados, são instrumentos de autonomia e de medida segura e confiável de sua auto-estima e de seu respeito próprio, além de servir para ensinar os participantes a desenvolver consideração pelos outros aprendizes que se encontram nas mesmas condições laboratoriais. Nossa prática com o uso de modelos tem demonstrado que a situação enfrentada pelo cliente descreve mais a adequação e a flexibilidade dos modelos praticados (porque normalmente os clientes navegam em vários modelos, dependendo da tarefa, da situação, das interações e dos significados estabelecidos), do que propriamente ficarem "aprisionados" em um perfil sem chance de mobilidade.

9. Sete Usos Artísticos Mais Freqüentes

Em nossa prática profissional, temos nos concentrado em usar os modelos das duas fontes teóricas em sete expedientes ou procedimentos técnicos mais comuns:

1. *Exposições Teóricas Combinadas* – talvez da mesma maneira como estamos fazendo com este capítulo, e dependendo do grau de motivação e prontidão do cliente, oferecemos breves exposições teóricas das duas teorias e de como as consideramos úteis, válidas e complementares. Procuramos desenvolver nos clientes uma capacidade de ler as práticas humanas nas dimensões da intencionalidade, da inclinação e da preferência por valores praticados, da causalidade pessoal e da responsabilidade na criação dos ambientes ou culturas onde eles atuam. Na verdade, temos um compromisso de alegar que alguns modelos são mais adequados para certas situações do que outros. No fundo, queremos criar comunidades de investigação de prática com nossos clientes. É nossa tarefa ilustrar como modelos são extremamente úteis e outros desastrados, dependendo de vários fatores. Não ocultamos nossas opiniões a este respeito. Quase sempre iniciamos as investigações.

2. *Demonstrações Comportamentais de Terceiros* – usamos os modelos das duas teorias, a partir da observação de filmes comerciais, para ilustrar suas evidências e fazer as análises teóricas que sejam úteis. Quase sempre decompomos os filmes comerciais em incidentes críticos, na forma de intervalos temáticos dos roteiros ou por extensão temporal de 2 a 5 minutos, e passamos a usar os modelos como referência de análise das interações. Esta experiência tem-se revelado, depois de 20 anos de prática e mais de mil filmes comerciais analisados, como uma das fontes mais completas e seguras de transmissão de conceitos comportamentais ou psicológicos em geral, com a ajuda de atores e atrizes competentes, que em poucos minutos comunicam com extrema pertinência e profundidade os fenômenos mais complexos da ação humana, de um modo muito mais convincente e preciso do que os melhores textos acadêmicos. Estamos convencidos de que esta escolha metodológica nos livra do ônus e do compromisso de ensinar conceitos complexos, que ficam enormemente comprometidos quando são transmitidos por via de informação cognitiva ou através de simples transmissão oral sem evidências ou demonstrações comportamentais.

3. *Exercícios de Diálogo ou Discussão Produtiva* – um dos desideratos da Ciência da Ação é promover a desaceleração dos processos mentais e emocionais, de maneira que a pessoa possa ter acesso e controle sobre seu sistema de percepção, de atribuição, de lógica e de dinâmica do pensamento, assim como sobre as conseqüências de suas reações emocionais e, ainda, sobre a eficácia de uma ação em curso. Os modelos quando bem aplicados nestas situações podem ajudar os clientes a desacelerar tais processos e então fazer reflexões produtivas (raciocinam melhor e com mais consistência e lucidez de propósitos), assim como ajudam a ser mais explícitos e transparentes nas suas intenções (integridade e veracidade nas argumentações), a ser congruentes (terem mais consciência da distância entre o que falam e o que fazem), além de instrumentar os clientes para serem mais capazes para compreender, analisar e ajudar os outros a pensar e refletir melhor (mais capacidade investigativa e de ajuda aos outros).

4. *Modelagem Sistêmica de Estudos de Caso* – usamos os modelos para perfilar as dimensões teóricas relevantes em estudos de caso de terceiros ou dos próprios clientes. Nestes exercícios, combinamos os propósitos de ajudar o cliente a buscar uma clareza ou evidência segura quanto ao seu perfil de valores, mas o cerne de nossa intenção é ajudar o cliente a desenvolver as competências ligadas ao raciocínio sistêmico, usando de análise e articulação efetiva de uma lógica que identifica, acolhe e usa as inter-relações causais entre as intenções, os motivos, os comportamentos e as estratégias de ação dos sujeitos do caso, como um meio de leitura e análise da complexidade das relações dos múltiplos fatores destas realidades. Queremos demonstrar a conexão de causalidade em rede entre os fatores e eventos, ajudando o cliente a descobrir quais dentre os fatores da ação são sobredeterminantes e quais os dependentes.

5. *Simuladores Gerenciais* – criamos e usamos simuladores para reproduzir situações do mundo de relações e de negócios dos clientes, ajudando-os a compreender melhor as interações sistêmicas complexas de sua realidade. Uma vez que estejam praticando as múltiplas alternativas diante do simulador, e havendo gravações em vídeo destas experiências, os clientes são ajudados pela referência aos modelos, que servem para orientá-los nas reflexões sobre eficácia, estratégias cooperativas, transparência de intenções e criação de mundo comportamental mais ou menos propenso à aprendizagem. A essência do

exercício nem está na criação de modelos computacionais, nem mesmo no seu uso simulado. O cerne de nosso interesse é gravar as "jogadas" e depois criar os Fóruns de Comunicação Estratégica nos quais são diagnosticadas, analisadas, apreciadas e dramatizadas, ou pelo menos ensaiadas, novas "jogadas". Nestas ocasiões, todo o repertório teórico da Ciência da Ação, do Método Symlog e da Aprendizagem Organizacional é colocado à disposição do debate técnico de interesse do cliente, que passa a ter uma leitura mais abrangente e inspirada por modelos hierarquicamente sobredeterminantes.

6. *Dramatizações* – usamos exercícios de simulação de papéis sociais em ambientes educativos caracterizados por baixa ameaça, alta confiança e experimentação, através do uso de instruções e roteiros semi-estruturados de ação dramatizada. Estas dramatizações permitem que haja diagnóstico e análise das situações vivenciadas e das novas situações "ensaiadas", com a ajuda dos modelos, que servem de referência para a reflexão, especialmente para o cliente decidir qual dos modelos poderia representar alguma utilidade agregada como uma nova alternativa para haver mais eficácia na ação, mais competência no desempenho, mais potencialidade de aprendizagem e mais justiça nas situações cotidianas.

7. *Comunidades de Investigação* – provavelmente o sétimo uso artístico mais significativo para a criação de verdadeiras comunidades de investigação de prática com os nossos clientes sejam as clínicas de desempenho, tanto individuais quanto coletivas, nas quais os clientes fazem o mais extenso e vertical dos processos de investigação. Esta construção artística é talvez a nossa contribuição teórica e estética mais apurada, aquela a qual nos dedicamos por mais de duas décadas de invenção e de prática bem-sucedida. De início, em meados da década de 80, usávamos repertórios da literatura de estratégia empresarial, especialmente modelos de tomada de decisão e vários outros modelos de pesquisa operacional. Naquelas circunstâncias, reuníamos os clientes e investigávamos os cursos alternativos de ação, usando matrizes complexas de critérios e modelos estatísticos de análise. De modo geral, isto era realizado com técnicas de Synetics, juntando o cliente com assessores especializados, para discussão e julgamento público dos méritos das estratégias. Ora, isto acontecia no âmbito do julgamento objetivo, de acordo com uma racionalidade técnica dos critérios da decisão. Era pouco, pois isto não passava de um julgamento, sofisticado

talvez, de artefatos sociais. Nosso empenho em compreender e tentar praticar o modelo de Chris Argyris e Donald Schön desde o início dos anos 80 nos levou aos poucos a ajudar os clientes a mapearem sua causalidade pessoal na confecção, acionamento e implementação de cursos de ação.

Um cliente e amigo, Pedro Ivo Moura, cuja indústria completa 30 anos de serviços intermitentes comigo e com a equipe de V&A – a quem somos imensamente gratos pela confiança –, nos permitiu o início desta experiência clínica com as suas equipes de trabalho. Estávamos treinando em 1980/1984 perto de 100 representantes comerciais em competências de "Comunicação com os Clientes", quando passamos a investigar, no âmbito das dramatizações, qual era a causalidade de cada um deles no curso eficaz ou ineficaz de suas ações e de seus negócios. Este tipo de investigação revolucionou os resultados da reflexão, o grau de interesse dos participantes do processo e a satisfação do cliente. Cada participante, ao compreender sua causalidade pessoal no sucesso ou insucesso de seus negócios, tomou-se de grande senso de comprometimento e a experiência foi uma grande inovação no trabalho. Daquela experiência em diante, deu-se um salto qualitativo para sistematizarmos os dois tipos de clínica. Hoje, dispomos de mais de 500 clínicas facilitadas e gravadas em vídeo, talvez um dos acervos mais ricos sobre comunidades de investigação de prática de que se tenha conhecimento.

Temos por preferência nos restringido a facilitar estas clínicas, delimitadas ao escopo teórico proposto pelos dois autores da Ciência da Ação. Com alguns formandos e colegas formados, temos insistido na impropriedade de leituras ou abordagens nas clínicas que excedem o contexto do observado publicamente, já que tais leituras, aparentemente "mais profundas", de caráter inconsciente, privilegiam dimensões alcançadas apenas por incursões inferenciais, fora do contexto e da objetividade percebida pelos participantes das clínicas, mesmo que haja alegações de autoridade teórica de A ou B. Em nossa opinião, a procura por leituras inferenciais, por mais profundas ou baseadas que estejam em boas teorias e bons pesquisadores, serve antes para justificar e confirmar a tese do facilitador, do que mesmo ajudar o cliente a tomar consciência dos valores que regem ou inspiram sua Teoria de Ação e os resultados de suas interações.

Na prática destas clínicas, sempre que possível, com a ajuda dos modelos da Ciência da Ação e do Método Symlog, os clientes se tornam conscientes do que querem alcançar e as conseqüências, positivas ou não, de suas intenções. Ajudar as pessoas a conhecer e refletir sobre seus valores de prática é um dos benefícios mais extraordinários que o Método Symlog coloca à disposição da humanidade. Quando dispomos do conhecimento do perfil do clinicado, do grau de unificação ou polarização da equipe, da cultura da organização e podemos usar estas informações de maneira aberta e democrática, recebemos uma enorme ajuda para fazer os mapeamentos típicos ou específicos da Ciência da Ação. Na prática, refletimos com consistência sobre a intenção e os valores de prática do clinicado, sempre distantes de teorias que eles podem admitir e admirar, mas que não sabem de onde vêem.

Em essência, propomos esta técnica central ao nosso método de trabalho, levando em consideração alguns aspectos críticos, que devem ser imperativos:

1. a investigação deve ser feita em torno de situações reais vividas pelos clientes;
2. preferencialmente devem ser escolhidas situações ambivalentes, complexas, surpreendentes e, se for o caso, ameaçadoras, para as quais o cliente não tem segurança de caminhos alternativos mais eficazes;
3. a investigação deve envolver um processo de diagnóstico, análise sistêmica dos fatores envolvidos para situar a realidade e para discutir potencialidades de movimentos;
4. as clínicas são desenhos de reeducação, portanto os participantes devem estar conscientes e desejosos de participar de um processo que venha mudar seus padrões de percepção, atribuição de significado, compreensão de suas paisagens mentais, emocionais e atitudinais, com ânimo e abertura para experimentar novas estratégias;
5. a experiência serve de modelagem do grau de democracia efetivamente praticado pelos participantes em seu sistema real, e, neste sentido, o seu aperfeiçoamento sistemático, embora inicialmente artificial durante as clínicas, serve de base para o próprio exercício efetivo – cada vez menos artificial e mais espontâneo – da democracia em seu sistema real;
6. os participantes sabem que o processo de aprendizagem é essencialmente social, que cada participante isoladamente aprende com seu caso, especialmente os casos mais demandantes, mas que todo o sistema aprende e suporta a aprendizagem de todos.

Em essência, as experiências com as clínicas individuais e coletivas estão voltadas para uma regra axiomática da Ciência da Ação: não fazer a investigação na categoria dos valores esposados, como se faz corriqueiramente em todos os ambientes sociais, inclusive os de educação. Quem responde a perguntas sobre valores, feitas diretamente e às vezes inocentemente (acreditam que as respostas não estão contaminadas), tende a se defender e a defender sua imagem com base em retórica e outras intenções não reveladas. A questão central é como ajudar o cliente a acessar os processos mentais, lógicos, emocionais, atitudinais, os valores e as crenças, com suas respectivas estratégias de ação, efetivamente acionadas, e tomar consciência das suas conseqüências, fazendo-se isto de um tal modo artístico, cuidadoso, íntegro e respeitador da prontidão do clinicado, que as respostas do "por que", referentes aos valores, como diz o mestre Chris Argyris, sejam respondidas sem sequer serem efetuadas diretamente ao clinicado.

Com a intenção de obedecer e nos inspirar nesta norma axiomática, conduzimos as clínicas com as seguintes orientações operativas da Ciência da Ação:

1. interrompemos as ações (expressões verbais ou não-verbais, interações, intenções declaradas etc.) no exato momento de sua ocorrência. Focamos a atenção dos clientes para a origem e a dinâmica dos processos cognitivos e emocionais onde eles nascem, e passamos a fazer o mapeamento diagnóstico de sua estrutura, no que diz respeito à ação (portanto, nos afastamos de causas ou motivos inconscientes profundos ou em dimensões transcendentes ou não acessáveis);

2. procuramos trabalhar sempre na dimensão dos significados, usando um instrumento singular da Ciência da Ação que é a Escada de Inferência. Então, é de fundamental importância que os clientes esclareçam entre si quais os significados que são dados ou produzidos sobre cada um deles, sobre os outros, sobre os contextos, sobre as tarefas, sobre intervenientes ausentes, sobre fatores externos incontroláveis, sobre meios e recursos, sobre resultados esperados etc.;

3. procuramos focalizar e centrar a atenção sobre os significados considerados sobredeterminantes da ação. Ou seja, quais os significados atribuídos à ação específica de cada um e, sobretudo, os significados decorrentes da inter-relação das ações de alguns ou de todos;

4. procuramos delimitar qual a "situação" que está sob análise, do ponto de vista da teoria da ação, e, neste sentido, fazer a opção epistemológica e hermenêutica de trabalhar a situação sob esta perspectiva teórica, evitando saladas e ecletismos inúteis;

5. consideramos quais são as "hipóteses" e/ou "teses" que estão à disposição para serem investigadas. Por mais estranha que pareça, uma hipótese ou tese não pode ser descartada *a priori*, mas deve ser colocada a teste, para exercício de sua refutabilidade;

6. desenvolvemos um sistemático exercício de consistência lógica das proposições, desacelerando os processos interativos e focalizando, sobretudo, a investigação nos pressupostos, pois são estes que dão armadura e articulação aos pensamentos e emoções – que são um único e mesmo fenômeno, se considerarmos as emoções como estruturas de pensamentos e raciocínios carregados de fortes sentimentos;

7. ajudamos os clientes participantes a entender sua causalidade direta e pessoal nestas construções teóricas que os levam a agir de uma ou de outra maneira;

8. ajudamos os clientes a compreender como eles reagem diante de situações e contextos semelhantes e o grau de eficácia ou de comprometimento negativo destas reações;

9. ajudamos os clientes a elaborar uma análise ou mapeamento preditivo dos cursos alternativos de ação, de sua causalidade e de sua responsabilidade com as conseqüências previstas em cada um deles;

10. estimulamos os clientes a se abrirem e a se colocarem em atitude e ânimo de aprender;

11. ajudamos a criar situações de dramatização nas quais os clientes possam "ensaiar" sem grandes espantos, medos ou frustrações as estratégias que os façam superar as situações que exigem o aprendizado de novas estratégias.

10. Formatação das Clínicas Individuais e Coletivas de Desempenho

Considero os exercícios das clínicas, os mais significativos de meu repertório de ajuda, os quais, são ao mesmo tempo semi-estruturados e de inteira construção poética, aberta. Na minha experiência, o uso de clínicas tem sido de auspiciosa oportunidade de aprendizado para todos, inclusive no nível mais complexo da avaliação do desempenho individual ou da equipe. As clínicas estão estruturadas em seis passos básicos:

1. no primeiro momento, com a duração aproximada de 30 minutos, o praticante relata um caso ou situação de sua prática profissional, seguindo um roteiro técnico de teoria de ação (descrição objetiva de fatos ou pressupostos sobre o contexto, as pessoas envolvidas, a tarefa a ser realizada, a intenção do clinicado, a estratégia de ação, as interações, as conseqüências das estratégias etc.);

2. num segundo momento, todos os demais participantes fazem uma investigação com a perspectiva de se manterem, tanto quanto possível, isentos ou com uma atitude de suspensão das certezas. No caso, investiga-se, sem uma "hipótese garantida como certa", quase sempre a base de geração da informação de base descritiva. A investigação deve ser a mais "neutra" ou informativa possível, portanto sem teses explícitas, embora sempre haja teses embutidas para quem pergunta algo, mas com a intenção de não criar condições restritivas ao raciocínio do clinicado, que não deveria estar prioritariamente à disposição para responder a teses de seus entrevistadores, mas, antes, deveria ter a inteira liberdade de desenvolver livremente suas teses. Se possível, a pergunta deve vir sem introduções, contextualizações, sem opiniões expressas ou implícitas, sem julgamentos, sem recomendações de ação. Esta fase demora de 30 a 60 minutos, dependendo do interesse dos participantes e da complexidade da situação;

3. no terceiro momento, como facilitador da clínica, dou início a um processo estruturado de investigação, focalizando um ponto crucial para análise, a depender do que se tenha ouvido e coletado nas duas fases anteriores. Neste momento, tento ajudar o clinicado a perceber as várias dimensões constitutivas de sua ação (percepções, construção de significados, intenções, valores, estratégias, conseqüências etc.). Este momento pode demorar de 30 a 60 minutos. Pode haver um processo investigativo e reflexivo sobre a situação acontecida (reflexão sobre a ação), situação em curso (reflexão-em-ação) ou sobre um repertório a ser acionado em situações imaginadas (*knowing*, conhecimento em ação). Neste momento pode haver exercícios de simulação e dramatização de situações desejadas ou idealizadas (uma recomposição hipotética da ação no passado ou um ensaio de uma possível ação no futuro);

4. no quarto momento, todos os participantes podem fazer novas investigações, especialmente se estiverem desejosos de complementar a investigação realizada por mim. As novas investigações que seus pro-

ponentes querem conduzir em desacordo com as teses investigadas pelo facilitador devem ser analisadas cuidadosamente quanto à intencionalidade do participante, porque pode ser um momento interessante de se trabalhar diferenças genuínas ou diferenças por disputa legítima ou não de poder. Normalmente, a melhor posição para o processo de aprendizagem é ajudar os participantes a se colocarem empaticamente na situação do clinicado e a fazerem alegações de hipóteses ou teses próprias, especialmente se eles já tiverem experimentado alguma eficácia numa outra situação semelhante;

5. no quinto momento, volta a palavra para o clinicado, que elabora suas avaliações e conclusões sobre a clínica;

6. finalmente, num sexto momento, faço um retrospecto e uma avaliação da experiência clínica;

7. é possível haver um sétimo momento, a depender do grau de domínio teórico, experiência, motivação e prontidão do cliente, quando se faz um exercício de modelagem crítica do desempenho do facilitador. Este momento pode se transformar numa experiência auspiciosa para se testar a teoria de ação dos participantes, especialmente no que se refere ao grau de transparência e autenticidade de sua competência para confrontar de modo saudável e fazer uma investigação, diante de uma figura de autoridade e de desempenho artístico, normalmente superior ao deles.

As clínicas coletivas têm uma formatação semelhante, mas a ação deve fazer parte do repertório de prática de todos os envolvidos, ou deve envolver todos ou grande parte dos clientes presentes, mesmo que haja algumas pessoas ausentes. Os participantes escolhem livremente o tema ou assunto para ser investigado. Usamos dois *softwares* (Correlato e Simmodel) de nossa criação, que modula atribuições, justificativas, descrições operativas e propostas normativas de ação. Com sua ajuda, o que vamos fazer junto com o cliente é um mapeamento da ação coletiva (como ilustrado na figura e no quadro a seguir). Escolhidos o tema e a situação, deve-se fazer um exercício investigativo, participante e democrático com os presentes, voltado para a construção de um modelo de análise que contemple:

1. os fatores contextuais e as dicas de ação;

2. as construções de significados dos envolvidos;

3. os processos mentais, lógicos e atitudinais para agir;

32 MÉTODO SYMLOG E APRENDIZAGEM ORGANIZACIONAL

4. as escolhas das estratégias;
5. as normas interativas do sistema;
6. os diversos tipos de conseqüência, especialmente as surpreendentes e desestruturantes.

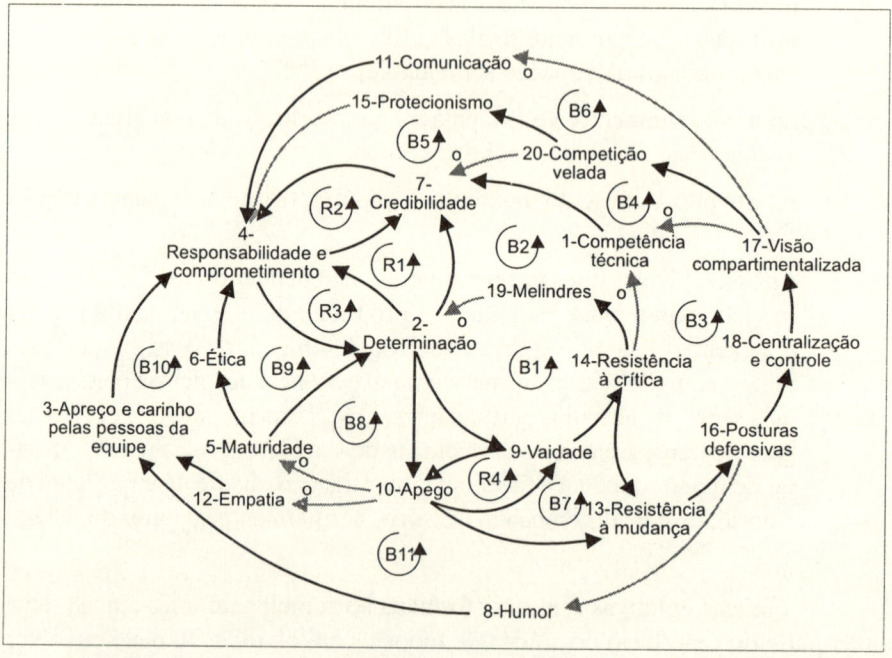

Figura 1.1 – Mapa sistêmico da dinâmica de ação de uma equipe de trabalho

A construção destes mapas deve ser conduzida em permanente situação de teste e validação coletivas, mas privilegiando a manutenção de um clima e atmosfera de genuína colaboração, respeito e reciprocidade. É papel do facilitador transformar este momento numa experiência viva e singular, na forma de um laboratório de experimentação artificial de uma situação desejada, ou recriada do passado, do sistema de ação e de aprendizagem do cliente. Eles não estão vivendo de fato e com todos os riscos inerentes aquela realidade mapeada; entretanto, no momento mesmo que a idealizam, a dissecam, a analisam e a prognosticam, eles a estão vivendo na dimensão da imaginação. Isto equivale a vivê-la por inteiro na forma de um planejamento. Na verdade, eles não estão

Quadro 1.1
Mapa conceitual da teoria de ação oscilante entre o Modelo I e o Oposto ao Modelo I da mesma equipe de trabalho

Virtudes Sociais	Variáveis Governantes Modelo I	Estratégias Comportamentais Modelo I	Conseqüências no Mundo Comportamental Modelo I
Carinho: "Ter interesse genuíno pelos outros; gostar uns dos outros." "Crença exposta por todos de que time que coopera não compete."	**Alcançar o propósito unilateralmente como o agente o define:** "Atribuir-se como condutor de projetos interessantes e se colocar numa situação superior aos demais." "Ter dificuldade de delegar e ter excesso de controle por isto."	**Controlar unilateralmente o ambiente, as tarefas e as pessoas:** "Dificuldade de estar informando aquilo que vai impactar nas áreas dos outros." "Ter dificuldade de delegar e ter excesso de controle por isto."	"As comunicações e os *feedbacks* melindram em qualquer assunto." "Há falta de confiança."
Suporte: "Superar-se diante de qualquer demanda."	**Ganhar e não perder:** "Há competição pelos projetos, por orçamentos, cadeiras, equipamentos etc."	**Proteger-se e proteger os outros unilateralmente (estratégia implícita de controlar os outros):** "Não receber de forma aberta e genuína as críticas e não verbalizar de forma construtiva. As críticas ficam veladas." "Proteger mais seus subordinados em detrimento dos outros, tomar partido pelos seus." "Ter visão fragmentada de territórios, de feudos, de espaços privados."	"Tem caído a produtividade."
Ética/Integridade: "Ser sério e coerente com as crenças; ser correto." "Cada um sabe e cumpre o seu papel."	**Suprimir os sentimentos negativos:** "Não assumir genuinamente seus limites e suas deficiências: ganhar com o silêncio."	**Atribuições abstratas ou não testadas, veladas ou sub-reptícias:** "Não verbalizar de forma construtiva. As críticas ficam veladas."	"Medo das conseqüências no futuro."
	Enfatizar a racionalidade: "Não saber ou não querer se colocar no lugar do outro." "Dificuldade de dar e receber *feedback* sobre as interações."	**Advogar cursos de ação sem investigação e teste:** "Não admitir ou acreditar que uma coisa diferente pode dar resultado."	

planejando algo fora deles mesmo, como um projeto técnico convencional, e, sim, diagnosticando e planejando a tessitura e a arquitetura de sua ação coletiva e do seu sistema de aprendizagem. As estratégias reais, quando acontecem no seu cotidiano, a partir destas experiências, se tornam menos ambíguas, ameaçadoras e surpreendentes. A ação coletiva se torna um objeto de investigação e construção científicas.

Algumas recomendações operativas são críticas neste processo e devem ser seguidas com maestria:

1. cada participante precisa aprender a acionar, efetivamente, o seu direito a voz e voto (e o facilitador deve ensinar isto, logo de saída, e ajudar a manter este princípio operacional sempre), através da afirmação assertiva e transparente de suas teses, advogando-as e colocando-as à investigação;

2. cada afirmação ou atribuição deve ser alvo de teste público: (a) da descrição de sua natureza; (b) de sua evidência; (c) de sua consistência; (d) de sua utilidade;

3. todos os pressupostos e toda a dinâmica do raciocínio devem ser postos a julgamento de consistência e utilidade;

4. todas as hipóteses e teses, depois de devidamente colocadas a julgamento, devem ser analisadas do ponto de vista da viabilidade (por diversos critérios à escolha do cliente ou sugeridos pelo facilitador) como estratégia inovadora de ação;

5. toda e qualquer escolha deve ser analisada da perspectiva da responsabilidade causal dos envolvidos;

6. além da consciência da responsabilidade pelas conseqüências, o teste mais significativo é o grau de comprometimento interno com a implementação das ações. Esta última orientação operativa deve se transformar na pedra de toque do trabalho educativo do facilitador: ajudar a desenvolver o comprometimento interno com as decisões tomadas, porque isso fará simplesmente a diferença entre pessoas e equipes eficazes e coesas daquelas ineficazes e polarizadas.

A Ciência da Ação, através do mestre Chris Argyris, recomenda sete focos imprescindíveis nas investigações da ação, e que usamos sistematicamente e disciplinadamente em nossas clínicas coletivas:

1. acolher o erro como uma das bases da aprendizagem. Isto pode parecer pouco "apreciativo", mas, no entanto, é exatamente o lado mais apreciativo desta teoria: crer num ser humano que não se humilha e se imobiliza com os erros, mas que aprende com as faltas ou os hiatos de competência. Em todo erro há uma interminável oportunidade de aprendizado e de desenvolvimento;
2. orientar as normas de prática e de interação para uma linguagem paritária, na qual a geração da informação seja o critério mais relevante, e que as atribuições sejam consideradas legítimas, desde que a linguagem seja descritiva, diretamente observável e refutável;
3. refletir publicamente, e testar abertamente o grau de eficácia das estratégias de ação. Decisões podem ter sido equivocadas, ambíguas, paradoxais, secretas, impeditivas da ação coletiva eficaz. Portanto, devem ser reanalisadas à luz e a serviço da aprendizagem de todos;
4. focalizar o impacto que as estratégias tiveram sobre a competência dos clientes, naquilo que sabiam ou não sabiam fazer, no que podem fazer, naquilo que precisam aprender e incorporar ao seu repertório de estratégias eficazes;
5. analisar barreiras secundárias das ações, ou seja, as normas de interação que bloqueiam ou impedem o curso da ação eficaz;
6. identificar e dissecar em todas as direções possíveis as conseqüências não intencionais da ação individual ou coletiva; e
7. identificar e dissecar todas as características auto-oclusivas dos processos de aprendizagem.

11. Cultura e Sistema de Aprendizagem

A proposta da Ciência da Ação trouxe uma nova leitura para o conceito de cultura, se a entendermos como uma rede de significados e de padrões de comportamentos e práticas consuetudinárias, advindas da intenção nas ações humanas. Com a Ciência da Ação não se desfaz o entendimento de padrões objetivos de valores, crenças, atitudes e práticas sociais considerados como aceitos, aprovados e recompensados por grupos, instituições ou toda uma sociedade num determinado período de tempo. Mas, agora, lê-se também a cultura como fruto da intenção, e, com isto, é possível entender não apenas o fenômeno da cultura, mas também os sistemas de aprendizagem social e as suas barreiras ou limitações inerentes, a partir destas intenções.

De uma forma muito resumida, como se propõe este capítulo, devemos insistir em alguns comentários que imaginamos relevantes para a importância do Método Symlog nas modernas pesquisas do fenômeno da aprendizagem organizacional:

1. a onda das *learning organizations* (organizações de aprendizagem) que se alastrou no Brasil depois da publicação da *Quinta Disciplina* (Peter Senge, São Paulo: Best Seller, 1998) não é a única fonte de curiosidade e preocupação com a aprendizagem organizacional. Chris Argyris e Donald Schön publicaram em 1978 a obra *Organizational Learning* (Addison Wesley Publishing Company, 1978), inteiramente alinhada com a proposta da teoria da ação, uma leitura mais complexa e mais dinâmica do que a noção corrente de aprendizagem organizacional como aquisição de informações, conhecimentos, entendimentos especializados, formas e técnicas de fazer práticas, técnicas e tecnologias de qualquer natureza etc.;

2. muito embora a proposta de Chris Argyris e Donald Schön tenha sido na época de sua elaboração um motivo de desinteresse ou julgamento preconceituoso como sendo um conceito estranho ao mundo organizacional, eles se propuseram a oferecer uma leitura normativa e orientada para a prática. Em leitura crítica de revisão da pesquisa, em 1996, na obra *Organizational Learning II* (Addison Wesley Publishing Company, 1996), desconsideraram muitas das promessas das *learning organizations* e procuraram contribuir com a identificação das condições e das estratégias de ação que propiciavam a aprendizagem de ciclo duplo e de como poder acioná-las ou aprender a acioná-las;

3. eles alegam que a proposta da Ciência da Ação ajuda a criar os meios de produzir os raros eventos da aprendizagem de ciclo duplo, imprescindíveis para a dimensão produtiva e colaborativa da aprendizagem nos ambientes organizacionais;

4. eles insistem numa leitura combinatória de perfis individuais de teorias de ação e de graus de consciência e abertura dos membros das organizações para experimentar e aprender, ao lado das condições infra-estruturais, estruturais, metodológicas e processuais para ocorrer a aprendizagem de ciclo duplo, ou a aprendizagem produtiva;

5. assim, seu foco de pesquisa e de atuação se dá em torno da Investigação Organizacional, através da qual as pessoas responsáveis analisam e decidem a implementação das ações da organização e que, ao mesmo

tempo, são também as pessoas responsáveis pelo sistema de aprendizagem e pela irradiação dos mapas de ação para orientação de todos sobre como agir com base nestes conhecimentos advindos da aprendizagem comprovada e considerada válida e útil;

6. sua proposta se distingue da "inteligência estratégica", da "inteligência corporativa", das "competências essenciais", além da proposta de "gestão do conhecimento", porque estas e outras propostas têm superposições e pontos em comum com a Aprendizagem Organizacional Abrangente, mas há diferenças epistemológicas e metodológicas praticamente inconciliáveis.

Ainda com base nesta obra de 1996, Chris Argyris e Donald Schön elaboram alguns pressupostos axiomáticos de sua proposta inovadora, quase 20 anos depois de exaustivos testes e pesquisas sobre o que condiciona ou favorece uma experiência bem-sucedida de aprendizagem organizacional que depende:

1. inicialmente, das condições favoráveis do sistema de aprendizagem, ou seja, dos valores e das estratégias de ação das pessoas que geram as normas prevalentes do mundo comportamental. Elas precisam ser estimuladoras e recompensadoras da investigação e da aprendizagem de ciclo duplo;
2. do sistema de geração de informações, da maneira como os sistemas organizacionais tratam das informações ambíguas, paradoxais ou inacessíveis;
3. do sistema de recompensas que passa a suportar e elevar a base de motivação das pessoas para arriscar experimentar a aprendizagem de ciclo duplo;
4. da coragem de investigar as condições pessoais e estruturais que provocam o erro, sobretudo o erro crônico;
5. da abertura para se lidar com as barreiras individuais (laços primários) e as barreiras estruturais das interações (laços secundários);
6. da qualidade e da facilitação dos processos investigativos, tanto do ponto de vista da fundamentação educativa, quanto dos métodos, meios, instrumentos, procedimentos operativos e investimentos de tempo e pesquisa sistemática para avaliação do processo;

7. do grau de verticalidade da investigação sobre o efetivo deslocamento de teorias de ação (discurso e prática efetiva) inibidoras ou promotoras de novas teorias-em-uso;

8. da qualidade e da integridade dos processos de pesquisa-ação, sobretudo os esforços legítimos para gerar um empreendimento colaborativo entre participantes e facilitadores, sempre focando nos processos investigativos e procurando separar a aprendizagem legítima dos processos auto-oclusivos das armadilhas da competência e das aprendizagens supersticiosas;

9. da lucidez de identificar e superar os erros de aprendizagem que nascem dos próprios processos de investigação que diminuem as possibilidades de mudança efetiva de teorias-em-uso e da própria aprendizagem de ciclo duplo;

10. finalmente, depende da altivez de se trabalhar as situações que mais demandam a aprendizagem de ciclo duplo: situações de surpresa e ambigüidade das normas, erro e incompetência por incompatibilidades ou paradoxos das normas, ameaça e indiscutibilidade das normas.

Nos trabalhos voltados para a aprendizagem organizacional com nossos clientes passamos a apresentar um decálogo constitutivo do processo da pesquisa sobre o fenômeno da aprendizagem organizacional, que ocorre, na essência do conceito em Chris Argyris e Donald Schön, quando se dão as seguintes dimensões:

1	"As pessoas na organização experimentam uma situação paradoxal ou conflitiva,	isto é, deparam com os limites de aprendizagem: a sensação de impasse, frustração pelos objetivos não alcançados em função de fatores comportamentais que emperram a geração de informações úteis à ação, à tomada de decisão e à monitoração das decisões tomadas.
2	e, com explícita consciência, desenvolvem uma investigação sistêmica desta situação	a investigação das causas do erro somente terá probabilidade de ser produtiva se for empreendida em nome da organização, engajando os membros da organização numa reflexão coletiva sobre a ação de todos e de cada um.
3	com o envolvimento pessoal, estratégico e político dos dirigentes da organização	efetivamente, este é o segmento dotado de maior capacidade de influenciação; sua adesão ao processo é necessária, politicamente intransferível, embora nem sempre suficiente para levar adiante o processo de aprendizagem coletiva.

4	que se devem revelar determinados a enfrentar o descompasso entre discurso e prática	de fato, assim como as pessoas, as organizações têm um discurso para fora (protetor da imagem corporativa) e outro para dentro (a prática do dia-a-dia, sem retoques). O primeiro é chamado "teoria proclamada"; o outro, "teoria-em-uso", aquela que efetivamente comanda os comportamentos manifestos.
5	investindo pessoalmente na resolução ou diminuição das condições de erro	todo processo genuíno de investigação começa pelo tratamento consentido dos fatores que impedem o fluxo livre das informações úteis à ação, tais como ambigüidade, contradição, vagueza, imprecisão ou retenção de informações importantes para a ação, inacessibilidade e indiscutibilidade de questões difíceis e ameaçadoras.
6	assim, dando origem a um processo reflexivo que integra pensamento, sentimento e ação	o genuíno processo de aprendizagem organizacional é uma reflexão íntegra, inteira e integrada sobre a prática concreta dos membros de organização, envolvendo os aspectos técnicos, cognitivos, sociais e emocionais com equilíbrio e boa disposição de participar ativamente.
7	capaz de acionar novos modelos mentais, memórias, mapas e programas públicos de ação	à medida que todos e cada um aceitam abrir-se à experimentação de novos modos de pensar e atuar, e tentam novas formas concretas de se relacionar e trabalhar juntos, o processo se torna uma poderosa alavanca de transformação de hábitos arraigados em busca de maior competência e justiça nas relações, e maior disposição para testar publicamente as próprias opiniões, idéias e maneiras de agir, assumir a própria causalidade na criação do clima organizacional e tomar consciência do impacto do próprio comportamento no ambiente,
8	que vão inspirar e normatizar a dinâmica política dos fenômenos organizacionais	o processo de aprendizagem é antes de mais nada um grande pacto político de boa vontade, abertura, auto-exposição e aceitação dos outros como interlocutores válidos. Uma vez acionados, estes pressupostos conduzem a uma boa dialética nas relações interpessoais, grupais, intergrupais e organizacionais,
9	reorientando a teoria-em-uso ou prática concreta da organização	de fato, a pedra de toque de um processo de aprendizagem organizacional é a mudança de valores, crenças, posturas, atitudes e comportamentos nas relações do dia-a-dia no trabalho,
10	criando-se um ambiente voltado para a competência, a aprendizagem e a justiça"	os produtos finais da aprendizagem organizacional consistem no fortalecimento da capacidade de obter resultados (eficácia) ao longo do tempo (competência), de forma a beneficiar todos e cada um (justiça) de modo permanente, incorporando os novos valores nas estratégias de ação pessoais e coletivas (aprendizagem).

Ora, o cerne da proposta da aprendizagem organizacional se dá em torno da questão do erro humano, uma abordagem criticada pelos pesquisadores que se intitulam de "apreciativos" e que procuram entender os processos de aprendizagem como um reforço permanente dos sucessos, evitando, tanto quanto possível, a criação de cenários ou de paisagens mentais ligadas à frustração, à dor e aos processos de superação de deficiências. Respeitamos estas opiniões, mas consideramos a abordagem que associa a aprendizagem à superação dos erros como uma das mais verticais e íntegras maneiras de apreciar o ser humano, concebido como um ser de consciência crítica e de potencial de resiliência diante das suas limitações. Colocamos à disposição de nossos clientes as seguintes reflexões sobre o erro humano:

1. O erro é um desencontro ou um hiato entre a intenção humana e o resultado da ação humana. Ou seja, é um descompasso entre aquilo que pensamos ou intencionamos realizar *versus* aquilo que de fato acontece quando implementamos uma ação voltada para aquela intenção.

2. A aprendizagem pode ser vista como um antídoto para o erro: ou seja, aprendemos quando detectamos, identificamos e corrigimos o erro. Portanto, quando somos capazes de recuperar o hiato entre intenção e resultados.

3. O conceito de aprendizagem vai além da noção cognitiva de aquisição, incorporação e retenção de novas informações. Para os cientistas da ação, ocorre a aprendizagem quando assumimos ações eficazes, ou seja, quando somos capazes de agir e produzir aquilo que intencionamos.

4. O ser humano não dispõe de todas as informações para lidar com todos os contextos. Haverá sempre um hiato entre as informações e repertórios disponíveis dos seres humanos e as exigências dos contextos de ação. Assim, ocorre aprendizagem quando se conhece sobre contextos em novos contextos.

5. Mesmo os seres humanos mais experientes vão conceber ações inadequadas ou vão implementar ações de modo inadequado. As situações e os contextos podem ser inteiramente novos ou podem estar em permanente estado de mudança ou as outras pessoas que irão interagir com nossos planos de ação poderão reagir de forma totalmente surpreendente. Conceber ações e implementá-las exige o aprendizado de monitorar, constantemente, nossas interações.

6. Com as experiências bem-sucedidas de planejar e implementar ações, as pessoas tendem a codificar aquelas ações que são mais eficazes para certos contextos ou interações.

7. As ações consideradas eficazes e que são, de algum modo, legitimadas socialmente, passam a constituir um padrão repetitivo de comportamentos, que, com o tempo, toma a forma de uma estrutura interacional. Tomam, assim, a dimensão de exigências normativas públicas, em forma de políticas de rotinas que são recompensadas pelas culturas dos grupos e das organizações. A construção de políticas, rotinas, subculturas e culturas é uma forma muito complexa de aprendizagem social.

8. Para atingir a excelência do desempenho integrado das organizações, os princípios voltados para a competência, a aprendizagem e a justiça são mais realistas, mais eficazes e mais abrangentes do que os princípios voltados para o bem-estar, a satisfação e a lealdade. Pelos princípios de aprendizagem somos capazes de detectar, identificar e corrigir os resultados, de maneira a cada vez mais nos aproximarmos da intenção original, especialmente quando envolver temas ou situações embaraçosas ou ameaçadoras; pelos princípios da competência somos capazes de detectar, identificar e corrigir situações enganosas e problemáticas, implementando soluções cada vez mais eficazes; e, pelos princípios da justiça oferecemos as mesmas oportunidades a todos os membros de um grupo ou organização, considerando os critérios que localizem estes membros num determinado espaço social.

9. Os seres humanos não são inclinados a produzir o que não desejam ou intencionam. Mesmo assim, podemos distinguir duas grandes categorias de erros: um conjunto de erros de primeira ordem, causados pela desinformação, e um conjunto de erros de segunda ordem, causados pela intenção de errar. Este segundo conjunto de erros tem duas explicações possíveis: ou é obra da falta de consciência do ser humano sobre a origem e a causa que o gera, ou, então, obra de um propósito deliberado – o ser humano sabe que está errando, mas o faz de uma maneira que não parece ser um erro.

10. O conceito de racionalidade humana assume que as pessoas concebem suas ações (tácita ou expressamente) e que são responsáveis por elas. O princípio da racionalidade também assume que ninguém pode sabidamente, ou seja, por domínio ou habilidade do saber, conceber um erro, porque conceber um erro sabidamente é planejar e alcançar um resultado, o que em si já não é mais um erro.

12. Modelo de Aprendizagem Organizacional

Chris Argyris e Donald Schön elaboraram um modelo de aprendizagem convencional nas organizações que remonta a sua obra de 1978. Segundo este modelo, algumas categorias são inerentes ao bom entendimento deste fenômeno:

1. **Condições de erro:** segundo os autores, há três grandes condições de erro na geração e nos testes das informações: (a) obscuridade ou ambigüidade, que requer especificação para o que está impreciso, esclarecimento para o que está ambíguo, precisão para o que está excessivo, acréscimo para o que está escasso e teste para o que está sem teste; (b) paradoxo ou contradição, que requer correção ou reformulação para o que está equivocado, reconciliação e compatibilidade para o que está incongruente e resolução ou escolha para o que está inconsistente, e (c) indiscutibilidade, que requer concentração para o que está disperso, divulgação para o que está retido e acionabilidade para o que está imóvel.

2. **Teorias de ação:** segundo Chris Argyris e Donald Schön, a base etiológica do modelo repousa na teoria de ação individual e nas interações das pessoas. Intenções explícitas ou tácitas de como lidar com as condições de erro, seja por controle unilateral expresso ou dissimulado, ou por controle bilateral, vão fazer a diferença crítica, a partir deste ponto, para a constituição do sistema de aprendizagem da organização.

3. **Laços inibidores primários:** se o modelo de teoria de ação individual prevalente no sistema for de controle unilateral, e, muito mais grave ainda, se for dissimulado ou de obediência passiva, o sistema de geração e de teste da informação vai promover a criação de laços inibidores primários. Ou seja, as pessoas, com suas teorias de ação, vão reforçar e estruturar as condições de erro, analisadas no item 1.

4. **Dinâmicas de grupo e normas disfuncionais:** os laços inibidores primários vão reforçar a falta de consciência das pessoas com respeito aos seus efeitos sobre a aprendizagem organizacional. Eles criam e fortalecem as normas disfuncionais de grupo e de intergrupos, que os autores chamam de laços inibidores secundários, porque estes espelham e ampliam as propriedades inadequadas dos laços inibidores primários, que mantidos e reforçados, levam as pessoas à sensação de fragilidade, resistência e imutabilidade do sistema. Ora, com as normas (implícitas,

da teoria-em-uso do sistema) abrem-se as condições básicas e imprescindíveis para os jogos transferenciais de responsabilidade. Agora, aparentemente, as pessoas estão desculpadas da sua contribuição disfuncional para o sistema. Equivocadas, as pessoas atribuem as deficiências de aprendizagem ao artefato social, sem se aperceberem da dinâmica autocomplacente de seu raciocínio improdutivo. O processo que tem início como surpresa desagradável, com o agravamento da sensação de fragilidade e imutabilidade do sistema, leva as pessoas ao desânimo, à descrença, ao cinismo. Os jogos de engodo e encobrimento são uma janela disfuncional da convivência e do aprendizado improdutivo. As pessoas, além de autocomplacentes, lutam para transferir sua causalidade ou responsabilidade, procuram evitar a culpa, imputam os erros ao sistema, e vão fazer de tudo para encobrir sua participação neste cenário, por mais simples que seja sua contribuição.

5. Seria imprescindível estabelecer os **processos investigativos abertos, democráticos, consistentes, corajosos** que permitissem a superação das condições de erro, de tal modo que as normas prevalentes fossem de investigação, de retorno da informação transparente, útil, maturo, produtivo. As pessoas poderiam se ajudar mutuamente a corrigir suas teorias-em-uso e o sistema como um todo estaria aberto para manter a investigação como princípio para lidar com a curiosidade, a ambigüidade, o paradoxo e a confidência improdutiva.

6. **Um processo investigativo e produtivo** deve fazer diminuir a dinâmica disfuncional de grupo, porque a competição, os jogos de perde/ganha, a baixa confiança e a baixa assunção de riscos tendem a ser investigados e substituídos por normas de cooperação, de orientação para a investigação democrática e transparente, para mais confiança no sistema, e, sobretudo, para fortalecer o princípio da autoconsciência sobre a causalidade pessoal e do impacto das ações individuais no sistema. Tudo tem início com as pessoas ajudando o sistema a mudar sua teoria de ação, mudando a sua própria teoria de ação.

7. **Grau de corrigibilidade dos erros do sistema:** o processo de lidar com as condições de erro, considerando-se a influência dos laços inibidores primários e secundários, vai estabelecer o grau de corrigibilidade interna do sistema. Os erros por imperícia, imprudência ou culpa (os autores chamam de erros de primeira ordem) e os erros por dolo (erros de segunda ordem) tornar-se-ão corrigíveis ou incorrigíveis, de acordo com o grau, a freqüência e a intensidade dos laços inibidores

primários e secundários. A contribuição das teorias de ação individuais, e agora também o padrão das teorias de ação de todos, que forma a teoria de ação de um grupo ou uma entidade – na forma de um artefato social pesquisável e compreensível fora das pessoas – vão juntos estabelecer que tipos de erro podem ser corrigidos e quais os que não podem naquele sistema.

8. **Limites da aprendizagem organizacional:** os limites impostos à aprendizagem organizacional podem se restringir a aspectos limitados da ação ou aspectos considerados abrangentes, portanto de maior escopo. Os erros vão se tornar incorrigíveis todas as vezes que sua correção envolver mudanças de valores, crenças, pressupostos ou políticas abrangentes; ou seja, em certos sistemas, os erros se tornam incorrigíveis todas as vezes que se exigir uma aprendizagem de ciclo duplo, ou seja, os valores, políticas e normas deveriam ser investigados, questionados e mudados e não o serão.

9. **Tratamento dos limites da aprendizagem:** num sistema regulado por teoria de ação do Modelo I, a descoberta de erros incorrigíveis é uma fonte de vulnerabilidade pessoal e organizacional. A resposta mais comum à vulnerabilidade é a autoproteção unilateral que toma várias formas. Erros incorrigíveis e os processos que levam a eles podem ser escondidos, mascarados ou negados, em forma de camuflagem. As pessoas e os grupos, ainda por cima, podem se proteger, não assumindo sua causalidade, caso a camuflagem falhe.

10. **Natureza da camuflagem:** a camuflagem pode tomar a forma de uma teoria proclamada (abertura, confiança, cooperação etc.) com a qual todos fazem um segredo aberto da incongruência. Ou, então, o erro incorrigível pode ser atribuído a fatores externos sobre os quais os membros da organização não têm controle. Ou, ainda, os membros da organização podem fazer uma "demonstração bombástica" de ataque ao problema, enquanto de forma encoberta partilham uma compreensão do ritual (cínico e inútil) de ataque àquele problema.

11. **Antecipação das conseqüências:** a proteção toma a forma de antecipação das conseqüências do erro incorrigível, de modo a dar ao antecipador uma margem de desempenho aceitável. Nestas condições, o que menos se conhece no sistema é o caráter diagnóstico antecipador das conseqüências da camuflagem e da proteção. Elas drenam as energias que bem poderiam ser usadas para o engajamento em tal erro. Os fenômenos de esconder, negar e mascarar o erro tendem a proteger as pes-

soas e o sistema como um todo de fazer futuras investigações, e, portanto, de reforçar os laços inibidores secundários.

12. **Nova ordem de camuflagem:** além do mais, quando a camuflagem e a proteção são amplamente praticadas, elas estabelecem as condições para um segundo patamar de camuflagem. Não se pode esclarecer a camuflagem e a proteção sem vir à luz este patamar duplo de vulnerabilidade. Assim, são criadas camadas sobre camadas de camuflagem e proteção, e o sistema está totalmente amarrado.

13. **O destino da aprendizagem organizacional:** a aprendizagem organizacional abrangente ou de ciclo duplo depende: (a) da consciência adequada; (b) do diagnóstico preciso; (c) do esforço investigativo competente e (d) da abertura e coragem de experimentação e mudança diante dos erros.

14. **Mundo comportamental:** quando um sistema está inspirado em Modelo I de teoria-em-uso, o mundo comportamental é frustrante e constrangedor. Tal pessoa está sempre se vendo em situações de perde-e-ganha, que se transformam em dilemas superpostos e sempre intratáveis. São situações que Gregory Bateson chamou de "laço duplo" ou "duplo vínculo", ou seja, tudo que a pessoa faz tende a ser um erro, porque nem atende aos interesses das normas conflitantes nem investiga as regras e normas paradoxais. Estes vínculos duplos exigem que as pessoas assumam camadas duplas de vulnerabilidade, inerentes nos jogos de proteção e nas camuflagens. A discussão destas condições é um tabu, da mesma forma que é um tabu a discussão do processo pelo qual uma pessoa está presa nestas circunstâncias.

15. **Dialética organizacional produtiva:** os autores a titulam de "boa dialética" ou "dialética produtiva" nas organizações, antes por preconceito ideológico, supomos, do que por procedência conceitual. A dialética é dialética e ponto, nem boa nem má. Mas eles afirmam que na "boa dialética" novas condições de erro normalmente ocorrem como um resultado da aprendizagem organizacional; portanto, há uma combinação de estabilidade e de mudança contínua. Isto quer dizer que a "boa dialética" não é um estado estável e livre das condições de erro, mas sim um processo aberto no qual o ciclo da aprendizagem organizacional cria novas condições para ocorrência e investigação dos erros, para os quais os membros da organização criam respostas produtivas de modo a transformar novas condições de erro e novas condições de investigação e de mudança.

13. Fatores de Infra-estrutura para a Aprendizagem Organizacional

Na segunda obra sobre Aprendizagem Organizacional, em 1996, pode-se fazer uma grande classificação dos fatores de infra-estrutura imprescindíveis para o processo bem-sucedido da aprendizagem organizacional. Chris Argyris e Donald Schön recomendam a inclusão e o alinhamento de seis subsistemas infra-estruturais, considerados imprescindíveis: (1) Canais de Comunicação; (2) Sistemas de Informação; (3) Normas e Regulamentos da Ambiência Comportamental; (4) Artefatos para Ação Coletiva Coesa; (5) Sistemas de Incentivos e Recompensas e (6) Sistemas Integrados de Reflexão e Aprendizagem, como podem ser vistos no quadro a seguir:

Quadro 1.2
Classificação dos fatores infra-estruturais

Fatores dos Subsistemas	Funções e Finalidades	Variedade/Tipo/Exemplos
Canais de Comunicação	Saberes, processos, responsabilidades ou veículos e instrumentos que estabelecem meios de comunicação das pessoas na organização.	• Fóruns ou espaços deliberados para discussões e debates. • Padrões formais e informais de comunicação. • Estruturas, cargos, responsabilidades e papéis funcionais.
Sistemas de Informação	Saberes, processos e equipamentos de geração e disseminação da informação.	• Fontes de geração, arquivo, acesso, memória e disseminação. • Banco de dados. • Equipamentos de informação. • Sistema de inteligência gerencial. • Processos de observação, coleta, adaptação e imitação de processos e produtos de aprendizagem (adaptativa e inovadora).
Ambiência Comportamental	Qualidade, significados e sentimentos que condicionam e estruturam os padrões de interação das pessoas na organização e sobredeterminam a natureza, o grau e a profundidade da aprendizagem organizacional.	• Interações amigáveis ou hostis, próximas ou distantes, abertas ou fechadas, flexíveis ou inflexíveis, competitivas ou cooperativas, produtivas ou defensivas, abertas ou avessas à investigação, abertas ou avessas ao erro. • Padrões comportamentais.

(continua)

Quadro 1.2
Classificação dos fatores infra-estruturais (continuação)

Fatores dos Subsistemas	Funções e Finalidades	Variedade/Tipo/Exemplos
Artefatos para Ação Coletiva Coesa	Descrevem os modelos de ação, memorizam a aprendizagem e servem de guias para as ações futuras.	• Mapas: diagramas e fluxos de trabalho; mapas, organogramas, *layouts*, cronogramas etc. • Memórias: arquivos, gravações, base de dados, relatórios etc. • Programas: manuais de políticas, procedimentos e rotinas, planos de trabalho, protocolos, roteiros, gabaritos etc.
Sistema de Incentivos e Recompensas	Valores, princípios, normas e práticas que incentivam a estruturar padrões comportamentais voltados para o sucesso psicológico e para a competência.	• Recompensas financeiras básicas. • Recompensas para desempenho extra (equipe). • Reconhecimento pelo desempenho. • Acesso às informações para desempenho. • Incentivo constante à prática de novas habilidades. • Envolvimento nas decisões. • Avaliação do apoio e suporte ao desempenho. • Avaliação do estilo relacional. • Avaliação do senso de atendimento às clientelas. • Satisfação geral com a organização.
Sistemas Integrados de Reflexão e Aprendizagem	Saberes, processos, responsabilidades, métodos, equipamentos e instrumentos voltados para estruturar a reflexão da e na ação e favorecer a aprendizagem.	• Programas de aprendizagem individuais e em equipes. • Laboratórios de práticas e exercícios modulares. • Simuladores e gerenciadores da aprendizagem. • Locais, ambientes, metodologias, técnicas e facilitadores do processo de aprendizagem. • Softwares de jogos, simuladores, apoio à decisão. • Equipamentos audiovisuais. • Tecnologias e processos de aprendizagem.

14. Resultados da Investigação Organizacional

Chris Argyris em *Enfrentando Defesas Empresariais* (Editora Campus, 1992), uma de suas poucas obras traduzidas e publicadas no Brasil, diz que a prática investigativa do Modelo II de teoria-em-uso "leva à redução de mal-entendidos, erros, doutrinas auto-suficientes e processos fechados em si mesmos. O limiar do que é embaraçoso ou ameaçador se afasta. As pessoas podem ser mais construtivamente francas entre si e, deste modo, podem ver menos necessidade para evasivas e escamoteamentos de evasivas", pág. 129.

Ele alega que a prática de uma teoria-em-uso de Modelo II (investigativo e democrático) cria novos mundos comportamentais inspirados em virtudes sociais mais produtivas. E aqui surge uma das mais fascinantes sínteses sobre estas virtudes, comparando-as inclusive com as virtudes consideradas "competentes" no mundo convencional de teoria-em-uso de Modelo I ou Oposto ao Modelo I, onde prevalecem o controle unilateral explícito ou o escamoteado. Eis um quadro comparativo destas virtudes, como mostrado na mesma obra:

Quadro 1.3
As virtudes sociais dos Modelos I e II

Virtudes Sociais do Modelo I	Virtudes Sociais do Modelo II
Auxílio e Suporte	
Dê sua aprovação e incentivo às outras pessoas. Diga aos outros o que você acredita que os fará se sentirem bem consigo mesmos. Diminua as suas mágoas dizendo-lhes o quanto você se importa e, se possível, concorde com eles que os outros agiram de modo impróprio.	Aumente a capacidade dos outros de confrontarem suas próprias idéias, de criarem uma janela em suas próprias mentes e de encarar suas suposições mais internas, seus preconceitos e medos. Faça isso, agindo dessa maneira com outras pessoas.
Respeito ao Outro	
Ceda e mostre respeito às outras pessoas e não entre em confronto com seus raciocínios ou ações.	Considere que as outras pessoas têm uma grande capacidade para a auto-reflexão e o auto-exame, sem pensar que elas perdem suas eficiências e seu senso de responsabilidade individual. Confirme sempre essa suposição inicial.
Força	
Defenda a sua posição com o objetivo de vencer. Mantenha suas próprias posições diante dos argumentos dos outros. Sentir-se vulnerável é sinal de fraqueza.	Defenda as suas posições, e combine isso com questionamento e auto-reflexão. Sentir-se vulnerável, enquanto se encoraja o questionamento, é sinal de força.

(continua)

Quadro 1.3
As virtudes sociais dos Modelos I e II (continuação)

Virtudes Sociais do Modelo I	Virtudes Sociais do Modelo II
Honestidade	
Não conte mentiras às outras pessoas, ou conte-lhes tudo que você pensa e sente.	Encoraje você mesmo e as outras pessoas a dizerem o que sabem, ainda que receiem dizê-lo. Minimize o que, de outra maneira, ficaria sujeito a distorções e escamoteamento das distorções.
Integridade	
Aja sempre de acordo com seus princípios, valores ou crenças.	Defenda seus princípios, valores e crenças, de modo a estimular o questionamento e a encorajar outras pessoas a fazê-lo.

15. Relatórios Symlog e Aprendizagem Organizacional

Da mesma maneira que os relatórios individuais do Método Symlog ajudam cada pessoa a refletir na relação entre sua intenção nos processos interativos *versus* seus valores de prática, os relatórios Symlog voltados para as várias demonstrações das dinâmicas de uma equipe ou da cultura de uma organização ajudam de modo singular a definir os perfis do mundo comportamental. Os relatórios Symlog têm a profundidade, a precisão e a generalidade de suas descobertas normativas asseguradas pelo teste exaustivo com mais de 2,3 milhões de aplicações. O detalhamento das relações potenciais entre tipos e perfis de valores dá uma noção cabal da potencialidade de unificação ou de polarização das equipes. Ora, isto ajuda consultores, educadores e clientes a vislumbrar, com alto grau de probabilidade, quais são as alternativas de aprendizagem nestes ambientes. Da mesma maneira, podem ser estimados os esforços de deslocamento que as pessoas terão de fazer nestas circunstâncias.

Uma das contribuições mais fascinantes destes relatórios Symlog coletivos é a comparação entre os valores: (a) efetivamente demonstrados; (b) os ideais ou desejados; (c) os recompensados; e (d) os supostos no julgamento de terceiros. O perfil dessas categorias de valores tem uma utilidade incomum, porque consultores e clientes podem se debruçar para entender o volume, a intensidade, a direção, a qualidade e os detalhes dos esforços de mudança a serem feitos. Imagine-se uma situação na qual os valores demonstrados sejam muito distantes dos valores ideais, dos valores recompensados e dos valores supostamente atribuídos por terceiros. Esta situação é muito mais desafiadora para os esforços de mudança do que uma situação na qual a distância entre os valores demonstrados e os ideais seja pequena, na qual já haja uma avaliação de que os valores efetivamente recompensados já se encontram na direção da mudança desejada e que se suponha que os clientes externos já percebam os valores da organização na direção positiva. A primeira situação é de extrema complexidade e esta segunda situação é mais propícia aos esforços da aprendizagem organizacional.

Assim como os relatórios individuais, os relatórios Symlog coletivos vão servir aos mesmos papéis de modelagem e de referência científica sobre os quais discorremos no início deste capítulo. Eles são usados em caráter periódico, sistemático e iterativo, de maneira que as pessoas vão aprendendo a construir, superpor e a interpretar as imagens e as representações em rede da organização – a essência do processo da aprendizagem organizacional – na exata medida em que vão conhecendo, usando, descobrindo e redescobrindo as riquezas das interações humanas. Neste sentido, os relatórios Symlog são instrumentos de valor inestimável. Acreditamos, como dissemos pessoalmente aos professores Robert Freed Bales, Robert Köenigs e Margaret Cowen, e repetimos isto ao final deste capítulo, que a teoria e os relatórios do Método Symlog andam de mãos dadas com as pesquisas modernas da Ciência da Ação, da Educação Reflexiva e da Aprendizagem Organizacional. Poucas pesquisas nos parecem tão complementares quanto estas abordagens laboriosas, estéticas, humanas e democráticas.

Referências Bibliográficas

ARGYRIS, C. *Reasoning, learning and action: individual and organizational*. San Francisco: Jossey-Bass, 1982.

_____. *Enfrentando defesas empresariais: facilitando o aprendizado organizacional*. Rio de Janeiro: Campus, 1992.

_____. *Knowledge for action: a guide to overcoming barriers to organizational change*. San Francisco: Jossey-Bass, 1993.

ARGYRIS, C.; SCHÖN, Donald. *Organizational Learning*. Addison Wesley Publishing Company, 1978.

_____. *Organizational Learning II*. Addison Wesley Publishing Company, 1996.

ARGYRIS, C.; PUTNAM, R.; SMITH, D. M. *Action science*. San Francisco: Jossey-Bass, 1985. New York: Wiley & Sons, 1982.

BALES, Robert F. *Social interaction systems: theory and measurement.* New Jersey: Transaction Publishers, 1999.

BALES, Robert F.; COHEN, Stephen P. *Symlog: a system for the multiple level observation of groups.* New York: Division of Macmillan Publishing Co., Inc., 1979.

BOYATZIS, Richard E. *The competent manager: a model for effective performance.*

GOLEMAN, Daniel; LAMA, Dalai. *Como lidar com as emoções destrutivas: para viver em paz com você e com os outros.* Rio de Janeiro: Editora Campus, 2003.

GURGEL, Ana Olímpia (org.); OLIVEIRA, Enildo (org.). *RH positivo: novo mundo do trabalho.* Rio de Janeiro: Qualitymark Editora, 2004.

HARE, Sharon E.; HARE, A. Paul. *Symlog field theory: organizational consultation, value differences, personality and social perception.* Praeger Publishers, 1996.

POLLEY, Richard B.; HARE, A. Paul; STONE, Philip J. *The Symlog Practitioner:* applications of small group research. New York: Library of Congress Cataloging, 1988.

SENGE, Peter. *A quinta disciplina.* Ed. rev. ampl. São Paulo: Best Seller, 1998.

SENGE, Peter; KLEINER, Art; ROBERTS, Charlotte; ROSS, Richard; SMITH, Brian. *A quinta disciplina:* caderno de campo. Rio de Janeiro: Qualitymark Editora, 1995.

VALENÇA, Antônio Carlos e Outros. *Cinema em Pernambuco e no Brasil – pesquisa qualitativa sobre os fatores favoráveis e desfavoráveis.* Recife: Edições Bagaço, 2002.

VALENÇA, Antônio Carlos. *Eficácia Profissional – uma obra em homenagem aos 23 anos da publicação de Theory in Practice, de Chris Argyris e Donald Schön.* Rio de Janeiro: Qualitymark Editora, 1997.

VALENÇA, Antônio Carlos e Outros. *Consultores em Ação – uma pesquisa sobre aprendizagem organizacional.* Recife: Edições Bagaço, 1995.

VALENÇA, Antônio Carlos e Outros. *Praia de Pipa – a próxima vítima?* Recife: Edições Bagaço, 1996.

VALENÇA, Antônio Carlos e Outros. *Uma Experiência em Aprendizagem Organizacional: 10 anos de comunidade de prática.* Recife: Edições Bagaço, 1999.

VALENÇA, Antônio Carlos e Outros. *Utilização de Consultoria na Região Metropolitana do Recife – uma pesquisa orgânica e qualitativa.* Recife: Edições Bagaço, 1999.

VALENÇA, Antônio Carlos e Lima, João Gratuliano e Outros. *Pensamento Sistêmico – 25 aplicações práticas.* Recife: Edições Bagaço, 1999.

Valença & Associados – Estratégias de Ação – Comunidade de Formação de Consultores Organizacionais. *Consultores em ação – uma pesquisa sobre aprendizagem organizacional.* Bagaço Editora, Recife, 1998.

Capítulo 2

A Teoria de Campo do Symlog[1]

A. Paul Hare, PhD

O nome "Symlog" é um acrônimo para Observação Sistemática de Grupos em Múltiplos Níveis. Os conceitos básicos na Teoria de Campo Symlog permanecem como foram descritos por Bales na coleção de artigos sobre o Symlog, em 1988 (Bales, 1988). Entretanto, a teoria agora está mais abrangente, principalmente na aplicação que agora ela faz à análise da interação social das equipes de trabalho e do comportamento organizacional.

O Symlog é uma teoria de personalidade e de dinâmica de grupo, integrada com um conjunto de métodos práticos para a medição e a mudança de comportamento e valores dos grupos e das organizações, de um modo democrático. As normas de comportamento e valores eficazes, derivadas de avaliações feitas por administradores de organizações, são usadas como critérios para indicar as mudanças que podem ser necessárias para que os líderes e os membros possam provocar mudanças desejáveis no desempenho do grupo.

A teoria Symlog é uma teoria "estabelecida" que oferece uma integração compreensiva dos achados e teorias da psicologia, psicologia social e disciplinas de ciências sociais correlatas. É uma nova "teoria de campo" (Bales, 1985).

Como uma teoria de campo, o Symlog leva em conta o fato de que todo comportamento acontece em um contexto maior, um "campo" interativo de influências. A abordagem assume que um agente precisa entender o contexto maior, incluindo aspectos pessoais, interpessoais, grupais e situacionais, para entender padrões de comportamento e para influenciá-los com sucesso. Os procedimentos de medição do Symlog estão desenhados para medir tanto os padrões de comportamento como o seu contexto maior.

---

[1] Tradução do Capítulo 1 do livro *SYMLOG Field Theory: organizational consultation, value differences, personality and social perception*, Sharon E. Hare and A. Paul Hare, Praeger Publishers, 1996.

1. O Diagrama de Cubo Symlog

Uma idéia muito básica na teoria Symlog é que toda interação social pode ser visualizada tendo lugar num campo tridimensional. As três dimensões são semelhantes às três dimensões do espaço físico, ilustrado por uma sala de aula típica. Se alguém se move para a parte de cima do espaço, e fica de pé, torna-se mais dominante. Se alguém se move mais para a frente, no espaço, e fica próximo ao *bureau* do professor, mostra disposição de aceitar autoridade e de se envolver mais com a tarefa. Em muitas culturas, as coisas boas acontecem no lado direito, e as coisas más, ou sinistras, acontecem no lado esquerdo. Assim, o lado direito da sala é o lugar para se mover em direção à interação amigável e o lado esquerdo, à interação não-amigável. As dimensões básicas para o nível "valores" de interação, sem o exemplo da sala de aula, são as seguintes:

U = para cima = Valores de Dominância

D = para baixo = Valores de Submissão

P = positivo = Valores do Comportamento Amigável

N = negativo = Valores do Comportamento não-Amigável

F = para a frente = Valores de Aceitação da Orientação da Tarefa, vinda de uma Autoridade Estabelecida

B = para trás = Valores de Oposição à Orientação da Tarefa, vinda de uma Autoridade Estabelecida

As três dimensões primárias do espaço Symlog podem ser visualizadas graficamente como um cubo (veja Figura 2.1), onde as seis principais direções do espaço, partindo do centro, estão indicadas por setas, identificadas pelos códigos de letras U, D, P, N, F e B. Separando cada uma das três dimensões do cubo (U-D, P-N e F-B) em três segmentos, criam-se 27 cubos menores dentro do cubo maior. Vinte e seis desses cubos representam combinações de valores (ou comportamentos) que podem caracterizar indivíduos, grupos, organizações ou mesmo toda a sociedade. O vigésimo-sétimo cubinho que está exatamente no centro do cubo grande representa a origem, ou o ponto inicial, de todas as direções, e não é tratado como uma direção, na versão atual do Symlog. No seu volume de 1970, Bales descreveu as características para este cubo como "média".

Cada um dos cubinhos da Figura 2.1 está rotulado com uma combinação de códigos de letras que representam sua relação com as seis direções principais. Por exemplo, o cubinho do lado superior direito está rotulado de UPF, já que ele combina as direções Para Cima, Positiva e Para Frente. O cubinho do lado inferior esquerdo está rotulado de DNB, pois ele combina as direções Para Baixo, Negativa e Para Trás. Todos os cubinhos da camada superior do cubo grande contêm um elemento de valores Para Cima (ou traços de comportamento, dependendo do que está sendo medido). Todos os cubinhos da camada inferior do cubo grande contêm um elemento de valores Para Baixo. Os cubinhos da direita contêm os valores Positivos, e assim por diante, para cada fatia do cubo grande.

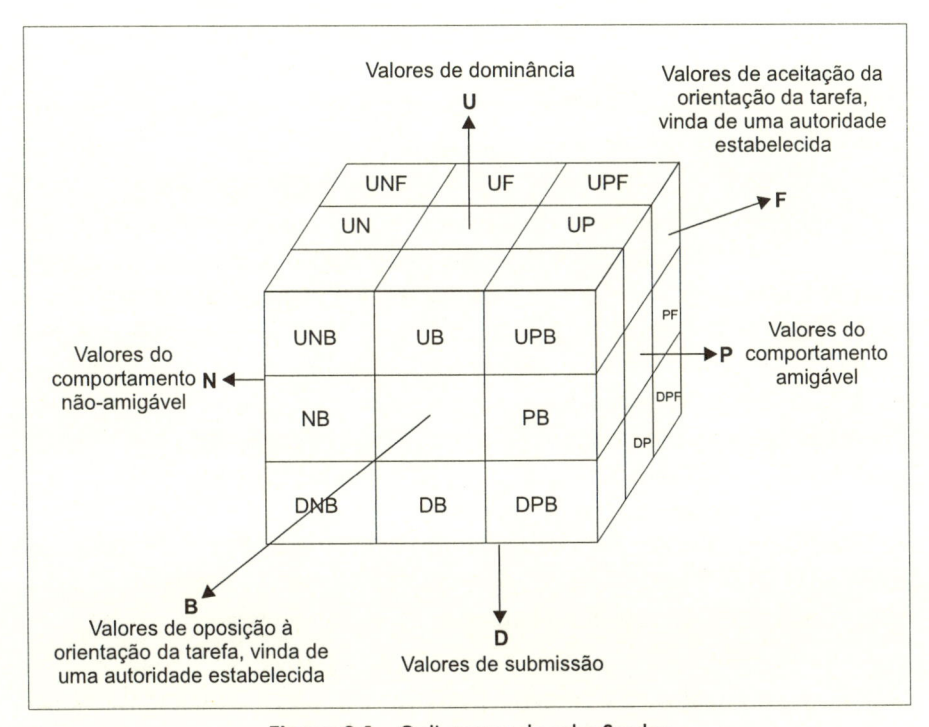

Figura 2.1 – O diagrama de cubo Symlog

2. O Questionário Symlog

Os conceitos extraídos dos estudos analíticos de elementos dos valores (ou traços de comportamento) são usados para formular itens para um questionário em que cada item representa alguma combinação de um a três indicadores direcionais. O conteúdo de cada um dos 26 itens, como aparece no questionário Symlog sobre "Valores Individuais e Organizacionais" é dado na Figura 2.2, em associação com um gráfico de barras que será descrito a seguir. Os itens do questionário são sempre listados na mesma ordem, começando com o item "U" e movendo-se em torno da camada superior do cubo grande, depois em volta do centro e das camadas inferiores, terminando com o "D". Usando o questionário, as pessoas registram se determinado item de valores é evidente no comportamento da pessoa em questão, raramente, às vezes ou freqüentemente (codificados como 0, 1 e 2). Há também um questionário Symlog para traços e para comportamento. Porém, o formulário de valores do questionário geralmente é usado para a consultoria em equipes administrativas, já que o formulário de valores individuais e organizacionais tem a vantagem de os valores de um indivíduo poderem ser comparados aos de uma equipe, de uma organização, uma sociedade ou um conceito motivador, enquanto avaliações de traços e comportamentais somente podem ser feitas para indivíduos.

Na Figura 2.2, a primeira declaração de valores da lista, "Sucesso Financeiro Individual, Proeminência Pessoal e Poder", é uma indicação de valores localizados na parte Superior (U – Valores de Dominância) do espaço psicossocial. A segunda declaração de valores, "Popularidade e Sucesso Social, Ser Querido(a) e Admirado(a)", combina valores localizados na parte Superior e Positiva do espaço (Valores de Dominância e de Comportamento Amigável). A terceira declaração de valores, "Trabalho Proativo em Equipe, Voltado para as Metas Comuns, Unidade Organizacional", combina valores geralmente percebidos como encontrados na parte Superior, Positiva e Para a Frente (Valores de Dominância, Valores de Comportamento Amigável e Valores de Aceitação da Orientação da Tarefa vinda de uma Autoridade Estabelecida). Os indicadores direcionais (U, D, P, N, F, B) para cada item estão mostrados em uma coluna à direita do número do item.

Como foi sinalizado na descrição do cubo Symlog, nove cubinhos, representados por itens do questionário, têm elementos de Valores quanto à Dominância (Parte Superior do espaço) e nove contêm valores de submissão (Parte Inferior do espaço). Para obter um escore na dimensão Superior-Inferior, computa-se a diferença entre as respostas aos nove itens da parte Superior (U) e aos nove da parte Inferior (D) e se atribui uma letra, U ou D, para indicar a direção do resultado. De modo semelhante, os resultados são computados para as dimensões Positiva-Negativa e Para Frente-Para Trás.

A TEORIA DE CAMPO DO SYMLOG   57

Gráfico de barras. Valores individuais e organizacionais
Relatório baseado nas avaliações agregadas

Apresentado por SYMLOG Consulting Group
15 de outubro de 2003

Legenda:
- Relatório baseado nas avaliações agregadas ACT
- Relatório baseado nas avaliações agregadas IDL
- ◆ A localização ótima para a maioria dos trabalhos eficazes

Raramente   Às Vezes   Freqüentemente

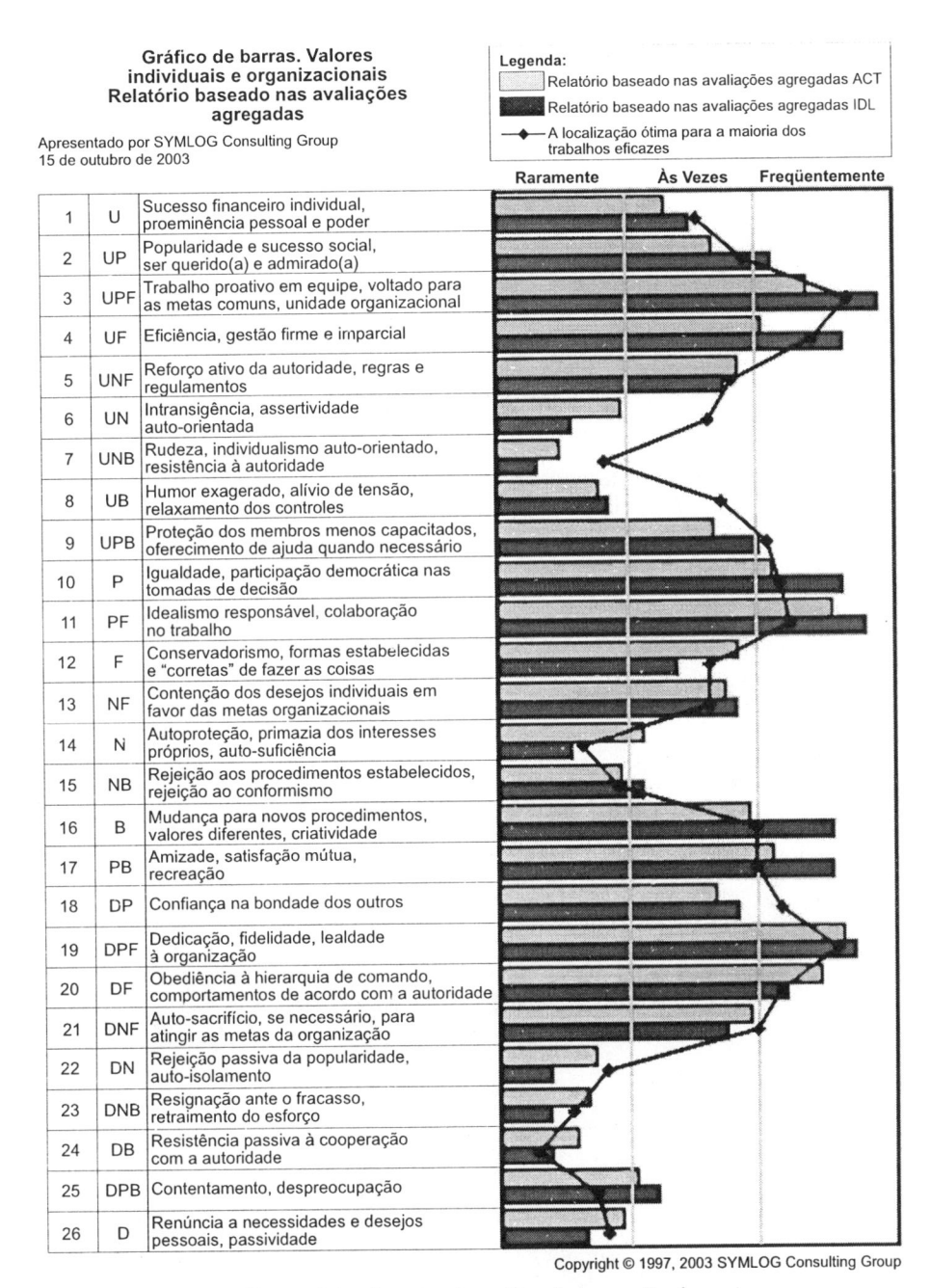

#	Cód.	Descrição
1	U	Sucesso financeiro individual, proeminência pessoal e poder
2	UP	Popularidade e sucesso social, ser querido(a) e admirado(a)
3	UPF	Trabalho proativo em equipe, voltado para as metas comuns, unidade organizacional
4	UF	Eficiência, gestão firme e imparcial
5	UNF	Reforço ativo da autoridade, regras e regulamentos
6	UN	Intransigência, assertividade auto-orientada
7	UNB	Rudeza, individualismo auto-orientado, resistência à autoridade
8	UB	Humor exagerado, alívio de tensão, relaxamento dos controles
9	UPB	Proteção dos membros menos capacitados, oferecimento de ajuda quando necessário
10	P	Igualdade, participação democrática nas tomadas de decisão
11	PF	Idealismo responsável, colaboração no trabalho
12	F	Conservadorismo, formas estabelecidas e "corretas" de fazer as coisas
13	NF	Contenção dos desejos individuais em favor das metas organizacionais
14	N	Autoproteção, primazia dos interesses próprios, auto-suficiência
15	NB	Rejeição aos procedimentos estabelecidos, rejeição ao conformismo
16	B	Mudança para novos procedimentos, valores diferentes, criatividade
17	PB	Amizade, satisfação mútua, recreação
18	DP	Confiança na bondade dos outros
19	DPF	Dedicação, fidelidade, lealdade à organização
20	DF	Obediência à hierarquia de comando, comportamentos de acordo com a autoridade
21	DNF	Auto-sacrifício, se necessário, para atingir as metas da organização
22	DN	Rejeição passiva da popularidade, auto-isolamento
23	DNB	Resignação ante o fracasso, retraimento do esforço
24	DB	Resistência passiva à cooperação com a autoridade
25	DPB	Contentamento, despreocupação
26	D	Renúncia a necessidades e desejos pessoais, passividade

Copyright © 1997, 2003 SYMLOG Consulting Group

Figura 2.2 – Amostra do gráfico de barras Symlog

3. O Diagrama de Campo

Os dados de avaliação podem ser mostrados de formas diferentes. A locação de campo dos escores referentes às imagens de indivíduos ou a conceitos pode ser plotada em um diagrama de campo que retrata as três dimensões primárias. Um outro tipo de representação é um gráfico de barras de freqüência (como na Figura 2.2), que mostra as avaliações médias recebidas por um indivíduo, um grupo, ou um conceito para cada um dos 26 itens. Adicionalmente, as intercorrelações entre os itens podem ser computadas. Para cada caso, o Grupo de Consultoria Symlog tem programas de computador que compararão as demonstrações com normas para um trabalho em equipe eficaz e oferecerão relatórios para as equipes ou organizações clientes do grupo de consultoria. Embora os relatórios não estejam desenhados para fins de pesquisa, as demonstrações básicas do computador são úteis para a visualização de dados.

Capítulo 3

A Liderança Pode Ser Ensinada

Robert J. Köenigs, PhD

Contexto

Um artigo da revista *Training* tinha o título "A Liderança Pode Ser Ensinada?". O artigo, escrito pelo editor da revista, Chris Lee (1989), apresentava uma excelente revisão dos métodos historicamente disponíveis para ensinar a liderança. Porém, apesar de uma busca exaustiva, Lee terminou o artigo dizendo: "e, ainda assim, parece que falta algo essencial".

1. A Necessidade de Uma Decisão para Liderança

Lee apontou o ingrediente que estava faltando – "E aqui está um dos aspectos mais esquecidos de toda a questão: Como definimos um líder? Não é um exercício acadêmico. Sua resposta não somente sugere as competências e habilidades que se incluem no repertório de um líder, mas também determina o que se pode fazer para melhorá-las."

Felizmente, o ingrediente de que Lee "sentiu falta" foi encontrado e os maiores quebra-cabeças associados ao treinamento da liderança foram montados. Bales tinha trabalhado durante 45 anos em pesquisas na Universidade de Harvard, para desenvolver soluções práticas. Sua primeira contribuição, não revisada porque só foi usada recentemente em treinamentos, é o Symlog.

O Symlog abrange um conjunto de conceitos e métodos práticos para medir e descrever comportamentos e valores relacionados à liderança e à eficácia do trabalho em equipe. A finalidade típica do uso do Symlog é compreender melhor a interação dos membros do grupo, para melhorar suas produtividade e satisfação.

A teoria e as medições indicam formas específicas como os líderes e membros do grupo podem agir mais eficazmente para encorajar mudanças desejáveis no seu desempenho.

Em vez de descrever o Symlog, vamos ver o que ele faz para resolver muitos quebra-cabeças que o treinamento da liderança envolve. Para começar, o Symlog oferece a resposta à pergunta: Qual é a definição da liderança neste contexto?

A liderança é o processo de unificação de um grupo diversificado, para que todos trabalhem eficazmente juntos com o máximo de mediação, o mínimo de bodes expiatórios e o uso judicioso do poder.

Em seu livro *Líderes*, Bennis e Nanus referem umas 350 definições de liderança. Diante de tal situação, o que torna esta definição específica tão valiosa e poderosa? A força desta definição reside no potencial que o Symlog tem de medir, de maneira confiável e precisa, cada uma das partes componentes.

A definição focaliza especificamente o contexto de muitos praticantes, ou seja, a liderança em grupos de trabalho. Um tema corrente no artigo de Lee era: "Como você treina os executivos para que eles se tornem melhores líderes?" Esta pergunta considera o fato de o grupo em questão ser uma equipe de projeto, um departamento, divisão ou toda a organização. Esta definição operacional focaliza especificamente os grupos de trabalho e liga a liderança eficaz a um trabalho eficaz em equipe.

2. A Necessidade de Medida

Eu acredito que uma grande limitação diante das muitas definições operacionais de liderança seja a ausência de um método de medida que esteja diretamente ligado à definição e ao desempenho do grupo de trabalho. Simplificando, se você não for capaz de definir a liderança claramente, como treinará líderes eficazes? E, sem um método para medir a liderança eficaz, como reconhecerá e verificará as mudanças que resultam do treinamento?

Um sistema abrangente de medida é essencial para o ensino e o monitoramento de qualquer processo de mudança – particularmente um processo tão dinâmico quanto o treinamento de liderança. Mesmo assim, "o treinamento da liderança" freqüentemente ocorre somente com definições mais vagas e fracas das ferramentas de medida. Bem apropriadamente, foi a falta de ferramentas de medida válidas e confiáveis que levou Lee a considerar o treinamento da liderança como algo "instável". Como isto poderia ser resolvido?

Sem uma medida precisa e confiável, o treinamento da liderança é como um navio à deriva – vai a algum lugar, e pode realmente chegar a algum lugar, mas onde? Até o potencial daqueles programas de treinamento comunicados mais claramente é drasticamente reduzido sem uma forma de definir a direção, medir o progresso, e oferecer, é claro, a correção do curso. Os programas de treinamento da liderança, dentro de seis ou oito dias, freqüentemente não oferecem conceitos, modelos e módulos que aparentemente dão a esperança de que as pessoas atingirão seus objetivos e melhorarão seu desempenho.

Um participante de muitos programas de liderança atuais pode aceitar qualquer atividade, inclusive exercícios que envolvem tomada de decisão, simulações, *video-tape*, dramatização, visualização, habilidades de comunicação, treinamento da assertividade, exercícios de confiança, sobrevivência no deserto e caminhadas na Lua etc. Parece que tudo está incluído, mas falta uma definição simples, objetiva e operacional da liderança eficaz e um método para medida do comportamento atual e progresso futuro.

Uma definição e métodos correlacionados de medida precisam ser suficientemente compreensíveis e robustos para satisfazer os rígidos padrões profissionais. A capacidade de definir e medir, de forma válida, confiável e prática, é o que é exclusivo do método Symlog. As repetidas medições do Symlog proporcionam a peça "que falta" para ajudar a montar o quebra-cabeça do ensino da liderança eficaz.

3. A Tendência à Unificação e à Polarização dos Grupos

Bales demonstrou que os líderes e os membros estão envolvidos em um "campo de forças dinâmicas" que se encontram em constante fluxo – daí a influência da "dinâmica de grupo". Em vários momentos, os membros do grupo percebem-se como mais ou menos unificados e/ou mais ou menos polarizados. Estas percepções têm uma influência profunda sobre os membros do grupo e também na sua produtividade.

Basta ser membro de uma família ou de um grupo de trabalho para reconhecer a presença de tais forças e as tendências à polarização e à unificação. Essas tendências podem ser ilustradas por uma forte atração que alguém sente por outra pessoa, ou idéia, em um momento ou outro, e pelo fato de que a mesma pessoa ou idéia também podem se tornar um alvo de raiva e hostilidade.

As dinâmicas da polarização e unificação encontram-se tão difundidas quanto a gravidade; não podem ser evitadas e têm uma influência drástica sobre a satisfação e a produtividade do grupo. Os períodos de unificação e polarização percebidas estão presentes em todas as relações humanas. Compreender estas dinâmicas, e ser capaz de influenciá-las positivamente, é a chave para a liderança eficaz e uma forma de reforçar o tremendo potencial do trabalho em equipe.

4. Como a Liderança Está Relacionada à Unificação e à Polarização

Vamos falar dos aspectos mais escorregadios da definição de liderança eficaz: "Unificar um grupo de pessoas". O que significa unificar um grupo? Como se determina (mede) se um grupo é unificado ou não? Se um grupo não for unificado, quais são as conseqüências? Por que a tentativa de unificar um grupo é algo que incomoda?

O diagrama de campo do Symlog está baseado em um método de medida que permite a avaliação das forças de unificação e polarização dentro do grupo e entre "múltiplos níveis" da interação humana, por exemplo indivíduos, grupos, departamentos, divisões, organizações, nações, e assim por diante. Um diagrama de campo representa a teoria da unificação e polarização e simultaneamente oferece a base para a avaliação das forças produtivas e contraproducentes, e para a intervenção apropriada da liderança.

O diagrama de campo da Figura 3.1 mostra uma equipe altamente produtiva que atualmente está relativamente unificada. O diagrama de campo seguinte, Figura 3.2, ilustra um grupo que está mais ou menos fragmentado (polarizado), de uma forma crônica. Estudos que medem o desempenho de grupos demonstram que os grupos unificados em torno de valores para o trabalho em equipe produzem mais, com maior qualidade, e maior satisfação – precisamente os objetivos do treinamento da liderança.

5. O Papel dos Valores no Treinamento da Liderança

Sem me aprofundar muito na teoria do Symlog e na natureza das dimensões que estão mostradas nesses diagramas de campo, quero simplesmente dizer que as três dimensões que estão sendo medidas envolvem valores para o trabalho em equipe.

A LIDERANÇA PODE SER ENSINADA 63

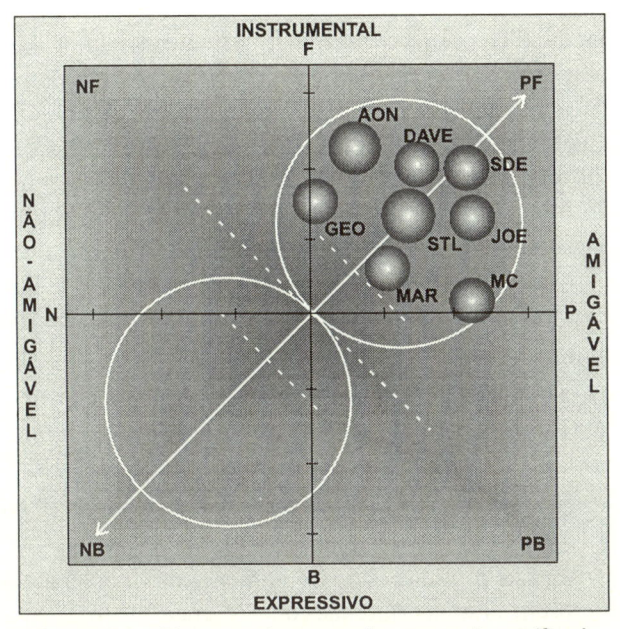

Figura 3.1 – Diagrama de campo de uma equipe unificada

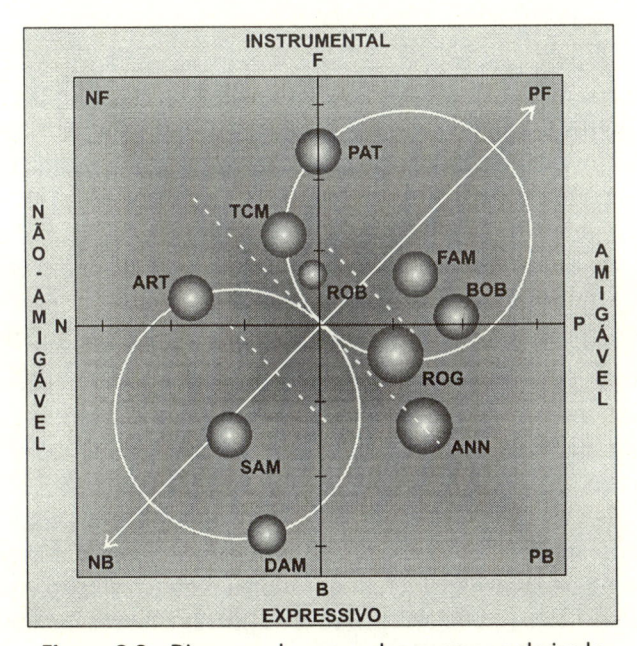

Figura 3.2 – Diagrama de campo de um grupo polarizado

Em um grupo relativamente unificado, a maior parte dos membros é percebida por outros membros do grupo como pessoas que se comportam mostrando valores que contribuem para o trabalho em equipe. Esses valores enfatizam a igualdade e a colaboração integrada com valores de elevado desempenho da tarefa. Um grupo fragmentado e polarizado geralmente reflete vários membros que são percebidos por todo o grupo com valores que tendem a interferir no trabalho em equipe ou impossibilitá-lo. Estes valores enfatizam o comportamento individualista, autoritário e paternalista. Previsivelmente, os grupos tendem a assumir os valores do líder "formal" e a espelhar-se neles.

É importante observar que as dimensões são apropriadas para a medição de valores para o trabalho em equipe. O foco nos valores é crítico, já que esta abordagem trata de outra parte do aspecto escorregadio do treinamento da liderança, a saber, o que é que cria as condições para a polarização e unificação. Essas condições podem estar diretamente ligadas a valores – em particular, a valores para o trabalho em equipe.

Parece existir nos programas de treinamento da liderança uma tendência infeliz a confundirem as sutis diferenças entre crenças, valores, atitudes e comportamentos. Para os efeitos deste texto, considere-se que: crenças são algo que uma pessoa usa para separar de algum modo o *verdadeiro* do *falso*; valores, o *bom* do *mau*; atitudes, o *pró* do *contra*; e comportamento o que *contribui para* do que *interfere no* trabalho em equipe.

Em grupos de trabalho, as pessoas normalmente não se unificam ou polarizam com outras baseando-se antes de mais nada em crenças e atitudes ou no comportamento. Em vez disso, a pessoa observará o comportamento verbal ou não-verbal de outra pessoa, num processo contínuo de avaliação (daí o termo "valor"). Se o comportamento observado é saliente, em outras palavras, parece importante, são feitas inferências considerando os valores mostrados no comportamento, e tiradas conclusões. Essas conclusões – em outras palavras, avaliações ou percepções – formam a base dos processos de polarização e unificação.

As percepções, é claro, estão sujeitas a mudanças, com freqüência na base do momento a momento. À medida que as percepções mudam, as polarizações podem se formar, se intensificar, entrar em colapso etc. O mesmo acontece com a unificação. Os processos são muito dinâmicos e, em muitos casos, perfeitamente previsíveis. Os valores percebidos e compartilhados como aceitáveis tendem a unificar. Os valores percebidos como opostos e inaceitáveis tendem a polarizar-se. Quando se consideram os valores para o trabalho em equipe, os membros se unificam (ou polarizam) com os líderes e outros membros, à medida que esses outros são percebidos como pessoas que defendem valores semelhantes (ou diferentes). A liderança eficaz nos grupos orientados para a tarefa pressupõe um valor para o trabalho em equipe. A liderança e o trabalho eficaz em equipe caminham juntos, e, conseqüentemente, os valores para o trabalho em equipe constituem o coração do treinamento da liderança.

6. Relação Entre Liderança e Trabalho em Equipe

O principal objetivo da liderança eficaz é (ou precisa ser) promover um trabalho crescentemente eficaz em equipe. O trabalho em equipe ocorre entre os membros, incluindo o líder da equipe. Daí, a recompensa para a liderança eficaz é o trabalho eficaz em equipe. Em outras palavras, a liderança eficaz da equipe fomenta o surgimento de membros eficazes na equipe.

Na comunidade de treinamento parecem vigorar concepções bem diferentes de liderança e trabalho em equipe. Essas concepções estão relacionadas aos papéis dos "líderes" e "seguidores". Infelizmente, tais concepções diferentes podem contribuir para uma certa confusão no desenho e desenvolvimento dos programas de treinamento da liderança. Tais concepções podem distanciar líderes de membros, implicando que, de algum modo, eles são bem diferentes.

Esta confusão parece evidente nas declarações associadas a definições de liderança atribuídas a vários praticantes no artigo de Lee. As declarações incluem: "Nós realmente sabemos que as pessoas que praticam certos comportamentos tendem a ganhar seguidores"; "A única medida sensível, verificável, da liderança é 'Você consegue alguns seguidores no final de uma interação?' Se consegue, você sabe que 'exerceu' a liderança"; "Apenas uma pergunta é necessária para determinar se o treinamento da liderança 'funcionou': 'Seus alunos da graduação têm seguidores?'"

Eu acredito que estas declarações colocam uma ênfase infeliz (quase exclusiva) na relação entre o líder e os membros do grupo. Na minha opinião, a última pergunta acima, apesar de algo intrigante, passa longe do alvo da questão da liderança eficaz. A questão crítica que considera a qualidade das relações dos membros da equipe entre si um a um e entre todos provavelmente passa despercebida ou é diminuída por causa da importância dada às relações entre líder e membros.

Declarações como estas do artigo de Lee parecem implicar que a liderança eficaz é validamente medida pela observação da interação entre o líder A e o membro B, o líder A e o membro C, o líder A e o membro D, e assim por diante. Modelos de liderança com esta perspectiva (como a "Liderança Situacional") focalizam sua atenção primeiramente na relação entre "líder e seguidor". Tais modelos podem realmente não ser apropriados para o ensino da liderança eficaz e do trabalho eficaz em equipe, uma vez que as equipes são formadas por membros que interagem entre si e com o líder. A interação dos membros entre si é tão importante quanto, senão mais, do que as trocas que acontecem entre indivíduos e o líder.

É insuficiente focalizar primeiramente a relação entre o "líder" e os "seguidores". A chave para a liderança eficaz da equipe e de seus membros reside na qualidade das relações entre os membros um a um e entre todos – incluindo o líder formal. Em equipes altamente produtivas, os "seguidores" (membros) partilham a responsabilidade pelas funções de liderança para atingirem o sucesso do grupo. Os membros certamente carregam fardos, aplicam seu talento, resolvem problemas, e, de fato, confiam uns nos outros, bem como no líder, para atingirem, juntos, um desempenho superior. Neste sentido, pode ser realmente mais apropriado excluir o termo "seguidores" do léxico do treinamento e reservá-lo à descrição do comportamento de ovelhas.

Um objetivo primário da liderança eficaz é aumentar a qualidade das relações entre todos os membros do grupo, de forma a liberar o talento do grupo para que se chegue a um objetivo comum. Em suma, a liderança eficaz ajuda a abrir os recursos do grupo. A liderança eficaz, sem dúvida, liberta.

A liderança eficaz resulta na coesão da equipe (unificação) e no comprometimento focalizado em elevado desempenho da tarefa. A coesão geralmente é manifestada por normas grupais que apóiam uma forte ética do trabalho e uma alta qualidade das relações entre cada um dos membros e entre todos. Esta condição pode (e geralmente consegue) envolver uma alta qualidade da relação entre o líder e cada um dos membros.

7. Liderança Eficaz e Engajamento Eficaz

Como se comprova, estudos indicam que os líderes eficazes estão entre os membros mais eficazes do grupo. Líder/membros monitoram consistentemente e tratam de fomentar as normas grupais que dão suporte ao trabalho em equipe. Contudo, a maioria das grandes corporações não tem uma longa história de trabalho em equipe em seu ambiente.

Ao contrário, as normas administrativas (a forma normal de fazer as coisas) têm tendido a refletir valores de autoproteção, conformidade, cumprimento de ordens e realização individual. Historicamente, os sistemas de recompensa reforçaram a promoção do indivíduo, freqüentemente à custa de outros membros do grupo. Essas normas cresceram naturalmente, a partir de uma mentalidade administrativa de "comando" que pode ter funcionado no passado, mas que realmente dificultou o trabalho em equipe.

A liderança, então, certamente envolve a modelagem do engajamento eficaz dos membros do grupo. Uma outra pesquisa mostrou consistentemente uma relação muito próxima entre liderança eficaz da equipe e engajamento eficaz dos membros. Por exemplo, centenas de executivos foram solicitados recentemente a descreverem as características do líder eficaz e também do membro mais eficaz dos grupos orientados para a tarefa que eles conheciam. Os resultados são notavelmente semelhantes.

Os líderes eficazes freqüentemente são descritos como justos, atenciosos, amigáveis, honestos, dedicados, divertidos, bons ouvintes, leais, criativos, persuasivos e sensíveis ao caráter único de cada membro do grupo. Em algum lugar perto do final da lista, alguém normalmente menciona algo sobre a capacidade profissional como uma qualidade – quase como um pensamento de última hora. Os membros eficazes são descritos de formas quase idênticas – e quase sempre em termos interpessoais.

Como a liderança é basicamente um intercâmbio entre seres humanos, não é de surpreender que as características do engajamento eficaz tendam a espelhar a liderança eficaz. Dito de forma sucinta, tanto os líderes eficazes como os membros eficazes se comportam de maneira que demonstram um valor básico relativo ao trabalho em equipe existente em todos os membros do grupo.

8. O Papel dos Valores na Liderança Eficaz

Valores percebidos para o trabalho em equipe são os primeiros determinantes da polarização e unificação em grupos orientados para a tarefa. Anos de pesquisa têm demonstrado que as pessoas tendem a ser atraídas por (unificar-se com) outras percebidas por elas como defensoras de valores "bons" semelhantes e a polarizar-se com aquelas percebidas como defensoras de valores inaceitáveis e opostos aos seus.

Basicamente, os líderes eficazes demonstram em seu comportamento valores relativos ao trabalho em equipe, quando interagem com outros membros e conseqüentemente os atraem (e a outros) para si, formando uma equipe unificada. Em outras palavras, os líderes são eficazes quando são percebidos por muitos membros do grupo, com o passar do tempo, como pessoas que se comportam de uma maneira que indica que eles genuinamente valorizam o trabalho em equipe e cada um dos membros da equipe.

9. Implicações para o Tratamento da Liderança

Unificar um grupo efetivamente não é fácil – é um processo difícil sob as melhores condições, mesmo para pessoas que sentem que valorizam muito o trabalho em equipe e lutam pela unificação de uma forma muito consciente. O *insight* necessário e as habilidades surgem mais facilmente para algumas pessoas do que para outras. E a situação específica tem um grande impacto sobre a habilidade de uma pessoa para liderar eficazmente. Os processos subjacentes não são, contudo, tão misteriosos ou difíceis a ponto de estarem além da capacidade de entendimento da maioria dos adultos amadurecidos. E os comportamentos que fomentam e facilitam o trabalho em equipe certamente podem ser aprendidos e praticados.

A liderança e os processos subjacentes podem perfeitamente ser ensinados sistematicamente, e os planos para desenvolvimento concreto podem ser formulados para que novas competências sejam aprendidas, se necessário. O que é necessário para ensinar e exercitar a liderança é uma estrutura conceitual suficientemente abrangente para tratar de todas as questões abordadas no artigo de Lee, além de suficientemente simples e objetivas para serem aprendidas.

Eu acredito que o maior desafio para o treinamento da liderança é oferecer aos participantes a oportunidade de examinar suas próprias crenças, valores, atitudes e comportamento, relacionando-os à liderança da equipe, aos seus membros e ao trabalho em equipe. Este desafio inclui a oportunidade de os participantes compararem suas próprias perspectivas com a última pesquisa e os achados empíricos destas áreas. Tal abordagem requer uma destilação cuidadosa da pesquisa relevante, prática, que se aplica à situação específica do participante.

O mais importante é que os participantes precisam de informações úteis e válidas, que considerem os valores para o trabalho em equipe que eles normalmente parecem mostrar em seu comportamento e que aprendam como seu comportamento realmente afeta outros membros de sua equipe. Seu comportamento, com o passar do tempo, tende a unificar ou polarizar? Tende a contribuir ou interferir no trabalho em equipe? Respostas válidas e práticas para estas perguntas precisam de um método que proporcione aos participantes um feedback sistemático, compreensivo e integrado, ancorado em valores para o trabalho em equipe. É necessário um padrão de comparação ou *benchmark* para facilitar o processo de aprendizagem e favorecer o estabelecimento de metas realistas e guiar os planos de desenvolvimento pessoal.

10. Metas e Métodos para o Treinamento da Liderança

O treinamento da liderança atende à sua finalidade básica, se oferecer aos participantes a oportunidade de aprender formas eficazes de:

1. aumentar o potencial de unificação dos grupos;
2. minimizar os efeitos contraproducentes da polarização; e,
3. reduzir a probabilidade de polarizações agudas se tornarem crônicas e prejudicarem o grupo.

Para atingir estas metas, um programa de liderança precisa oferecer aos participantes um modelo conceitual claro e métodos para ajudá-los a:

1. avaliar as dinâmicas atuais do grupo e identificar as polarizações potenciais;
2. comprovar a necessidade de intervenções apropriadas e determinar que ações, caso haja, aumentarão a probabilidade de unificação do grupo; e,
3. intervir apropriadamente, quando necessário.

É usado um sistema abrangente de observação para que informações tão complexas sejam oferecidas ao participante em um programa de desenvolvimento da liderança. De acordo com a revisão conduzida por Lee, os participantes precisam não somente de sua auto-avaliação, mas também de um feedback dos colegas, uma revisão de sua situação atual e uma compreensão da influência que a interação da cultura organizacional tem no seu ambiente de trabalho.

11. Componentes do Feedback Útil no Treinamento da Liderança

Além da compreensão da dinâmica do grupo e de um esclarecimento quanto aos valores do participante percebidos com relação à liderança e ao trabalho em equipe, é essencial que sejam oferecidos feedback e uma pesquisa adequada, para que se possa comparar e contrastar o feedback da pessoa. Tal pesquisa permite que os participantes comparem sua própria visão de si mesmos e da liderança eficaz com os achados da pesquisa de uma grande variedade de cenários. Além disso, os participantes podem comparar o feedback dos colegas usando o mesmo padrão. Finalmente, pode ser feita uma comparação, considerando-se que o que os participantes e seus colegas sentem seria mais eficaz na situação específica.

Estas comparações permitem que os participantes exercitem a definição de metas, determinem um plano de desenvolvimento e comuniquem suas intenções às pessoas, dando-lhes feedback. O processo de comunicação de metas e intenções envolve os colegas de trabalho (outros membros do grupo) no processo de mudança e proporciona a verificação da realidade e das oportunidades de um reforço positivo que fomente o crescimento e a melhoria contínua. Em vez de um único procedimento, o processo pode ser repetido, com o passar do tempo, usando o mesmo sistema de medida e padrão para comparação.

A lista dos 26 Valores Individuais e Organizacionais que compreendem a Pesquisa de Liderança do Symlog é mostrada na Figura 3.3. Também demonstra o que seria ideal. No perfil, o E (Eficaz) indica a ênfase ideal para cada Valor Individual e Organizacional, de acordo com os achados da pesquisa. (Um formulário observacional comparável, baseado em comportamentos, também pode ser usado, mas não é o foco deste texto.)

Uma inspeção cuidadosa da norma ideal revela que o perfil reflete uma flexibilidade considerável e uma variação substancial da ênfase dada a itens diferentes. Este perfil demonstra que os líderes eficazes realmente mostram um grande número de comportamentos integrados, que contribuem na sua percepção para a solidariedade do grupo e para o elevado desempenho das tarefas.

O perfil ideal baseia-se na pesquisa que envolve "os líderes mais eficazes" realmente conhecidos por uma grande população transcultural. É muito semelhante aos resultados de pesquisas similares que descrevem "os membros mais eficazes" realmente conhecidos. Os líderes eficazes da equipe não são muito diferentes dos membros eficazes da equipe. Estudos têm confirmado a relação direta entre o perfil ideal e o desempenho superior.

Este perfil ideal permite que um participante reveja o feedback que dá a si mesmo e o dos outros, baseado em valores e comportamentos que:

1. contribuem para o trabalho eficaz em equipe;
2. às vezes são necessários, porém perigosos para o trabalho em equipe; e,
3. quase sempre interferem no trabalho em equipe.

Relatório preparado para: Pat Sample

Tipo: UPF
Avaliações: 6
Localização final: 4.3U 4.8P 4.8F

A barra de X — a avaliação média sobre cada item
■ — a localização ótima para a maioria dos trabalhos eficazes

			Raramente	Às Vezes	Freqüentemente
1	U	Sucesso financeiro individual, proeminência pessoal e poder			
2	UP	Popularidade e sucesso social, ser querido(a) e admirado(a)			
3	UPF	Trabalho proativo em equipe, voltado para as metas comuns, unidade organizacional			
4	UF	Eficiência, gestão firme e imparcial			
5	UNF	Reforço ativo da autoridade, regras e regulamentos			
6	UN	Intransigência, assertividade auto-orientada			
7	UNB	Rudeza, individualismo auto-orientado, resistência à autoridade			
8	UB	Humor exagerado, alívio de tensão, relaxamento dos controles			
9	UPB	Proteção dos membros menos capacitados, oferecimento de ajuda quando necessário			
10	P	Igualdade, participação democrática nas tomadas de decisão			
11	PF	Idealismo responsável, colaboração no trabalho			
12	F	Conservadorismo, formas estabelecidas e "corretas" de fazer as coisas			
13	NF	Contenção dos desejos individuais em favor das metas organizacionais			
14	N	Autoproteção, primazia dos interesses próprios, auto-suficiência			
15	NB	Rejeição aos procedimentos estabelecidos, rejeição ao conformismo			
16	B	Mudança para novos procedimentos, valores diferentes, criatividade			
17	PB	Amizade, satisfação mútua, recreação			
18	DP	Confiança na bondade dos outros			
19	DPF	Dedicação, fidelidade, lealdade à organização			
20	DF	Obediência à hierarquia de comando, comportamentos de acordo com a autoridade			
21	DNF	Auto-sacrifício, se necessário, para atingir as metas da organização			
22	DN	Rejeição passiva da popularidade, auto-isolamento			
23	DNB	Resignação ante o fracasso, retraimento do esforço			
24	DB	Resistência passiva à cooperação com a autoridade			
25	DPB	Contentamento, despreocupação			
26	D	Renúncia a necessidades e desejos pessoais, passividade			

Figura 3.3 – Gráfico de barras

A Figura 3.4 mostra os Valores Individuais e Organizacionais usados no sistema observacional organizado pelas categorias anteriormente mencionadas. Cada item é avaliado Raramente, Às Vezes, ou Freqüentemente, pelo observador, para indicar os tipos de valores que a pessoa mostra em seu comportamento. Treze itens contribuem para um trabalho eficaz em equipe, cinco são necessários, mas podem ser perigosos para o trabalho em equipe, e oito quase sempre interferem no trabalho em equipe.

Comparação do seu perfil com o ponto acima para um trabalho eficaz em equipe
relacionamento para norma: próximo (=), acima (+), embaixo (–)

Item			=	+	–
Valores que Contribuem para um Trabalho Eficaz em Equipe					
2	UP	Popularidade e sucesso social, ser querido(a) e admirado(a)		X	
3	UPF	Trabalho proativo em equipe, voltado para as metas comuns, unidade organizacional			X
4	UF	Eficiência, gestão firme e imparcial			X
8	UB	Humor exagerado, alívio de tensão, relaxamento dos controles		X	
9	UPB	Proteção dos membros menos capacitados, oferecimento de ajuda quando necessário			X
10	P	Igualdade, participação democrática nas tomadas de decisão			X
11	PF	Idealismo responsável, colaboração no trabalho	X		
16	B	Mudança para novos procedimentos, valores diferentes, criatividade		X	
17	PB	Amizade, satisfação mútua, recreação	X		
18	DP	Confiança na bondade dos outros	X		
19	DPF	Dedicação, fidelidade, lealdade à organização	X		
20	DF	Obediência à hierarquia do comando, comportamentos de acordo com a autoridade	X		
21	DNF	Auto-sacrifício, se necessário, para atingir as metas da organização	X		
Valores que Podem ser Necessários às Vezes, mas Perigosos					
1	U	Sucesso financeiro individual, proeminência pessoal e poder		X	
5	UNF	Reforço ativo da autoridade, regras e regulamentos		X	
6	UN	Intransigência, assertividade auto-orientada		X	
12	F	Conservadorismo, formas estabelecidas e "corretas" de fazer as coisas			X
13	NF	Contenção dos desejos individuais em favor das metas organizacionais	X		
Valores que Quase Sempre Interferem no Trabalho em Equipe					
7	UNB	Rudeza, individualismo auto-orientado, resistência à autoridade	X		
14	N	Autoproteção, primazia dos interesses próprios, auto-suficiência		X	
15	NB	Rejeição aos procedimentos estabelecidos, rejeição ao conformismo	X		
22	DN	Rejeição passiva da popularidade, auto-isolamento	X		
23	DNB	Resignação ante o fracasso, retraimento do esforço	X		
24	DB	Resistência passiva à cooperação com a autoridade	X		
25	DPB	Contentamento, despreocupação	X		
26	D	Renúncia a necessidades e desejos pessoais, passividade	X		

Figura 3.4 – Valores individuais e organizacionais

É importante, em qualquer programa de treinamento da liderança, validar para o participante o fato de que nem todo valor e/ou comportamento tem um impacto igual para o trabalho em equipe. Os modelos de liderança freqüentemente têm trabalhado primordialmente o comportamento "Positivo" e "Construtivo", esquecendo que alguns valores e comportamentos não tão aceitáveis também fazem parte da interação diária entre as pessoas. Estes valores "Negativos" também precisam ser medidos, demonstrados e considerados.

O conceito de que alguns valores que contribuem para o trabalho em equipe não somente podem ser mostrados bem freqüentemente, como também há uma necessidade de realmente mostrar um comportamento autoritário (que pode ser perigoso para o trabalho em equipe) em momentos apropriados, é algo novo para muitas pessoas que tentam melhorar sua eficácia da liderança. O perfil, e a organização dos 26 valores para o trabalho em equipe, nestas categorias, leva em conta não só o feedback sobre como a pessoa é percebida, mostrando esses valores, como também se o indivíduo está, ou não, dando ênfase apropriada a eles, de acordo com um padrão de pesquisa para a eficácia da liderança.

12. Sumário

A liderança pode ser ensinada através do uso de ferramentas e métodos apropriados. A liderança eficaz pode ser aprendida e praticada. As habilidades de liderança de uma pessoa são claramente influenciadas pela personalidade e também pela situação específica. O segredo para ensinar liderança é oferecer aos participantes informações válidas e úteis (feedback), considerando a qualidade de sua interação com os outros e como seu comportamento afeta os outros. Este processo permite que os líderes potenciais façam escolhas conscientes, considerando seus próprios comportamento e desenvolvimento profissional futuro.

Segunda Parte

Caso: Leituras Científicas do Filme *Doze Homens e Uma Sentença*

Capítulo 4

O Enfoque da Aprendizagem

Colaboração de Margarida Bosch Garcia

Introdução

A análise do filme *Doze Homens e Uma Sentença* integrou o conjunto de atividades previstas no Curso de Especialização em Aprendizagem Organizacional de Valença & Associados.

Cerca de 20 especialistas em Ciência de Ação, de Valença & Associados, em parceria com os responsáveis do Symlog Consulting Group – SCG, da Califórnia, realizaram a observação dos valores e comportamentos dos personagens do filme, à luz de duas teorias: a Ciência da Ação – Teoria de Ação e Intervenção – sistematizadas por Chris Argyris e Donald Schön, e a Teoria Symlog, criada pelo Prof. Robert Freed Bales como resultado de sua diuturna pesquisa em observação de grupos.

Este estudo de caso permitiu que os envolvidos na tarefa pudessem aperfeiçoar e praticar a sua capacidade de observação de comportamento em terceiros, minimizando a defensividade e os mecanismos de defesa.

Para o trabalho de observação, o filme foi dividido em quatro seções acompanhando a teoria de grupos de Napier, R. W., Gershenfeld. Cada uma das quatro seções, por sua vez, foi seccionada em intervalos de um minuto cada, de modo a facilitar a observação das personagens. Cada personagem foi observada por diferentes pessoas, simulando uma hetero-avaliação, cujos resultados foram agregados em forma de média.

Tomando por base essas observações, foram realizadas diferentes leituras e análises relativas à aprendizagem; aos motivos traços e valores como impulsionadores da ação; às intenções e estratégias; aos modelos de intervenção – competente e produtiva; à variação de valores e comportamentos; às hipóteses heurísticas; às fases de dinâmica de grupo e à cultura organizacional; ao perfil de competências e ao perfil de competências interpessoais; à eficácia, eficiência e efetividade através da análise das conseqüências e resultados da ação-intervenção.

APRENDENDO ENQUANTO SE VIVE, VIVENDO ENQUANTO SE APRENDE

1. Aprender com a Prática e Através da Reflexão Durante e Pós-Prática

A aprendizagem – organizacional ou pessoal – implica necessariamente mudança da prática, isto é, das formas padronizadas de ação. Para haver aprendizagem, no entanto, é também indispensável rever as formas de raciocínio, os valores, as crenças e os pressupostos, assim como as normas sociais internalizadas ao longo da vida. Assim, pode-se afirmar que a prática e a reflexão sobre a prática são cruciais para a emergência da aprendizagem.

A reflexão sobre a prática pode obedecer a formas diferentes, que dão como resultados processos e produtos diferentes, isto é, diferentes tipos de aprendizagem.

Segundo a Ciência de Ação, podemos distinguir pelo menos três formas diferentes e importantes de aprendizagem, reflexão e decorrente feedback (informação válida e útil) sobre o padrão de ação: conhecer-na-ação (*knowing*); reflexão-na-ação e reflexão-sobre-a-ação.

Assim sendo, pode-se afirmar que o processo cognitivo é determinante para a qualidade da aprendizagem. Alguns dos componentes deste processo são absolutamente relevantes. Entre eles, vale destacar a importância de motivos, traços, valores e crenças, isto é, variáveis governantes que impulsionam a ação, assim como as formas de raciocínio, isto é, os pressupostos e teorias causais que as pessoas elaboram, consciente ou inconscientemente, antes e durante a ação.

A teoria, o método e os instrumentos Symlog contribuem de forma ímpar para a identificação da relação existente entre valores, comportamentos e competência pessoal e interpessoal. Por sua vez, esta teoria articula de forma criativa, com base em extensa pesquisa, três eixos centrais da ação humana: o afeto, o poder/influência e a realização.

Com base no Método Symlog, é possível mensurar e comparar o grau de impacto, isto é, de conseqüência, desses fatores em: **nível pessoal** (perfil de competência), **nível de liderança e trabalho em equipe** (condução de grupo), **nível de eficácia e eficiência** (atingimento dos objetivos), e **nível de efetividade** (consolidação da cultura organizacional).

Além da capacidade de mensurar e comparar, o Método Symlog permite uma observação, mensuração e análise da consistência e congruência desses valores e comportamentos em diferentes níveis de abrangência: a visão pessoal, a visão de futuro e a visão dos outros. Permite, ainda, a análise de diferentes conceitos importantes para o entendimento da ação humana, tais como: o desejo, a rejeição, a expectativa em relação aos outros, o julgamento de perfis como mais e menos eficazes. Estes valores e comportamentos são obtidos mediante a formulação de perguntas investigativas, cuja resposta oferece informação válida e útil para a pessoa, para o grupo e para a cultura corporativa.

Ambas as teorias – Ciência de Ação e Método Symlog – são capazes de articular diferentes e variados tipos de informação em termos de predição, isto é, antecipação de problemas e soluções – e de normatização, isto é, orientação estratégica descritiva das formas de superação, da necessidade de recompensa e da melhor configuração da equipe com vistas à eficácia e à competência.

2. Aprendendo Enquanto se Vive

Todas as pessoas aprendem tacitamente. Esse tipo de aprendizagem se estrutura como um conhecimento tácito ou, como Donald Schön o denominou, "conhecer-na-ação" (*knowing*).

Conhecer-na-ação é um tipo de conhecimento que se revela nas ações inteligentes e se expressa através do desempenho. Na maioria das vezes, a pessoa não é capaz de verbalizar o conhecimento: ele é tácito, isto é, existe como uma capacidade espontânea, quase automática, de desempenho, aprendida ao longo do tempo mediante a própria ação. A referência da aprendizagem, portanto, são os resultados alcançados, isto é, as conseqüências.

Este conhecer-na-ação é muito relevante para entender e descrever a forma como se aprendem novas habilidades e competências. Mesmo considerando a dificuldade de verbalizar o conhecimento adquirido, é possível – a partir da observação e da reflexão sobre as ações – fazer uma descrição do saber tácito implícito nelas.

As descrições sobre essas ações podem ser feitas de diferentes formas, dependendo do propósito do agente e da linguagem de que se dispõe. As descrições podem referir-se à seqüência de operações e procedimentos que são executados; aos indícios que podem ser observados e às regras seguidas ou aos valores, estratégias e pressupostos que formam as "teorias de ação" do agente. Em qualquer hipótese, as descrições do conhecer-na-ação são construções e tentativas de colocar de forma explícita e simbólica um tipo de inteligência que começa por ser tácita e espontânea.

Portanto, trata-se de conjecturas que requerem teste e confronto com seus originantes. Esta comparação poderá apresentar distorções (e na maioria das vezes isto ocorre de fato), uma vez que o processo de conhecer-na-ação é dinâmico, e os fatos, os procedimentos e as teorias são estáticos. Assim, conhecer representa a qualidade dinâmica de conhecer-na-ação que, ao ser descrita, se torna conhecimento-na-ação.

Este tipo de conhecimento permite a realização da maioria das ações e tarefas com o mínimo esforço, sem nem mesmo ter que pensar sobre a forma de fazer. No entanto, pode ocorrer – e de fato ocorre – a emergência de elementos de surpresa, algo que não estava previsto, resultados inesperados que não estão de acordo com as expectativas ou de acordo com as intenções. Frente a este fato, e devido à tentativa de manter a constância das ações e das formas de conhecer-na-ação, as pessoas podem reagir escondendo, minimizando ou ignorando os sinais que as produzem, ou responder a elas através da reflexão.

Esta reflexão pode ser retrospectiva tentando descobrir como o processo de conhecer-na-ação pode ter contribuído para o resultado inesperado ou pode refletir-se no próprio curso da ação, de forma a permitir "parar e pensar". Em qualquer um dos casos, a reflexão não tem qualquer conexão com a própria ação presente. Uma outra alternativa, ainda, é refletir em meio à ação, sem interromper o curso de ação, isto é, "refletir-na-ação", corrigindo a ação à medida que ela ocorre.

Em síntese:

- O conhecer-na-ação é um processo tácito, que se coloca espontaneamente, sem deliberação consciente e que funciona, proporcionando resultados pretendidos, enquanto a situação estiver dentro dos limites do que aprendemos a tratar como normal.

- As respostas de rotina produzem uma surpresa – um resultado agradável ou desagradável que não se encaixa nas categorias do conhecer-na-ação da pessoa.

- A surpresa leva à reflexão dentro do presente-da-ação; é, em alguma medida, consciente, ainda que não seja verbalizada. Leva em consideração tanto o evento inesperado como o processo de conhecer-na-ação que levou a ele. O agente se pergunta: "o que é isso?" E, ao mesmo tempo, "como tenho pensado sobre isso?" O pensamento volta-se para o fenômeno surpreendente e, ao mesmo tempo, para o próprio agente, isto é, para as suas formas de raciocínio.

- A reflexão na ação possui uma função crítica: questiona a estrutura de pressupostos do ato de conhecer-na-ação, pensa criticamente sobre o pensamento que levou o agente a essa situação difícil ou a essa oportunidade, e permite, ao longo desse processo, a reestruturação das estratégias de ação, a compreensão dos fenômenos ou formas de conceber os problemas, isto é, a recontextualização do problema ou situação.

- A reflexão gera o experimento imediato com o objetivo de explorar os fenômenos recém-observados, testar novas compreensões acerca dos mesmos, ou afirmar as ações que foram inventadas para mudar as coisas para melhor.

O que distingue a reflexão-na-ação de outras formas de reflexão é sua imediata significação para a ação. Conhecer-na-ação e refletir-na-ação são processos que podem ser realizados sem necessidade de explicação ou anúncio. Mas é um processo diferente da capacidade de refletir sobre a reflexão-na-ação, de modo a produzir uma boa descrição verbal dela. E é ainda diferente de ser capaz de refletir sobre a descrição resultante. Contudo, a reflexão sobre a reflexão-na-ação passada pode levar a conformar indiretamente a ação futura. Essas diferentes formas e níveis de reflexão desempenham papéis importantes na aquisição de competências ou "talento artístico".

Voltando ao filme objeto de nossa análise, o personagem Davis realiza esse processo insistentemente junto aos jurados, deslocando o propósito imediatista de realizar a tarefa mediante a condenação sumária do réu, para uma reconsideração das falhas existentes no processo da procuradoria, de modo a levá-los a admitir a possibilidade da existência de uma dúvida cabível.

Ele pratica diferentes formas de reflexão, tendo em vista a sua própria aprendizagem e a aprendizagem do grupo. O conhecer-na-ação em Davis se manifesta na sua capacidade de conversação com os demais jurados:

1. Advogar suas opiniões e idéias com firmeza:
    – Revelar com firmeza suas opiniões sobre o caso, mediante a explicitação dos próprios pressupostos e ajuda para os outros poderem fazer o mesmo.

- Resolve paradoxos e enfrenta conflitos: advoga sua posição com clareza, combinando a advocacia com a investigação contestatória e a correção.

2. Investigar e testar aberta e publicamente seus pressupostos e os dos outros:
   - Fazer perguntas (investigação) sobre o caso e os argumentos dos outros, de forma a esclarecer as ambigüidades, mediante a geração de informação.
   - Utilizar as palavras do outro, ajudando-o a perceber os possíveis pontos de inconsistência e contradições existentes em suas idéias e ações.
   - Corrigir a fala do outro quando esse traz informações inconsistentes ou distorcidas.
   - Simular situações que facilitam a compreensão dos fatos para todos.
   - Disponibilizar todas as informações possíveis.

3. Promover o controle das tarefas em conjunto:
   - Propor nova votação e abster-se (em determinado momento) do voto, em prol da decisão coletiva dos rumos da tarefa.
   - Decidir em conjunto as ações do grupo.
   - Articular idéias e informações, facilitando a compreensão dos fatos por todos.

4. Minimizar proteções unilaterais (decisão isolada de proteger) por conveniência própria e/ou do outro:
   - Revelar suas intenções.
   - Revelar sua "ignorância" diante de algumas informações que desconhece, e perguntando aos outros para obtê-las.
   - Ceder o controle, praticar o controle multilateral, abrir mão da manipulação do ambiente.

5. Assumir sua causalidade nos eventos:
   - Assumir a manipulação do ambiente (contexto da ação) votando isoladamente "inocente"; esse voto viabiliza a sua intenção de manter os jurados no ambiente e conversar.

6. Falar em categorias descritivas:
   - Dizer "exatamente" (descritivamente) o que viu e ouviu no tribunal.

Ele pratica processos de reflexão-na-ação em alguns momentos cruciais do trabalho:

- Quando vota "inocente", cria um evento raro e com ele cria a possibilidade de dedicar tempo para pesquisar sobre a possibilidade da existência de uma "dúvida cabível", única forma de superar a prática de "conhecer-na-ação" dos demais jurados que reagem com base no senso comum, na base do preconceito, derivando a responsabilidade pela seleção e natureza das provas a terceiros, assim como do processo judicial implementado pela procuradoria.

- Utiliza novamente no momento em que abdica do controle unilateral do ambiente e da tarefa, propondo uma nova votação. Desta forma atende à mudança de "situação" por ele percebida: ou ganhou algum aliado, ou não tem mais motivos nem argumentos para manter o controle unilateral; com essa ação cria um outro evento raro.

- Novamente reflete na ação quando percebe a oportunidade de revelar o indiscutível que regia o comportamento do jurado 3, ajudando-o a aceitar a votação da maioria.

3. Reflexão sobre as Conseqüências da Ação – Ciclo-Único, Ciclo Duplo de Feedback

Parte-se da premissa de que as pessoas, em sua interação com os outros, constroem um *design* de comportamento e dispõem de teorias para executá-lo. Essas teorias de ação incluem valores, estratégias e pressupostos básicos que informam os padrões de comportamento interpessoal dos indivíduos.

As teorias de ação podem ser enunciadas de duas formas: a "**teoria proclamada**", que justifica ou explica o comportamento, e a "**teoria-em-uso**", que se revela através do comportamento espontâneo na relação com os outros; com freqüência, ambas as teorias são expressão do "conhecer-na-ação", uma forma de conhecimento tácito.

No processo de reflexão-na-ação, é possível oferecer modelos conceituais, criticar o processo ou o produto da ação, demonstrar o tipo de comportamento mais competente ou aquele que as pessoas gostariam de praticar, mas não é possível aprender pelo outro. A capacidade de ajudar os outros se apresenta na maioria das vezes inadequada ou incompleta.

Vejamos como Davis tentou ajudar durante a sessão de júri:

- Conectou a defesa de sua posição com uma investigação sobre as crenças do outro.
- Explicitou suas inferências/atribuições e explicou como chegou a elas, pedindo confirmação ou desconfirmação dos outros.
- Expressou publicamente seus dilemas.

Apesar de estas intervenções serem inspiradas em um modelo competente de intervenção, criaram conseqüências não intencionadas, tais como: as suas atribuições públicas o colocaram numa situação de ser visto como alguém que tinha a intenção de exercitar o controle unilateral.

4. Problemas da Reflexão – Raciocínio Defensivo (Mecanismo Individual), as Rotinas Defensivas em Nível Organizacional

Um dos maiores problemas da aprendizagem que toma como referência o padrão de comportamento ou ação são os raciocínios defensivos (nível pessoal) e as rotinas defensivas (nível organizacional).

Este tipo de fenômeno tem início logo nas formas como as pessoas atribuem significados à situação que vivenciam. Se os significados atribuídos são ambíguos, inconsistentes, paradoxais, conduzem imediatamente a estratégias defensivas, tais como: retenção de informação, intenção de vencer a qualquer custo, minimizar a expressão de sentimentos, levar a cabo o programa unilateralmente concebido etc. A probabilidade de gerar comportamento defensivo é altíssima e nesses caso é indispensável "desacelerar as formas de raciocínio", de modo a poder conceber outra forma de pensamento e de ação que seja mais produtiva. Estas considerações nos levam a pensar que uma boa intervenção é por definição algo incompleto, não obedece a um programa ou *script*, antes supõe a existência de um repertório de maneiras de conceber e responder a situações em resposta à evolução da intervenção. Uma postura desta natureza permite uma melhor escuta das respostas do outro e a concepção de novas estratégias consistentes com esses novos significados.

Davis, ao longo de sua intervenção, praticou várias dessas estratégias:

- Não tentou ser completo ou perfeito.
- Não teve receio de se corrigir depois de pensar sobre os assuntos em tela.

- Identificou as inferências a partir dos principais significados percebidos através da escuta e da observação do comportamento não-verbal e acreditando entender os significados do outro respondeu.

- Defendeu suas posições com energia e convidou os demais a desafiá-lo ou corrigi-lo: esteve sempre aberto a conversar, pediu opiniões e testou suas inferências, propôs uma nova votação secreta, de forma a deixar as pessoas à vontade para expressarem suas opiniões sem pressão.

- Não teve receio de ser incompleto, expressou suas opiniões apenas como uma das possíveis posições ou alternativas

- Reconheceu que em alguns momentos tinha sido incompleto: afirmou não ter percebido as marcas deixadas pelos óculos em uma das testemunhas centrais do caso.

Esses tipos de estratégia, na Ciência de Ação, fazem parte do "Teorema da Incompletude" incorporado por Argyris e Schön em 1977. Essas estratégias, aliadas à capacidade de "desacelerar as formas de raciocínio", são formas muito potentes de aprendizagem, considerando que elas permitem a criação de um ambiente de reflexão-na-ação que facilita a aprendizagem pessoal e do grupo à medida que os significados são elaborados e aplicados de maneira significativa ao "universo" do grupo, mediante a prática da descoberta, das novas estratégias e produções ou conseqüências. No filme, pode-se perceber um pouco deste processo e as conseqüências do processo de aprendizagem, à medida que a forma de intervenção de Davis passa a ser imitada por outros jurados: começam a fazer mais perguntas, começam a ilustrar suas inferências, começam a pontuar o comportamento disfuncional dos outros, aceitam premissas do teorema da incompletude, aprendem a desacelerar as formas de raciocínio. Vale destacar que, embora esses comportamentos sejam mais freqüentes no grupo e possam ser considerados comportamentos híbridos em direção a um comportamento mais competente, eles não correspondem a uma aprendizagem de ciclo duplo, que implica mudança de valores. Representam, sim, uma tentativa das pessoas de assumirem estratégias mais competentes inspiradas no comportamento competente de Davis.

5. Diferentes Impactos das Conseqüências

Os resultados da ação – as conseqüências – têm impactos diferentes para o próprio agente, para a equipe, para a eficácia da tarefa, para a cultura organizacional e as decorrentes conseqüências cruzadas desses impactos. As conseqüências podem ser analisadas a partir da perspectiva própria, neste caso como resultado de uma auto-avaliação, ou da perspectiva dos outros, resultado de hetero-avaliação: de superiores, pares, subordinados ou uma combinação de todos ou parte deles.

No filme em análise, trata-se de uma hetero-avaliação realizada por vários especialistas em Teoria de Ação e Intervenção, vinculados à Valença & Associados, com base na teoria de Chris Argyris e Donald Schön e na Teoria Symlog, do Prof. Robert Freed Bales.

Essa hetero-avaliação foi realizada mediante a utilização de instrumentos do Symlog. Foram utilizados dois formulários de observação: um de valores e outro de comportamentos. Cada personagem foi observado por mais de três pessoas e os resultados foram agregados, consolidando uma média que se refletiu num dos 26 tipos da teoria Symlog.

A seguir, uma síntese do relatório do Prof. Robert Freed Bales quanto às conseqüências para o personagem Davis.

5.1. Impactos para o Próprio Agente

Davis é avaliado de forma equilibrada em relação a um conjunto de valores vinculados às dimensões de Poder e Influência; Afeto e Reconhecimento e Acatamento da Autoridade e da Tarefa.

Estes valores, porque bem balanceados, se reforçam mutuamente e representam uma conquista real, que não ocorre sem uma liderança ativa, intencional e habilidosa. Davis, embora não tendo um papel formal de liderança, que foi designada ao Jurado 1, desempenha uma função de liderança no processo de tomada de decisão.

O seu comportamento permite que ele seja percebido como alguém interessado pelas idéias e formas de pensar e de sentir dos outros; como alguém capaz de reconhecer quando se equivoca; capaz de reconhecer que não tem respostas certas e que quer aprender com os outros, embora demonstre ter pontos de vista e atitudes claras e descritivas sobre o processo e a natureza da tarefa do grupo; pode ser visto como alguém que se expõe e assume suas próprias opiniões sem necessariamente querer impô-las aos demais.

Embora Davis tenha se empenhado em trabalhar consistentemente no sentido de ajudar a todas as pessoas a chegar a um posicionamento genuíno, convicto, responsável, abandonando o comportamento de votar de forma irrefletida ou preconceituosa, o seu esforço não alcançou os resultados de forma integral. Ele finaliza o trabalho com a consciência de que pelo menos três jurados emitem os seus votos de "inocente" sem qualquer comprometimento interno com a decisão, deixando nele um sentimento desconfortável de incompetência, de impotência por não ter conseguido convencê-los através do raciocínio e da argumentação.

Em termos pessoais, ele alcança em grande número as conseqüências que intencionou: garantiu o tempo para conversar sobre o caso; favoreceu a investigação sobre os fatos; convenceu a maioria dos jurados da possibilidade de uma dúvida cabível mediante a revelação das inconsistências das teses e a fragilidade das provas; e contribuiu para a chegada à unanimidade do veredicto.

O espaço de aprendizagem para Davis fica restrito a uma reflexão sobre as conseqüências não intencionadas que acompanharam o seu desempenho.

5.2. Impactos para o Grupo

Davis demonstra um comportamento de muita iniciativa em relação ao grupo como um todo, embora mantenha poucas interações dirigidas a membros em particular. O desempenho de uma pessoa como Davis tende a estimular muito a iniciativa dos membros do grupo: as pessoas sentem-se provocadas a responder a suas intervenções, gerando assim a participação de todos.

As pessoas tendem a apreciá-lo bastante, embora não seja algo muito notório ou exagerado. Davis usa de bastante persuasão, perspicácia e inteligência na condução dos trabalhos e nas formas de conversação, investigação e argumentação.

Pouco a pouco, a conversação do grupo vai se tornando mais reflexiva, superando os aspectos conflitivos iniciais, e começa a existir colaboração entre os membros do grupo, que passam a trocar informações sobre suas percepções do caso.

As dificuldades de entendimento e de informação passam a ser trabalhadas como oportunidades de aumentar a compreensão mútua e crescem a aceitação e a validade das opiniões das demais pessoas. Um bom exemplo disto é a mudança de voto entre os jurados que começa a ocorrer à medida que aumenta a consciência da possibilidade de existir uma dúvida cabível; a título de exemplo, aceitação dos argumentos de natureza socioemocional, levantados pelo Jurado 9. A diminuição de conflitos permite considerar que os processos defensivos e as barreiras diminuem ao longo do trabalho.

5.3. Impactos para a Tarefa

Pessoas como Davis sempre mantêm os objetivos da tarefa em foco, embora não a imponham aos outros de forma aversiva.

Davis demonstra muita competência, iniciativa e persistência para estruturar todos os passos da tarefa, demonstrando muita capacidade para treinar e ajudar no bom desempenho de todos, chegando inclusive a abrir mão do controle da tarefa e a estimular todos a tomarem iniciativas. Aumenta o comprometimento pelo resultado do trabalho. Dessa maneira, ativa-se a inteligência coletiva, aumenta a produtividade e a melhoria das relações interpessoais pelo deslocamento do conflito de teses para a busca do objetivo comum: chegar a um resultado unânime. Há um aumento das decisões partilhadas, contemplando a revelação e a resolução das diferenças de conhecimento (partilha de informações), diferenças de raciocínio (partilha de pressupostos e deduções) e diferenças de propósitos (partilha de objetivos).

5.4. Impactos para a Cultura Organizacional

Evolução das Normas de Investigação

Segundo Chris Argyris, cientista da ação, uma das tarefas mais importantes do grupo é observar, mapear e compreender as normas grupais que são evidenciadas à medida que os membros interagem. As normas emergem, são julgadas e sancionadas à medida que os membros se aproximam, numa determinada situação de tempo e de espaço, para trabalharem juntos na concepção de uma tarefa. Em toda e qualquer situação de grupo emergem as normas, e com tal força que o sentimento de autonomia e autocontrole de qualquer membro de um grupo fica abalado, quando ele experimenta dificuldade de compreender o que está acontecendo no grupo, especialmente o impacto das normas sobre o seu comportamento e sobre todas as interações do grupo.

O filme em análise permite uma leitura da evolução das normas de investigação, em caráter precário devido a tratar-se de um processo curto, apenas algumas horas de trabalho conjunto. Mesmo assim, arriscamos a fazer algumas inferências sobre as normas que Davis insistiu em evidenciar, através de seu comportamento, ao longo do trabalho, quanto ao aspecto de controle: Davis assume inicialmente o controle do ambiente de forma a garantir a eficácia e a competência do grupo. Esse controle tem um papel relevante para a qualidade do trabalho, uma vez que não permite que os resultados sejam atingidos de forma não intencionada e/ou irrefletida, apressada e com base no senso comum e no preconceito.

Uma vez garantida a condição de eficácia e competência, Davis toma a iniciativa de abrir mão do controle; a liderança começa a ser partilhada e o controle passa a ser multilateral. Esta mudança ocorre no momento da proposta de uma segunda votação, secreta e com abstenção de Davis.

A atitude frente às divergências passa de uma situação de confronto e agressão pessoal para um tratamento das divergências de teses com base na investigação; pouco a pouco o comportamento de Davis começa a ser imitado por outros jurados que dão início à investigação e à liderança.

Evolui-se de uma postura de que cada um tem razão e certeza absoluta para uma postura de que ninguém tem mais razão do que o outro *a priori*; é necessário conversar de uma forma equilibrada, balanceando a afirmação e a investigação, de modo a chegar a formas produtivas de trabalho conjunto. Os membros do grupo evoluem, não buscando mais convencer uns aos outros sobre a culpabilidade ou inocência do réu e, sim, considerar a possibilidade de existência de uma dúvida cabível.

Este tipo de experiência pode resultar numa aprendizagem e numa postura frente à realidade, visto que todas as pessoas vêem o mundo e dão significado à realidade através dos próprios preconceitos, o que significa que não é possível ter um conhecimento objetivo do mundo. Vê-se aquilo que o mundo interior encoraja ou permite ver. A possibilidade do erro está, portanto, sempre presente. Davis encoraja o tratamento e o enfrentamento do erro.

Capítulo 5

O Enfoque da Teoria Symlog e da Ciência da Ação

1. O Contexto do Filme

Doze homens são convocados para compor um júri de um caso de assassinato, onde um jovem é acusado de apunhalar fatalmente o próprio pai. A promotoria crê que o resultado será definido facilmente.

A decisão do destino do rapaz depende do veredicto unânime dos 12 jurados, que têm como orientação absolvê-lo, caso considerem que existe uma dúvida cabível. O processo de discussão entre os jurados é caracterizado por muita tensão, pois eles absorvem a tarefa como trivial e, para resolver os impasses, precisam deixar de lado seus preconceitos, medos e idiossincrasias. Todos estão convencidos da culpa do acusado, exceto um. Para realizar o trabalho, terão que ser superados vários preconceitos e ressentimentos que certamente prejudicam a capacidade de votar com isenção.

Há uma tendência histórica de estudar os fenômenos de grupo como algo objetivo, independente do comportamento individual de seus membros. Valença & Associados tem buscado estudar e trabalhar grupos, considerando-os como uma rede interligada de relações, a partir da intenção e decorrentes teorias de ação de seus membros. Partimos da tese segundo a qual os grupos refletem a prática construída socialmente por seus membros. A partir de determinadas características de variáveis sobredeterminantes, os grupos podem revelar uma tendência incremental de coesão e eficácia, ou o seu contrário, a médio e longo prazos.

Kurt Lewin introduziu o termo Dinâmica de Grupo no vocabulário da psicologia. Segundo Lewin, os momentos iniciais da formação de um grupo têm influência decisiva no seu desenvolvimento e no estabelecimento das etapas subseqüentes. Para ele, havia uma indagação fundamental que buscou elucidar por todo o período em que se dedicou a este tema: *"Que estruturas, que dinâmica profunda, que clima de grupo, que tipo de liderança permitem a um grupo humano atingir autenticidade em suas relações tanto intragrupais quanto intergrupais, assim como a criatividade em suas atividades de grupo?"*

Segundo Lewin, *"a conduta de todo indivíduo em grupo é determinada, de uma parte, pela dinâmica dos fatos e, de outra, pela dinâmica dos valores que percebe em cada situação"*.

Napier e Gershenfeld dedicaram um capítulo de seu livro *Group Theory and Experience* à explicação da evolução dos grupos, citando as diversas fases pelas quais passa um grupo para atingir os seus objetivos. Segundo os autores, ocasionalmente surgem conflitos em relação à tarefa, como resultados de pressões e frustrações que ocorrem no decorrer do seu desenvolvimento. Os estágios de desenvolvimento de um grupo evoluem dependendo de como as forças interpessoais dos seus membros influenciam o grupo e o processo de tomada de decisão.

Segundo eles, os grupos, assim como as pessoas, comportam-se de formas diferentes de acordo com as características individuais, e desenvolvem-se atravessando, ao longo do tempo, estágios previsíveis de crescimento.

Seja qual for a natureza dos grupos, existe sempre um padrão previsível de evolução comum a todos os grupos e cada estágio de crescimento possui características específicas. Desta forma, pressupõe-se que os comportamentos descritos para um determinado grupo têm relevância para qualquer outro grupo, ao longo dos seus sucessivos estágios.

2. Primeira Fase – O Início

2.1. O que Diz a Teoria?

As pessoas têm expectativas em relação ao que vai acontecer no grupo, antes mesmo de o grupo acontecer, e antes mesmo de elas estarem presentes no grupo. Essas expectativas constituem seus sentimentos, a partir das primeiras percepções, de suas aspirações e de suas necessidades pessoais. Trazem consigo suas histórias individuais e suas experiências anteriores com outros grupos. Todos esses fatores interferem na forma como o grupo é percebido pela pessoa. No início, cada pessoa tem necessidade de sentir-se incluída e tenta localizar-se com relativa segurança frente à situação desconhecida. É uma etapa de coleta e processamento de dados, onde os preconceitos e estereótipos são filtrados pelas experiências anteriores dos participantes.

2.2. O que Vemos no Filme?

No filme, esta fase abrange desde o momento em que os jurados entram na sala do júri até o momento em que o Jurado 8 (Davis) propõe uma nova votação e abstém-se de votar, declarando que, se todos considerarem o réu culpado, ele mudará o seu voto.

Os comportamentos observados no grupo de jurados durante esta fase são:

- A evidência dos primeiros contatos pessoais entre os jurados, com a geração das primeiras informações sobre as suas próprias experiências, crenças e disponibilidade para a tarefa.

- Uma organização para a realização da tarefa, definida por um coordenador.

- As afirmações de vários jurados sobre a culpabilidade do acusado de matar o pai.

- Uma proposta de metodologia de trabalho: votação inicial e conversação.

- Uma conversação em forma de perguntas entre parte dos jurados. Algumas perguntas advogando teses e outras perguntas pretendendo fazer gerar informação.

- A elaboração de inferências sobre o comportamento do outro, sobre as intenções do outro.

- Discussão entre alguns dos jurados, permeada de acusações e atribuições sobre as pessoas e suas intenções.

- Descrição da situação do garoto acusado de matar o pai, aditando informações que explicam a necessidade de conversar sobre o assunto, qualificando a tarefa.

- Resistência à argumentação por meio de inferências sobre os pressupostos do outro, apelo para a aceitação dos fatos apresentados.

- Hostilidade mediante discriminação relativa à origem social e aos estereótipos dela decorrentes.

- Ataques pessoais por meio de atribuições.

- Intervenções para focalizar a tarefa devido à dispersão de alguns.

- Proposta de tentar convencer um dos jurados sobre o seu equívoco, considerando que entre os demais existe acordo.

- Confirmação de dados, geração de novas teses sob a forma de informação.

- Aditamento da informação com dados diretamente observáveis.

- Investigação por parte do Jurado 8 para testar a informação, no sentido de resolver a contradição expressa pela incompatibilidade dos argumentos.

- Reações de irritação com o teste da informação.

- Omissão: vários jurados não se manifestam.

- Dúvida em alguns dos jurados e a tentativa de esclarecer-se identificando um motivo para o crime.

- Reflexão sobre a qualidade da defesa, o tratamento adequado em relação às testemunhas de acusação, e sobre a possibilidade de que elas estivessem enganadas.

- Discussão, contraposição de teses. Confirmação de outras teses (pelo Jurado 8). Tentativa de desviar a reflexão para voltar a teses que advogam a culpabilidade do garoto.

- Recolocação do problema da faca por um dos jurados, com tentativas de reter a informação, apelando para consenso em torno de pontos indiscutíveis.

- Exposição oral de um jurado sobre a seqüência dos fatos ocorridos na noite do crime. Destaque para as divergências entre as histórias do garoto e as do Estado.

- Inferências e atribuições sobre as intenções e ações do garoto.

- Exposição de teses sob a forma de perguntas. Ausência de respostas.

- Exibição de uma faca idêntica à utilizada no crime (pelo Jurado 8), despertando nos demais jurados indagações, questionamentos sobre suas intenções, sobre o direito e a legalidade de trazer a faca à sala dos jurados.

- Discussão sobre os motivos e a oportunidade em que o garoto comprou a faca, com a utilização de linguagem hostil em relação ao garoto.

- Teste do Jurado 8 junto aos outros jurados sobre a opinião de cada um em relação ao fato de o garoto mostrar a três amigos a faca que seria a arma do crime apenas algumas horas antes do crime. As respostas ao teste são hostis, atributivas.

- Ora questionamentos sobre a postura do Jurado 8, ora consideração em relação às suas reflexões.

- Proposta de nova votação secreta pelo Jurado 8, que se abstém de votar.

2.3. Intenções

Nesta primeira fase evidenciam-se com bastante clareza quais as intenções de cada um dos jurados. Esta revelação, já nos primeiros momentos, é de extrema importância para o entendimento das estratégias e da teoria de ação das personagens. As intenções, embora mantidas ao longo de todo o filme, revelar-se-ão através de diferentes estratégias de ação, de modo a poder atender aos motivos profundos de cada um.

Existe entre os personagens um variado leque de intenções. Entre as mais significativas temos: garantir a ordem do trabalho e a tomada de decisão; aten-

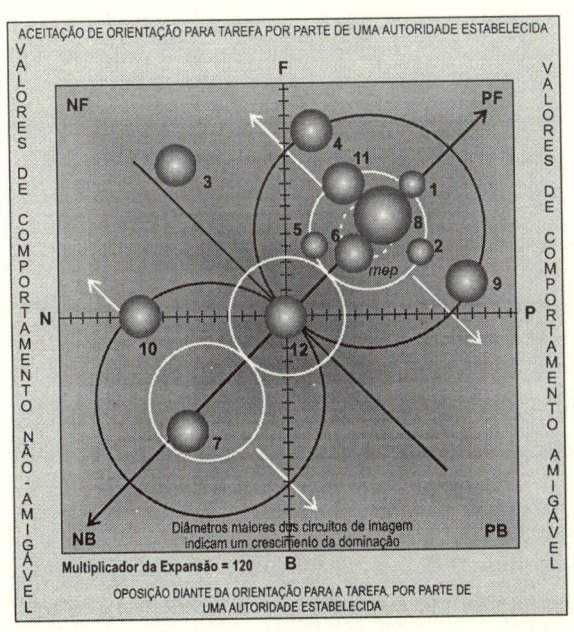

Figura 5.1 – Diagrama de campo dos valores dos jurados

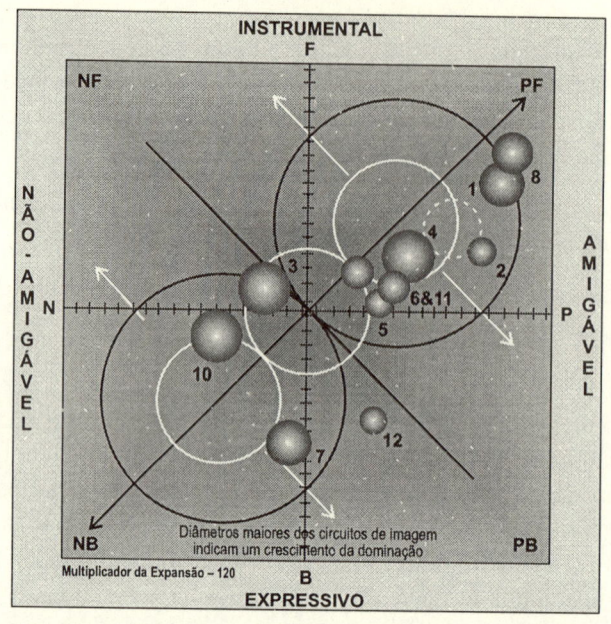

Figura 5.2 – Diagrama de campo dos comportamentos dos jurados na Fase 1

der a uma convocação da justiça; contribuir com a reflexão; vingança pessoal; convencer pela lógica os jurados sobre a culpabilidade do réu; julgar rapidamente para atender a necessidades pessoais; esclarecer as provas para julgar com isenção; garantir tempo para conversar sobre as provas e o processo.

2.4. Valores e Comportamentos

Quanto aos valores e comportamentos desta fase, podemos observar graficamente nos diagramas de campo as imagens de cada um dos 12 jurados. Os diagramas mostram uma grande dispersão de imagens situadas basicamente em dois dos quadrantes (superior direito e inferior esquerdo).

As imagens, no entanto, agrupam-se também em três diferentes setores, de onde a Teoria Symlog permite inferir a existência de três subgrupos.

As imagens mostram diferentes tamanhos de circunferência, forma pela qual o sistema Symlog reflete a capacidade de influência e poder (quanto maior a circunferência, maiores a influência e a dominância; quanto menor, maior a submissão).

2.5. Formas de Intervenção Segundo a Ciência de Ação

Segundo a Ciência de Ação, as formas de intervenção competente são aquelas implementadas por um agente com a intenção de contribuir e ajudar na consecução das ações, atividades e tarefas do grupo ou sistema.

Intervir, portanto, é participar de um sistema de relações em andamento, aproximar-se de pessoas, grupos e objetos com o propósito de ajudar. O objetivo da intervenção deve ser concebido e implementado de uma forma tal que os participantes e a organização sejam capazes de manter o discernimento e a autonomia e deve ao mesmo tempo gerar eficácia, competência, aprendizagem e justiça.

Em toda atividade de intervenção, o grupo ou organização deparar-se-ão com situações que podem ser caracterizadas como propensas ao erro, devido à forma como os agentes e as normas da organização (cultura) lidam com as informações decorrentes do contexto externo e/ou interno.

Para serem eficazes na intervenção, as pessoas devem tentar remover as condições de erro mediante a implementação de três tipos de ação, que Chris Argyris chamou de Tarefas Primárias: gerar informação válida e útil; favorecer a escolha livre e informada de cursos de ação e possibilitar o comprometimento interno com as decisões.

Nesta fase vemos o Jurado 8 (Davis) enfrentando principalmente as deficiências de informação decorrentes de ambigüidade e de falta de informação. Existem também, em menor grau, pressupostos equivocados e informações paradoxais. Alguns exemplos destas formas de intervenção: assume existir falta de informação sobre a culpabilidade do réu; corrige o pressuposto equivocado de que o réu é um assassino perigoso por causa da idade e do contexto onde foi educado.

2.6. Teoria Symlog

A Teoria Symlog considera que a maior responsabilidade que incumbe a um líder, gestor ou membro de um grupo é ser competente em Métodos de Unificação de pessoas e grupos.

A Teoria Symlog considera algumas formas de intervenção como muito produtivas para a dinâmica e a eficácia do grupo e alerta para algumas outras que dificultam tanto a eficácia como as relações entre os membros do grupo. Estes conceitos estão relacionados com um conceito de liderança, assim definido: "A liderança é um processo que unifica grupos diferentes de pessoas em direção a um propósito comum, mesmo em situações difíceis, através da eliminação do recurso de criação de bodes expiatórios, maximizando os processos de mediação e o uso criterioso do poder."

Segundo o Symlog, os líderes, gestores e qualquer membro de grupo em busca do desempenho competente devem evitar três pecados capitais da liderança: o abuso do poder, a violação da confiança e o boicote da autoridade.

Por sua vez, devem esforçar-se para acionar Métodos de Unificação que, na maioria das vezes, se situam em alguma das seguintes categorias: dominação – a unificação conseguida por processos coercitivos; criação de bodes expiatórios – a responsabilidade derivada para terceiros; mediação – os interesses de uns e de outros atendidos, sem perda do foco e da eficácia.

Na primeira fase do filme, pode-se observar na tabela a seguir dois dos jurados acionando os recursos da dominação e recorrendo ao recurso da acusação a um bode expiatório e apenas o Jurado 8 (Davis) recorrendo ao processo de mediação.

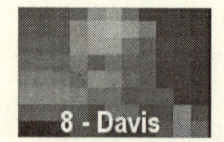

FASE 1			
Métodos de Unificação de Grupos	Jurados		
	8	4	7
Dominação		X	X
Acusação a um Bode Expiatório		X	X
Mediação	X		

FASE 1			
Pecados Capitais da Liderança	Jurados		
	8	4	7
Abusar do Poder			
Violar a Confiança			X
Solapar a Autoridade			X

Figura 5.3 – Métodos de unificação de grupos e pecados capitais da liderança na Fase 1

A Teoria Symlog contribui também para o entendimento da dinâmica de grupo (interações dos membros) com hipóteses heurísticas em relação aos processos de unificação e polarização das pessoas nos grupos e dos grupos. Estes processos são afetados de formas diferentes pela avaliação de valores e com-

O ENFOQUE DA TEORIA SYMLOG E DA CIÊNCIA DA AÇÃO 99

portamentos; em algumas dimensões a pesquisa mostra que há uma tendência para avaliar o comportamento de forma mais relevante do que os valores, e vice-versa.

Segundo a teoria, existem seis hipóteses heurísticas sobre a relação de valores e comportamentos vis-a-vis dos processos de unificação e polarização presentes na dinâmica de todos os grupos:

1. Os membros dominantes entram em conflito rapidamente.
2. Membros submissos podem aderir por último.
3. Membros isolados podem entrar em conflito mais cedo ou mais tarde.
4. Imagens salientes podem polarizar ou unificar o grupo.
5. A polarização tende a criar líderes e subgrupos.
6. A polarização pode ser neutralizada pela dominação, pela acusação a um bode expiatório (pessoa inocente ou objeto), pela existência do problema ou pela mediação do conflito de valores.

Na primeira fase do filme vemos três destas hipóteses se comprovarem:

- Hipótese 1: o Jurado 7 entra em conflito com o Jurado 8 (Davis), por causa do voto de "inocente" dado por ele.

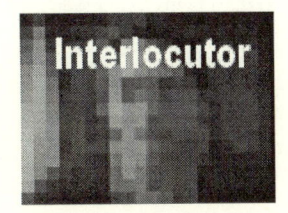

Interlocutor	Receptor
Assunto Abordado	**Hipótese Heurística Verificada**
O J7 pergunta por que o J8 votou "inocente". O J8 responde que não acha fácil levantar a mão e mandar alguém para a morte antes de conversar a respeito, e se levarem 1 hora, ainda dará tempo de ele ir ao jogo.	1

Figura 5.4 – Hipóteses heurísticas na Fase 1: os membros dominantes entram em conflito rapidamente

100 MÉTODO SYMLOG E APRENDIZAGEM ORGANIZACIONAL

- Hipótese 4: o Jurado 10 afirma saber quem é o garoto, que cresceu no meio de um tipo de gente na qual não se pode confiar (preconceito). Polariza a este respeito com o Jurado 8 (Davis).

Assunto Abordado  — Hipótese Heurística Verificada

O J10 começa a contar uma piada e o J8 diz que eles não estão ali para isso.

4

Figura 5.5 – Hipóteses heurísticas na Fase 1: os membros salientes podem polarizar ou unificar o grupo

- Hipótese 6: o Jurado 9 responsabiliza o Jurado 10 pelo mau andamento dos trabalhos e pede que se tomem providências.

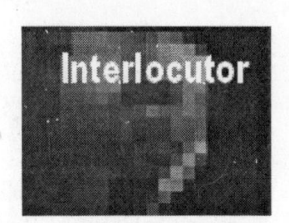

Assunto Abordado 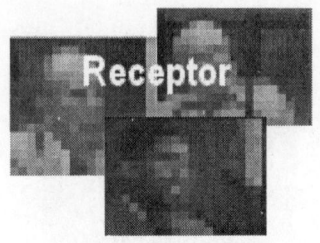 — Hipótese Heurística Verificada

O J9 diz que o J10 é um homem ignorante e o dono da verdade e que todos precisam dizer algo a ele.
O J3 pede para poupá-los do sermão.
O J4 interfere na discussão dizendo que não há por que brigar e que eles devem se comportar como cavalheiros se quiserem discutir o caso.

6

Figura 5.6 – Hipóteses heurísticas na Fase 1: a polarização pode ser neutralizada pela dominação, pela acusação a um bode expiatório (pessoa inocente ou objeto), pela existência do problema ou pela mediação do conflito de valores

3. Segunda Fase – O Movimento na Direção do Confronto

3.1. O que Diz a Teoria?

Após as primeiras tentativas de criar limites na definição dos comportamentos apropriados é que se tornam evidentes as tentativas dos membros de livrarem-se das máscaras e estabelecerem os papéis pessoais e os comportamentos mais característicos. A partir desse momento, o grupo move-se na direção de um confronto mais direto, com a colocação de seus pontos de vista com mais enfrentamento. Este novo movimento no grupo relaciona-se diretamente com os padrões de poder e liderança que vão sendo estabelecidos. Em algumas ocasiões, repetem-se alguns comportamentos ainda não resolvidos da fase anterior, acrescidos de novos comportamentos característicos desta fase da seguinte forma:

Emergem temas relevantes para o grupo: a) como as coisas devem ser feitas, b) como as decisões devem ser tomadas, por quem, de que maneira, e, também, c) as questões de liberdade, de controle e de satisfação.

Com freqüência há indícios e mesmo evidências de sentimentos de insatisfação, raiva, frustração porque os membros percebem, de modo geral, discrepâncias entre as suas esperanças e expectativas iniciais e a real dinâmica do grupo e os desafios da tarefa *versus* a habilidade do grupo para realizá-la.

3.2. O que Vemos no Filme?

A segunda fase abrange desde o momento em que o grupo realiza a segunda votação onde outro jurado vota também por "inocente", até o momento em que o Jurado 8 simula o depoimento de uma testemunha que alegou ter visto o réu matar o pai. Podem ser observados os seguintes comportamentos:

- Uma nova votação é realizada e muda o escore: 10 votos "culpado" × 1 voto "inocente". Logo, o escore passa a ser 10 × 2.

- O ambiente altera-se pelo inesperado do resultado da votação; alguns dos jurados começam a se agredir, a fazer atribuições descabidas, a fazer apelos a grandes objetivos, do tipo há que "fazer justiça", enquanto outros defendem o direito à opinião divergente.

- O jurado que mediante o voto desestabilizou o grupo pelo seu voto assume publicamente a sua causalidade, apesar do acordo do voto secreto, para tirar a responsabilidade que está sendo imputada a outro jurado.

- O jurado que divergiu explicita para todos os motivos pelos quais modificou o seu voto de "culpado" para "inocente", argumenta em favor da investigação e da necessidade de ouvir mais.

- A hostilidade cresce entre alguns membros do grupo.

- É proposto um intervalo para minimizar a tensão.

- No intervalo o ambiente fica disperso, com conversas paralelas sobre assuntos alheios à tarefa. Um dos jurados tenta que outro melhore o relacionamento, tendo mais consideração com o mais velho.

- Ainda no intervalo percebe-se: diálogo entre o Jurado 8 e um dos jurados; troca de informações; indagação sobre o tempo de permanência no ambiente (tarefa); sobre as crenças em relação à inocência do garoto (valores); postura de manutenção da dúvida e da investigação sobre a culpabilidade do garoto (estratégia); apelo para colocar-se no lugar do outro (habilidade); preocupação com a hipótese de possíveis equívocos nos quais podem vir a incorrer se inocentam o garoto (conseqüências). Ambiente amigável, desenvolvimento do outro, tentativa de influência por meio da troca de informações.

- Na retomada dos trabalhos, após uma convocação a todos, um dos jurados recoloca a indagação sobre os motivos que o garoto teria para matar o pai e levanta outra questão, desviando o foco da tarefa: que outras pessoas poderiam ter cometido o crime?

- O Jurado 8 apela para que se retorne ao que é específico da tarefa. Há insistência por parte de alguns jurados para que se trate a nova questão levantada. Solicita-se a ajuda do Jurado 8.

- O Jurado 8 passa a elencar várias informações sobre o contexto de vida do pai do garoto, repassando argumentos e informações que considera relevantes para a apreciação do caso, sobretudo pela identificação de um conjunto variado de pessoas que poderiam eventualmente ter tido motivos para matá-lo.

- Há um questionamento sobre a validade das informações trazidas. É levantada outra indagação relativa a uma das provas de acusação (foco na tarefa).

- O Jurado 8 assume a liderança do grupo de forma evidente.

- Há um questionamento sobre a validade e a viabilidade da prova pelo paradoxo e as contradições que demonstra.

- Alguns jurados resistem aos argumentos, formulando teses sob a forma de perguntas.

- Dois jurados se desligam da discussão e passam a jogar o jogo da velha, ao que o Jurado 8 rasga os papéis e assume o controle do ambiente e da tarefa.

- O ambiente fica tenso, há uma ameaça de agressões físicas e o coordenador tenta acalmar os ânimos.

- O Jurado 8 assume a liderança da tarefa, retomando o foco, investigando e testando rapidamente as teses junto aos demais jurados.

- O Jurado 8 faz avançar a reflexão investigando mais, apelando para a experiência dos demais, pedindo descrições de experiências pessoais, expondo sua própria experiência.

- O Jurado 8 continua a liderar e contribuir para o avanço da tarefa, comunicando os significados inferidos da comunicação dos outros, confirmando e dando respostas às hipóteses.

- Inicia-se uma discussão com um dos jurados sobre as condições de ouvir e ver das testemunhas, argumentando com base na necessidade de reduzir a ambigüidade.

- Há uma discussão polarizada entre alguns dos jurados em torno das provas.

- Mais um jurado pede para trocar o seu voto para "inocente". O escore nesse momento passa para 9 a 3. O grupo reage, cobra, atribui a mudança de voto às "histórias" inventadas. Manifestações de ironia, hostilidade, relações pouco apreciativas. Afirmação da culpabilidade do garoto e do merecimento do castigo. O Jurado 8 advoga e investiga, contesta e corrige.

- Os posicionamentos do Jurado 8 são contestados por um jurado, que tenta desqualificá-los, apelando para a autoridade. Este responde dando esclarecimentos a todo o grupo, aditando informações sobre a condição do advogado e da administração da justiça. Lança mão do próprio argumento do jurado para fazer o esclarecimento. A argumentação do Jurado 8 suscita a reflexão de mais um dos jurados, que declara ter apreciado a qualidade da argumentação, e apresenta para o grupo uma dúvida sobre a autoria do crime.

- A dúvida é recebida pelo grupo com ironia, piada e descaso. O jurado que levanta a dúvida argumenta da mesma forma que o Jurado 8: investigando, solicita que as atribuições que são feitas sejam descritas, esclarecidas, busca trazer à luz as inconsistências da argumentação dos colegas; frente ao descaso e falta de argumentos não desiste. Explicita seu modo de raciocínio, suas teorias causais e suas hipóteses. Quando cobrada dele uma posição, afirma seu comprometimento com a investigação.

- O Jurado 8 modifica o foco da argumentação: deixa de focalizar a inconsistência das provas para afirmar a existência de uma dúvida cabível. Com esta argumentação, busca orientar o grupo para o cumprimento da tarefa a eles confiada: se houver uma dúvida cabível deve apresentar o veredicto "inocente"; caso não exista essa dúvida o veredicto deve ser "culpado" por unanimidade. A mudança de foco levanta resistência de alguns jurados, que trazem à discussão novamente os argumentos de acusação.

- Há atribuições sobre as intenções do Jurado 8. Alguns fazem perguntas retóricas e intimidatórias e não esperam por respostas. Mesmo não esperadas, as respostas que emergem dirigem à ação, apontam para a investigação, os jurados reagem violentamente trazendo à mesa a discussão sobre as testemunhas e sobre a falta de motivos para duvidar do valor de suas declarações.

- O ambiente é tenso, há gritaria, é solicitada calma, e o Jurado 8 solicita nova votação.

- O grupo resiste à proposta. O resultado fica mantido, e sinaliza que haverá uma demora de tempo ainda maior. Um jurado, depois de finalizada a votação, solicita mudar o seu voto para "inocente". O escore fica 8 a 4.

- Alguns jurados reclamam pela mudança de voto com irritação, apelando para a seriedade, a atenção para os fatos e o senso de realidade.

- O jurado que mudou o voto é solicitado a explicitar os motivos para a mudança, mas ele resiste e não reconhece no outro o direito à interpelação. Afirma a existência de uma dúvida cabível e é ridicularizado por esse fato.

- A discussão se orienta para considerar o espaço físico onde ocorreu o crime, o Jurado 8 orienta para a tarefa e pede para ver a planta do apartamento; isso irrita alguns jurados, que o acusam de querer ver a toda hora as provas; outros manifestam o mesmo interesse.

- O Jurado 8 retoma a liderança do processo, apela para que se teste uma das provas do crime. Chama a atenção para checar os detalhes. Ao tentar checar, refaz oralmente a seqüência de fatos arrolados nas provas de acusação. Chama a atenção do grupo mostrando a todos a planta do apartamento, reduzindo a dispersão e tornando acessível a todos a descrição detalhada do percurso que a testemunha descreveu como tendo realizado poucos minutos depois de ter ocorrido o crime. Pede confirmação do grupo.

- O Jurado 8 continua liderando, avança comunicando, respondendo e levantando novas hipóteses, com base em inferências decorrentes da observação dos dados oferecidos pelas provas. Gera informação dirigindo ao grupo uma pergunta sobre a nova hipótese. Vários se manifestam: não há unanimidade em torno da hipótese.

- Chama a atenção do grupo, de outra forma, pela ação de arrumar o espaço para uma simulação capaz de revelar quanto tempo a testemunha levou para fazer o percurso.

- Faz a simulação solicitando ajuda de alguns dos colegas jurados. Há resistência de outros, apelo para a perda de tempo que essa simulação causa.

- Continua a simulação; a maioria do grupo se envolve com o que está acontecendo, alguns se mantêm resistindo, apelam para grandes objetivos: "Este é um julgamento de homicídio". É concluída a simulação que prova a impossibilidade da prova. O Jurado 8 conclui que a testemunha deduziu pela culpabilidade do garoto, porém não o viu. Esta conclusão irrita um dos jurados, que o ataca com hostilidade e ataca o resto dos jurados pelo fato de deixarem-se convencer pelas conversas fiadas.

3.3. Valores e Comportamentos

Quanto aos valores e comportamentos desta fase, pode-se observar graficamente no diagrama de campo da Figura 5.7 as imagens de cada um dos 12 jurados. O diagrama mostra ainda uma grande dispersão de imagens situadas basicamente em dois dos quadrantes (superior direito e inferior esquerdo).

A localização das imagens, diferentemente daquela da primeira fase, não mais se divide em três subgrupos. O diagrama mostra um deslocamento das imagens formando um agrupamento mais coeso no quadrante superior direito, atraídos por três imagens de circunferência grande, isto é, com capacidade de influência e poder. São elas as imagens dos Jurados 8, 1 e 4. As demais imagens tendem a ficar isoladas no quadrante inferior esquerdo, no centro do diagrama de campo e uma apenas no quadrante inferior direito. Esta variação na avaliação do comportamento é consistente com a fase vivenciada pelo grupo:

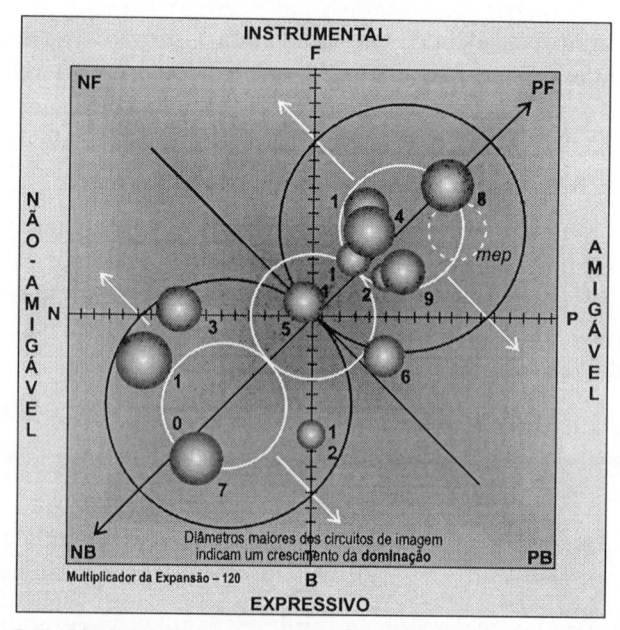

Figura 5.7 – Diagrama de campo dos comportamentos dos jurados na Fase 2

uma fase de "confronto" que exige posicionamento forte, influência e força dos líderes para atrair os demais para seus posicionamentos.

Os instrumentos da Teoria Symlog permitem detectar e mensurar estes pequenos ou grandes deslocamentos da dinâmica do grupo e individualmente dos membros do grupo e, desta forma, conceber e implementar comportamentos mais competentes no futuro.

3.4. Formas de Intervenção Segundo a Ciência de Ação

Nesta fase, o Jurado 8 (Davis) continua enfrentando principalmente as deficiências de informação decorrentes da escassez de informação e de informação ambígua. Há também, em grau crescente, pressupostos equivocados e informações paradoxais. Nesta fase emergem também contradições e incompatibilidades. Alguns exemplos da forma de intervenção do Jurado 8 (Davis): argumenta sobre as suas teses, explicitando-as em relação à aceitação rápida da evidência das provas, enfatizando a desconfiança quanto à competência do advogado de defesa; testa as teses dos demais jurados: o grau de convicção com que se afirma que o réu mentiu no Tribunal; a informação sobre as atribuições de investigação da polícia e não dos jurados; demonstra para todos, com uma simulação, a inconsistência do argumento da capacidade física da testemunha que viu o réu fugindo depois de ter matado o pai.

3.5. Teoria Symlog

Na segunda fase do filme pode-se observar na tabela abaixo dois dos jurados acionando o mecanismo de mediação mediante o uso dos recursos da dominação e recorrendo outra vez ao recurso da acusação a um bode expiatório. Somente o Jurado 8 (Davis) se mantém firme, como na primeira fase no processo de mediação. Vale salientar que estes três jurados fazem parte do grupo que nesta fase está exibindo maior pontuação no comportamento de influência (Davis) e de dominação (Jurados 3 e 4), como fica evidente no diagrama de campo da fase em estudo.

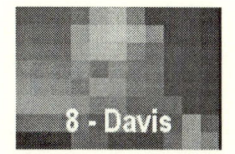

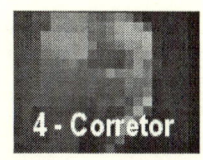

FASE 2				FASE 2			
Métodos de Unificação de Grupos	Jurados			Pecados Capitais da Liderança	Jurados		
	8	4	3		8	4	3
Dominação		X	X	Abusar do Poder			X
Acusação a um Bode Expiatório		X	X	Violar a Confiança			
Mediação	X			Solapar a Autoridade			

Figura 5.8 – Métodos de unificação de grupos e pecados capitais da liderança na Fase 2

Com relação à dinâmica de grupo (interações dos membros e as hipóteses heurísticas em relação aos processos de unificação e polarização), na segunda fase do filme vemos cinco das seis hipóteses heurísticas se comprovarem.

- Hipótese 4: o Jurado 10 adere à tese preconceituosa do Jurado 4: "O garoto nasceu em cortiço, que é viveiro de criminosos, e crianças criadas nesses lugares são uma ameaça para a sociedade".

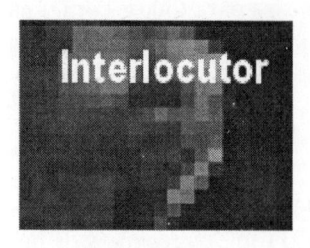

108 MÉTODO SYMLOG E APRENDIZAGEM ORGANIZACIONAL

Assunto Abordado

O J4 diz que eles estão ali para julgar se o garoto cometeu ou não o crime e não analisar por que ele o fez. Afinal, o garoto nasceu em cortiço, que é viveiro de criminosos e crianças criadas nesses lugares são uma ameaça para a sociedade.
O J10 concorda com ele dizendo que quer distância dessas pessoas.

Hipótese Heurística Verificada

4

Figura 5.9 – Hipóteses heurísticas da Fase 2: imagens salientes podem polarizar ou unificar o grupo

Assunto Abordado

O J5 levanta-se e diz que foi criado num cortiço e que cuida dessas pessoas todos os dias no hospital e que por isso ainda deve cheirar mal.
O J1 diz que não foi pessoal. O J5 diz que foi.
O J3 diz que é melindre. O J11 diz que aceita esse tipo de melindre. O J1 pede para pararem de discutir, pois estão só perdendo tempo.

Hipótese Heurística Verificada

4

Figura 5.10 – Hipóteses heurísticas da Fase 2: imagens salientes podem polarizar ou unificar o grupo

O ENFOQUE DA TEORIA SYMLOG E DA CIÊNCIA DA AÇÃO **109**

- Hipótese 4: a mesma tese preconceituosa do Jurado 4 cria um processo de polarização com uma boa parte do grupo que se insurge contra essa tese.
- Hipótese 3: o Jurado 10 entra em conflito com o Jurado 1 pela forma de condução dos trabalhos. Ainda nesta hipótese, o Jurado 3 acusa o Jurado 5 de traidor, o Jurado 5 reage partindo para cima dele.
- Hipótese 1: os Jurados 8 e 4 entram em conflito por causa da prova da faca.

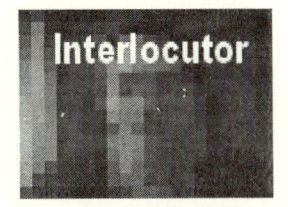

Interlocutor

Assunto Abordado

Receptor

Hipótese Heurística Verificada

O J10 diz que o J8 deveria falar. O J1 enfatiza que eles deveriam seguir o que haviam combinado anteriormente. O J10 se irrita e pede que o J1 deixe de tratá-los como crianças. O J1 diz que só estava tentando organizar, mas se ele quiser pode sentar em sua cadeira. O J10 diz que ele está se irritando à toa. J12, J7 e outros pedem para que ele continue seu trabalho.

3

Figura 5.11 – Hipóteses heurísticas da Fase 2:
imagens isoladas podem entrar em conflito mais cedo ou mais tarde

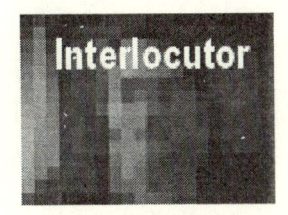

Interlocutor

Assunto Abordado

Receptor

Hipótese Heurística Verificada

O J8 tira do bolso uma faca igual à do crime e crava na mesa. O J3 pergunta o que ele está fazendo. O J10 pergunta quem ele acha que é. J7 pergunta onde ele achou.

1

Figura 5.12 – Hipóteses heurísticas da Fase 2:
imagens dominantes entram em conflito rapidamente

- Hipótese 6: o Jurado 1 tenta mediar o conflito, convocando todos para retomar os trabalhos e é atendido pelo grupo após alguma resistência.
- Hipótese 2: o Jurado 5, após muita hesitação, vota "inocente".

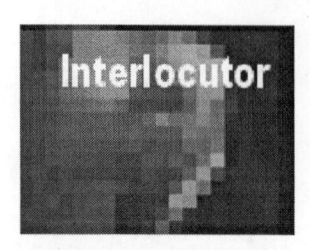

Assunto Abordado

Hipótese Heurística Verificada

O J1 tenta controlar a situação chamando todos para sentar, pois ficar em pé não ajuda.

6

Figura 5.13 – Hipóteses heurísticas da Fase 2: a polarização pode ser neutralizada pela dominação, pela acusação a um bode expiatório (pessoa inocente ou objeto), pela existência do problema ou pela mediação do conflito de valores

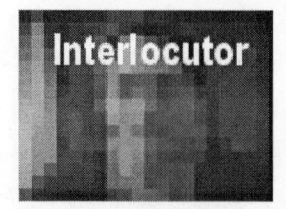

Assunto Abordado

Hipótese Heurística Verificada

O J5 muda seu voto para "inocente" e o J7 diz que é o fim da picada e pergunta se ele fez isso baseado nas histórias que o J8 inventou. Diz que os fatos estão na sua frente e todos eles provam que o garoto matou o pai e merece ser condenado.

2

Figura 5.14 – Hipóteses heurísticas da Fase 2: membros submissos podem aderir por último

4. Terceira Fase – Compromisso e Harmonia

4.1. O que Diz a Teoria?

As confrontações sobre o trabalho e sobre as questões pessoais levarão normalmente os indivíduos mais determinados a comprometer-se, a reconhecer o ciclo de insucesso do curso presente da ação. A partir desse reconhecimento, começam a agir como mediadores e intermediários, reabrindo as questões e ajudando a envolver os outros membros nas conversas e nas decisões.

4.2. O que se Aplica ao Filme?

Esta fase no filme se inicia após a simulação pelo Jurado 8 e termina quando o Jurado 4, após fazer algumas considerações, tira os óculos e ficam evidenciadas marcas em seu rosto, com a observação imediata do Jurado 9. Os comportamentos observados estão descritos a seguir:

- O Jurado 8 posiciona-se frente às declarações de cunho pessoal do Jurado 3.

- Parafraseando o Jurado 3, o Jurado 8, através de uma investigação, tenta fazê-lo refletir sobre isso, e provoca-o dizendo que está culpando o garoto por causa de motivos pessoais.

- O Jurado 3 reage ameaçando o Jurado 8: "Eu vou te matar", avançando para atacá-lo fisicamente.

- Um dos jurados solicita uma nova votação, decidem fazê-la aberta. O resultado é 6 a 6. Um dos jurados leva na brincadeira agressiva; outro, não se conformando com o resultado, atribui esse resultado a uma intenção de inocentar esse tipo de gente.

- Outro jurado chama a atenção para focalizar os fatos. Isso causa reações em outros membros do grupo, que declaram estar fartos de falar de fatos que podem ser voluntariamente distorcidos.

- A tarefa é deixada de lado, os jurados se movimentam, saem da mesa, se agridem com acusações e discriminações.

- A tarefa continua suspensa. Há conversas paralelas: uns agridem e buscam aliados, comentando sobre a surpresa com o resultado da votação e sobre a provocação de Davis que atingiu o seu objetivo. Outros interagem de forma amigável com Davis.

- Fora da sala, três jurados que consideram o garoto culpado se articulam para influenciar os demais e reverter o resultado da última votação. Os três jurados não chegam a um acordo, e sugerem a estratégia de comunicar à juíza que há um impasse, para se livrar da tarefa e não saírem perdedores. Davis intervém, focalizando a tarefa e refletindo sobre a inviabilidade da proposta do impasse. Há reações e volta à tona a reflexão sobre a dúvida razoável.

- Um jurado agride o outro e, discriminando-o por ser estrangeiro, lhe retira o direito de opinar. O coordenador convoca para a tarefa. É apresentada uma tese sobre uma das provas.

- O Jurado 8 intervém, levantando uma contratese sobre a pouca consistência da prova em questão, e tenta levar o outro a refletir sobre a sua tese e sobre os diferentes contextos em que essa prova é discutida.

- Depois de ter escutado o Jurado 8, o Jurado 3 insiste na sua tese, defendendo com os mesmos argumentos a prova.

- O Jurado 8 retoma a conversa com o Jurado 3, ajudando-o a refletir sobre uma experiência pessoal que põe em evidência a possibilidade de viver situação semelhante à do garoto e não cometer crime.

- Continua a discussão entre vários jurados, alguns seguindo um raciocínio lógico, por vezes investigativo, outros mantendo as acusações no nível das atribuições.

- Continua a discussão em torno da potencialidade de matar, a propósito do resultado dos testes psicológicos aplicados no garoto. Um dos jurados traz à tona outro aspecto relativo à forma como o ferimento foi realizado.

- O jurado explica que não ficou muito convencido sobre a forma como a acusação descreveu como foi dada a facada; há irritação por parte de outro jurado, que se decide a fazer uma simulação. Davis oferece-se como voluntário da simulação no lugar do pai do garoto. Ao final da simulação, o jurado afirma que foi desse jeito mesmo que ocorreu.

- Outro jurado intervém, afirmando que não está correta a forma como foi realizada a simulação e explica, com base na sua experiência pessoal.

Tampouco convence, dois jurados irritam-se e um deles diz estar saturado e por isso decide mudar o voto de "culpado" para "inocente", de modo a acelerar o fim da tarefa. Isto gera uma discussão e agressões, atribuições, e ele é chamado à responsabilidade.

- Seguem as discussões, outro jurado pede para que seja realizada outra votação, na qual muda o seu voto para "inocente".

- Um dos jurados toma a palavra e, aos gritos, desqualifica todo o trabalho de reflexão e investigação que vem sendo feito, agride jurados e o garoto e explicita todo o desprezo que nutre pelas pessoas semelhantes ao garoto. Alguns dos jurados reagem, mandando-o calar a boca.

4.3. Valores e Comportamentos

Quanto aos valores e comportamentos desta fase, pode-se observar graficamente no diagrama de campo da Figura 5.15 as imagens de cada um dos 12 jurados. O diagrama da fase já mostra não mais uma grande dispersão de imagens, como nas fases anteriores, e, sim, um início de unificação pelas imagens

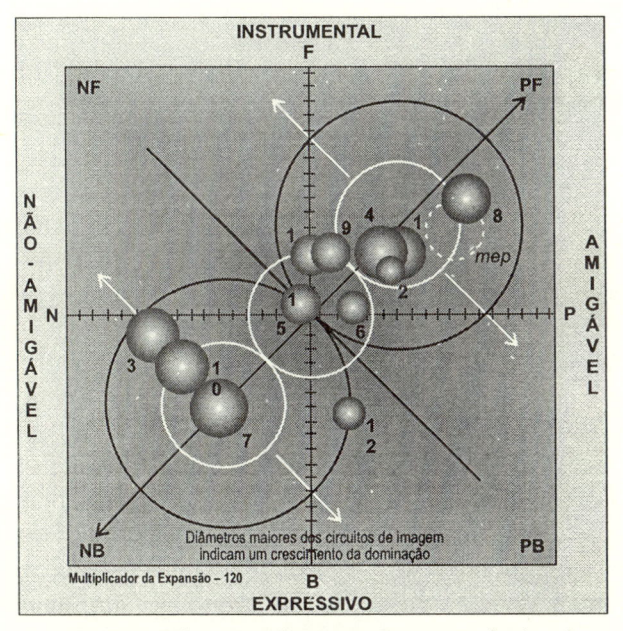

Figura 5.15 – Diagrama de campo dos comportamentos dos jurados na Fase 3

localizadas no quadrante superior direito. Por outro lado, o diagrama também mostra a existência de um membro do grupo isolado (Jurado 12) e três membros muito influentes com imagens de circunferência grandes, situados um no quadrante superior esquerdo e dois no quadrante inferior esquerdo.

Este diagrama de campo permite inferir que o grupo está em outra fase de sua dinâmica e que nesta fase existe um conflito de valores circunscrito a dois subgrupos.

Além dessa observação, vale destacar também a mudança positiva evidenciada em termos do eixo do poder. Todos os jurados exibem imagens de círculos maiores. De fato, a fase atual demanda posicionamento, colaboração e comprometimento com a tarefa e com o cuidado com o grupo, para que este complete com competência a tarefa que lhe foi demandada.

Uma menção especial deve ser feita em relação ao Jurado 5, que passa a exibir um comportamento de maior influência e poder: exibindo em menor grau comportamento submisso, se comparado com a sua imagem na primeira fase.

Os instrumentos da Teoria Symlog permitem detectar e mensurar estes pequenos ou grandes deslocamentos da dinâmica do grupo e individualmente dos membros do grupo e desta forma conceber e implementar comportamentos mais competentes no futuro.

4.4. Formas de Intervenção Segundo a Ciência de Ação

Nesta fase, de modo semelhante à Fase 2, o Jurado 8 (Davis) continua enfrentando principalmente as deficiências de informação decorrentes da falta de informação assim como a informação ambígua. Emergem, também, em grau crescente, pressupostos equivocados e informações paradoxais. Nesta fase, surgem também contradições e incompatibilidades. O Jurado 8 (Davis) enfrenta de alguma forma o indiscutível que impulsiona a ação do Jurado 3: vingar a ofensa que seu próprio filho lhe causou. Os exemplos por excelência desta fase são demonstrar ao Jurado 4 a sua incongruência: enquanto acusa o réu por não lembrar o nome do filme e principais atores, não percebe o seu próprio esquecimento em situação de não-tensão; o outro exemplo é fazer perceber ao Jurado 3, após a sua declaração "Eu vou te matar" que declarar querer matar alguém não significa necessariamente vir a fazê-lo. Essas intervenções do Jurado 8 (Davis) impactam fortemente o grupo como um todo, especialmente pela forma descritivamente competente de colocar as questões incongruentes e inconsistentes, parafraseando os seus autores.

4.5. Teoria Symlog

Na terceira fase do filme pode-se observar, na tabela abaixo, dois dos jurados acionando métodos de unificação: o Jurado 4 recorrendo mais uma vez ao recurso de acusação a um bode expiatório e o Jurado 8 (Davis) mantendo, como nas outras fases, o processo de mediação. Vale salientar que estes dois jurados fazem parte do grupo que nesta fase estão exibindo maior pontuação no comportamento de influência (Davis) e de dominação (Jurado 4), conforme se evidencia no diagrama de campo da fase em estudo.

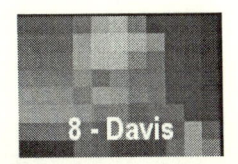

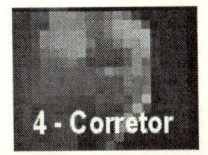

FASE 3			
Métodos de Unificação de Grupos	Jurados		
	8	4	10
Dominação			X
Acusação a um Bode Expiatório		X	
Mediação	X		

FASE 3			
Pecados Capitais da Liderança	Jurados		
	8	4	10
Abusar do Poder			X
Violar a Confiança			X
Solapar a Autoridade			X

Figura 5.16 – Métodos de unificação de grupos e pecados capitais da liderança na Fase 3

Com relação à dinâmica de grupo (interações dos membros e as hipóteses heurísticas em relação aos processos de unificação e polarização), na terceira fase do filme vemos cinco das seis hipóteses heurísticas se comprovarem.

- Hipótese 1: o Jurado 3 confronta o Jurado 8 (Davis), desqualificando o seu discurso e acusando-o de estar deixando escapar um criminoso; o Jurado 8 (Davis) chama-o de sádico e o acusa de estar julgando por motivos pessoais.

- Hipótese 5: o Jurado 6 pede uma nova votação e o resultado da votação revela a existência de dois grupos que dividem o grande grupo meio a meio. Ambos os grupos contam com um líder: Jurado 4, líder do grupo que vota "culpado" e o Jurado 8 (Davis), líder do grupo que vota "inocente". O Jurado 10 propõe um impasse, o Jurado 7 adere, mas a proposta não é aceita pelo Jurado 8 (Davis); vários outros jurados do grupo de Davis se manifestam tentando convencê-lo da possibilidade de uma dúvida cabível, sem sucesso.

- Hipótese 2: o Jurado 10 confronta o Jurado 2 devido à mudança tardia de seu voto e o acusa de estar sendo dominado pelos "branquelos intelectuais".

Assunto Abordado

Hipótese Heurística Verificada

O J3 diz ao J8 que ele discursou sobre injustiça e alguns acreditaram nele, mas ele não acredita. O garoto é culpado e precisa arder na estaca e eles estão deixando ele escapar. O J8 diz que ele está parecendo o carrasco do garoto e que sente pena dele pois, desde o princípio, está julgando o garoto por motivos pessoais e não devido aos fatos. O J8 continua, chamando-o de sádico. O J3 parte para cima dele, dizendo que vai matá-lo.

1

Figura 5.17 – Hipótese heurística na Fase 3: membros dominantes entram em conflito rapidamente

Assunto Abordado

Hipótese Heurística Verificada

O J6 pede uma nova votação. J1, J3, J4, J7, J10 e J12 votam "culpado". J2, J5, J6, J8, J9 e J11 votam "inocente".

5

Figura 5.18 – Hipótese heurística na Fase 3: a polarização tende a criar líderes e subgrupos

- Hipótese 6: o Jurado 10 tenta convencer todos os outros apelando para o preconceito, vários jurados se alteram, trocam acusações e agressões, mandam o Jurado 10 calar a boca e não interferir mais.

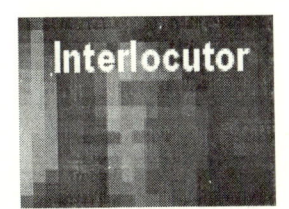

Assunto Abordado — Interlocutor

Hipótese Heurística Verificada — Receptor: 2

O J7 pergunta por que o J2 votou "inocente". Quando tenta responder, o J10 interrompe dizendo que ele está se deixando levar pelos intelectuais branquelos. O J2 diz que não é verdade. O J10 continua dizendo que ele por ser velho teve medo do homem branco. O J2 responde dizendo que ele não tem o direito de dizer isto e lhe chama de desbocado.

Figura 5.19 – Hipótese heurística na Fase 3: membros submissos podem aderir por último

Assunto Abordado — Interlocutor

Hipótese Heurística Verificada — Receptor: 6

O J10 diz que não sabe o que as pessoas têm. Eles conhecem o garoto e matar está na natureza destas pessoas. O J5 levanta-se e entra no banheiro. O J9 manda ele se calar. O J10 revida xingando-o. O J12 também manda ele calar. O J10 o empurra e continua falando. O J6 grita para ele calar-se. O J2 diz que já ouviu demais e manda ele calar-se. O J4 manda ele sentar-se e não abrir mais a boca.

Figura 5.20 – Hipótese heurística na Fase 3: a polarização pode ser neutralizada pela dominação, pela acusação a um bode expiatório (pessoa inocente ou objeto), pela existência do problema ou pela mediação do conflito de valores

5. Quarta Fase – Resolução e Reciclagem

5.1. O que Diz a Teoria?

Tendo trabalhado sob um período de relativa estrutura e sob condições de menos controle, com resultados que não são nem satisfatórios nem bons para o clima do grupo, o grupo busca, então, uma nova alternativa.

5.2. O que se Aplica ao Filme?

Este estágio compreende o período correspondente ao momento após a observação do Jurado 9 sobre as marcas dos óculos no rosto do Jurado 4, semelhantes às marcas apresentadas por uma testemunha importante, até o final do filme, quando o processo é concluído e os jurados se retiram da sala e do local do julgamento. Os principais comportamentos que caracterizam esta fase estão descritos a seguir:

- Continua a discussão entre alguns jurados, enquanto que outros se alinham e solicitam a finalização da discussão, para que se dê continuidade à tarefa.

- Entra em consideração outro argumento sobre as provas da acusação; os depoimentos das testemunhas são novamente lembrados e explicitados mediante uma descrição; ainda há dificuldade de chegar a um consenso sobre a absolvição.

- Nova votação é solicitada, novas agressões são realizadas pelo fato da indecisão de um dos jurados que já modificou o voto três vezes. Há propostas de delimitação de tempo para a tarefa. Um dos jurados inicia uma nova investigação relativa ao comportamento de uma das testemunhas, apoiando-se na observação e reflexão sobre o comportamento de um dos jurados.

- Há resistência a essa tentativa de esclarecimento, porém a conversa continua. E é colocada a dúvida sobre a consistência da prova.

- Continuam as considerações sobre a inconsistência da prova da testemunha. Um dos jurados interrompe o tempo todo, tentando minimizar as observações e obstruir a reflexão. Davis intervém, argumentando por analogia, e com o fato de serem estas considerações originais e novas no tratamento do caso.

- O Jurado 8 dá continuidade à argumentação, e conclui com uma teoria da inviabilidade da prova de acusação. Um dos jurados reage, desqualificando os argumentos.

- A questão é recolocada como um dos elementos centrais da acusação, havendo espaço para a existência de uma dúvida cabível. Há um questionamento sobre a validade desta dúvida. Todos menos um (Jurado 3) aderem à tese da dúvida cabível.

- O Jurado 8 reporta-se ao Jurado 3 e diz que, mesmo tendo ficado sozinho na posição de indicar que o garoto é culpado, gostaria de ouvir seus argumentos. Ele diz já ter dado os argumentos. O Jurado 8 diz não estar convencido.

- O Jurado 3 explode em emoção, deixando vir à tona toda a sua problemática junto ao seu próprio filho, agride todos os jurados dizendo que os fatos foram distorcidos um a um, e revela que é como se ele próprio estivesse sendo morto.

- O Jurado 8 intervém, dizendo-lhe que o garoto acusado não é seu filho. E apelando para que o deixe vivo.

- O Jurado 3 cede e muda seu voto para "inocente". O trabalho é encerrado.

- O Jurado 8 só se retira quando todos saem da sala e ele ajuda o Jurado 3, que mudou o voto por último, a colocar o seu casaco e retira-se também.

5.3. Valores e Comportamentos

Quanto aos valores e comportamentos desta fase, pode-se observar graficamente no diagrama de campo da Figura 5.21 as imagens de cada um dos 12 jurados. O diagrama da fase já mostra não mais uma grande dispersão de imagens, como nas fases anteriores, e, sim, um início de unificação pelas imagens localizadas no quadrante superior direito. Por outro lado, o diagrama também mostra a existência de apenas dois membros, muito influentes, com imagens de circunferência grandes situados no quadrante inferior esquerdo e nenhum membro isolado, diferentemente da fase anterior. Os Jurados 12 e 7 deslocaram-se para a área de oscilação de valores. Esta área pode denotar uma ambivalência ou indefinição de valores; em qualquer hipótese, são imagens de pessoas que, por algum motivo, intencional ou não, ficam definidas. Junto com eles nesta mesma área encontram-se imagens de outros quatro jurados. Este diagrama de campo permite constatar que o grupo está em outra fase de sua dinâmica

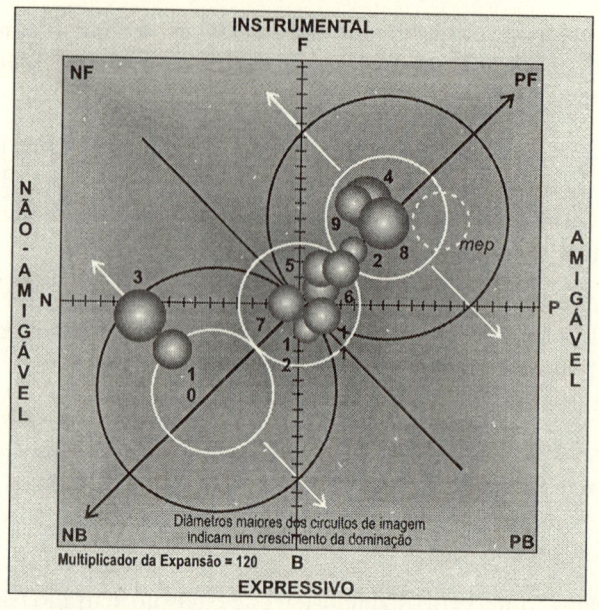

Figura 5.21 – Diagrama de campo dos comportamentos dos jurados na Fase 4

e que nesta fase o conflito de valores ficou ainda mais circunscrito: há apenas dois jurados em oposição com o grupo como um todo. De algum modo, pode-se afirmar que houve sucesso na unificação do grupo em torno da tese da dúvida cabível. Essa constatação no filme e a sua representação no diagrama de campo são interessantes, especialmente se observarmos que praticamente todos os jurados diminuíram a exibição de comportamento de influência e poder se comparado com os comportamentos da fase anterior. De fato, a demanda nesta fase do grupo requer menos comportamentos desta natureza. Ainda pode-se perceber que existem três jurados liderando a finalização do trabalho de unificação em torno da tese da dúvida cabível: são eles o Jurado 8 (Davis) e os Jurados 4 e 9.

Os instrumentos da Teoria Symlog permitem detectar e mensurar estes pequenos ou grandes deslocamentos da dinâmica do grupo e de cada membro do grupo individualmente, e, assim, conceber e implementar comportamentos mais competentes no futuro.

5.4. Formas de Intervenção Segundo a Ciência de Ação

Nesta fase, da mesma forma que na Fase 3, o Jurado 8 (Davis) continua enfrentando principalmente as deficiências de informação, decorrentes da falta de informação assim como informação ambígua. Continuam a emergir pressupostos equivocados e informações paradoxais, contradições e incompatibilidades. O mais importante nesta fase é a revelação do indiscutível que impulsiona a ação do Jurado 3 que, pela intervenção do Jurado 8 (Davis), torna-se evidente: "Ele não é seu filho, deixe-o viver." Este é o exemplo por excelência desta fase: Davis ajuda o Jurado 3 a perceber que está julgando inconscientemente seu filho através da condenação do réu. Ajuda também, apoiando e aditando argumentos às colocações do Jurado 9 sobre a preocupação com a estética e com o *status* de uma das testemunhas.

5.5. Teoria Symlog

Na quarta fase do filme, pode-se observar na tabela abaixo quatro dos jurados acionando métodos de unificação, o Jurado 4 recorrendo pela primeira vez ao processo de mediação junto com os Jurados 8 (Davis) e 9. O Jurado 10 apelando mais uma vez ao recurso de acusação a um bode expiatório, além de cair na tentação dos três Pecados Capitais da Liderança: abuso de poder; violação da confiança e solapamento da autoridade legítima. Este tipo de fenômeno pode ser explicado pelo desespero da situação em que o jurado se encontra: o tempo de intervenção está esgotado, pela própria evolução do grupo, e o Jurado 10 não conseguiu, mediante as suas estratégias, atender à sua intenção inicial:

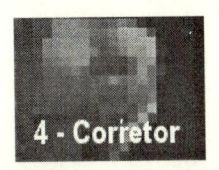

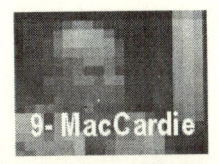

FASE 4				FASE 4			
Métodos de Unificação de Grupos	Jurados			Pecados Capitais da Liderança	Jurados		
	8	4	9		8	4	9
Dominação				Abusar do Poder			
Acusação a um Bode Expiatório		X		Violar a Confiança			
Mediação	X	X	X	Solapar a Autoridade			

Figura 5.22 – Métodos de unificação de grupos e pecados capitais da liderança na Fase 4

122 MÉTODO SYMLOG E APRENDIZAGEM ORGANIZACIONAL

"Julgar sumariamente o garoto, sem perder muito tempo, e convencer os outros a agir da mesma forma."

Com relação à dinâmica de grupo (interações dos membros e as hipóteses heurísticas em relação aos processos de unificação e polarização).

Na quarta fase do filme vemos apenas duas das seis hipóteses heurísticas se comprovarem.

- Hipótese 1: o Jurado 4 confronta o Jurado 3, questionando-o pelo fato de ele querer um impasse, quando antes ele tinha considerado isso uma imoralidade; o Jurado 3 reage, afirmando não considerar mais imoral o impasse.

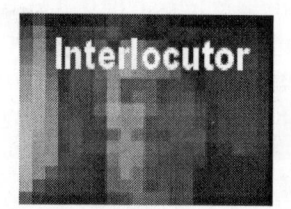

Interlocutor

Assunto Abordado

Receptor

Hipótese Heurística Verificada

O J11 pergunta ao J3 por que ele encara a mudança de voto do J12 como um triunfo pessoal. O J3 responde que gosta de competir e sugere um impasse. O J4 diz que ele não queria um impasse antes porque achava imoral.
O J3 diz que agora quer e que não acha mais imoral.

1

Figura 5.23 – Hipótese heurística na Fase 4: membros dominantes entram em conflito rapidamente

- Hipótese 6: o Jurado 9 media o conflito de valores entre o Jurado 4 e o Jurado 8 (Davis); introduzindo considerações até o momento não percebidas, desloca o enfoque racional e lógico para considerações de natureza socioemocional, trazendo à tona aspectos relevantes, até o momento não considerados. Estes argumentos acabam convencendo o Jurado 4, que muda seu voto para "inocente," afirmando fazê-lo por ter chegado a uma dúvida cabível.

No estudo de caso do filme *Doze Homens e uma Sentença*, foram analisados todos e cada um dos 12 jurados, e na observação do comportamento deles

O ENFOQUE DA TEORIA SYMLOG E DA CIÊNCIA DA AÇÃO 123

Assunto Abordado

O J9 investiga sobre a origem das marcas no nariz do J4 que são semelhantes às marcas do nariz de uma das testemunhas. O J4 conclui que a testemunha não poderia ter visto o crime.

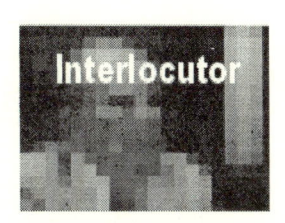

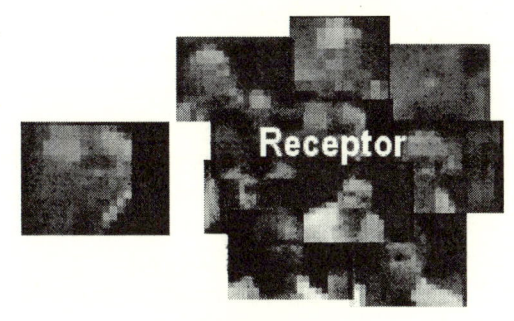

Hipótese Heurística Verificada

6

Figura 5.24 – Hipótese heurística na Fase 4: a polarização pode ser neutralizada pela dominação, pela acusação a um bode expiatório (pessoa inocente ou objeto), pela existência do problema ou pela mediação do conflito de valores

foram identificados seis conjuntos ou tipos de valores que condicionam os estilos de liderança. Esses tipos são aqueles que em nossa experiência de consultoria são encontrados com mais freqüência nos ambientes organizacionais: 1) o líder que busca a solidariedade social e o progresso; 2) o líder que é nitidamente orientado para os resultados da tarefa; 3) o líder resistente à autoridade; 4) o líder sabotador da autoridade; 5) o líder que faz oposição radical ao grupo e ao líder; 6) o líder incondicionalmente igualitário. Neste capítulo apenas focalizaremos um dos tipos de líder, aquele que busca a solidariedade social e o progresso: o Jurado 8, Davis.

Davis apresenta o melhor perfil (UPF) de acordo com a Teoria Symlog.

A sua imagem, de acordo com 807 avaliações de terceiros, situa-se no quadrante superior direito. Esta localização reflete um conjunto muito bem balanceado de valores exibidos através dos comportamentos: influência e poder; afeto positivo e aceitação da autoridade e da tarefa por ela definida.

O Relatório do Prof. Robert Freed Bales afirma que pessoas com este perfil tendem a manter um equilíbrio mediano de interações no grupo, caracterizadas por muitos atos de iniciativa, atos estes que, se comparados com a média dos atos dos grupos, se apresentam como moderadamente altos. Este tipo de comportamento tende a atrair e estimular um comportamento semelhante nas demais pessoas do grupo. Ao mesmo tempo, tende também a inspirar de forma significativa uma justificada estima, isto é, as pessoas apreciam e valorizam outras com este perfil. Mesmo exibindo um foco intenso em relação à tarefa, este foco não se torna aversivo para os outros. Ao contrário, pessoas com este perfil mostram notável competência, iniciativa, persistência para estruturar e desempenhar as tarefas do grupo, ou persuadir e treinar outros membros do grupo para que eles realmente desempenhem os vários papéis necessários. Isto freqüentemente implica educar e treinar os membros para um substituir o outro no papel de liderança, e induzir aqueles que não querem assumir este papel a fazê-lo.

Analisando o Relatório do Prof. Bales, podemos verificar quão precisa é a descrição da pessoa de Davis. As características do personagem, analisadas ao longo das quatro fases do filme, mediante diferentes métodos e teorias, se ajustam perfeitamente às descritas anteriormente. Especialmente aquelas que se referem às conseqüências de seu comportamento em nível pessoal, e ao impacto no grupo, na realização da tarefa e na cultura organizacional.

Numa visão analítica da Sinopse do Gráfico de Barras, o Relatório Bales oferece algumas considerações e pistas cruciais para o desenvolvimento pessoal de Davis.

Na tabela da Figura 5.25, podemos observar que do conjunto de **Valores que Contribuem para um Trabalho Eficaz em Equipe**, a maioria dos valores encontra-se alinhada com o que foi considerado mais eficaz na pesquisa do Symlog junto a mais de 2 milhões de líderes/gestores ou membros de grupos. Apenas encontram-se superenfatizados três valores: a popularidade e o sucesso social, ser querido e admirado; a proteção dos membros menos capacitados, oferecimento de ajuda quando necessário; e amizade, satisfação mútua e recreação. Vale a pena destacar que os três valores incluem aspectos de afeto positivo. Podemos inferir que este tipo de valor, no contexto em que o Davis se encontrava, era totalmente relevante. Ele intencionava motivar o grupo a gastar algum tempo para considerar e pensar se é possível não ter uma dúvida cabível quando as provas e o processo apresentavam tantas falhas. Necessitava sem dúvida de muita competência para reverter o escore de 11 × 1.

Dentre os **Valores que Podem ser Necessários às Vezes, mas Perigosos**, Davis mantém um bom alinhamento com os resultados da pesquisa Symlog. Apenas dois dos valores dessa categoria apresentam-se superenfatizados: o Reforço Ativo da Autoridade, regras e regulamentos e o Conservadorismo, formas estabelecidas e "corretas" de fazer as coisas. Ambos os valores podem ser explicados também pelas demandas do contexto em que a tomada de decisão devia ser realizada. Em vários momentos ao longo das quatro fases do gru-

Comparação do seu perfil com o ponto acima para um trabalho eficaz em equipe
Relacionamento para norma: próximo (=), acima (+), embaixo (–)

Item			=	+	–
Valores que Contribuem para um Trabalho Eficaz em Equipe					
2	UP	Popularidade e sucesso social, ser querido(a) e admirado(a)			X
3	UPF	Trabalho proativo em equipe, voltado para as metas comuns, unidade organizacional	X		
4	UF	Eficiência, gestão firme e imparcial	X		
8	UB	Humor exagerado, alívio de tensão, relaxamento dos controles	X		
9	UPB	Proteção dos membros menos capacitados, oferecimento de ajuda quando necessário			X
10	P	Igualdade, participação democrática nas tomadas de decisão	X		
11	PF	Idealismo responsável, colaboração no trabalho	X		
16	B	Mudança para novos procedimentos, valores diferentes, criatividade	X		
17	PB	Amizade, satisfação mútua, recreação			X
18	DP	Confiança na bondade dos outros	X		
19	DPF	Dedicação, fidelidade, lealdade à organização			X
20	DF	Obediência à hierarquia do comando, comportamentos de acordo com a autoridade	X		
21	DNF	Auto-sacrifício, se necessário, para atingir as metas da organização			X
Valores que Podem ser Necessários às Vezes, mas Perigosos					
1	U	Sucesso financeiro individual, proeminência pessoal e poder			X
5	UNF	Reforço ativo da autoridade, regras e regulamentos		X	
6	UN	Intransigência, assertividade auto-orientada			X
12	F	Conservadorismo, formas estabelecidas e "corretas" de fazer as coisas		X	
13	NF	Contenção dos desejos individuais em favor das metas organizacionais			X
Valores que Quase Sempre Interferem no Trabalho em Equipe					
7	UNB	Rudeza, individualismo auto-orientado, resistência à autoridade			X
14	N	Autoproteção, primazia dos interesses próprios, auto-suficiência	X		
15	NB	Rejeição aos procedimentos estabelecidos, rejeição ao conformismo			X
22	DN	Rejeição passiva da popularidade, auto-isolamento	X		
23	DNB	Resignação ante o fracasso, retraimento do esforço			X
24	DB	Resistência passiva à cooperação com a autoridade	X		
25	DPB	Contentamento, despreocupação			X
26	D	Renúncia a necessidades e desejos pessoais, passividade	X		

Figura 5.25 – Sinopse do gráfico de barras de Davis

po, Davis recorreu a esses valores como uma forma de garantir a realização competente da tomada de decisão, especialmente enfrentando determinados jurados que tendiam a menosprezar a tarefa, a desrespeitar o grupo ou desistir, apelando para a autoridade superior.

Já entre os **Valores que Quase Sempre Interferem no Trabalho em Equipe**, os valores de Davis encontram-se absolutamente alinhados com os resultados da pesquisa Symlog. Esse alinhamento reflete bem a forma de agir de Davis, que se manteve ao longo de todos os momentos do processo numa postura de ajuda e mediação, não incorrendo em qualquer um dos pecados capitais do líder, nem mesmo recorrendo ao abuso de autoridade para conseguir a adesão dos outros a suas propostas.

Que recomendações o Relatório Bales oferece a um perfil tão competente como o de Davis?

O objetivo das recomendações é contribuir com o desenvolvimento pessoal. O caráter educacional do Relatório Bales estimula que as pessoas atinjam completamente o perfil da pesquisa. Mais do que oferecer alguma recomendação do tipo receita ou admoestação, o Relatório Bales levanta algumas hipóteses para que a pessoa possa refletir individualmente, possa testar as hipóteses do Relatório junto a terceiros, sejam eles os que lhe ofereceram avaliação ou não, e outras tantas formas que cada pessoa venha a encontrar para desenvolver-se.

A contribuição do Relatório Bales permite conceber um ajuste fino dos valores e comportamentos requeridos, uma vez que indica com muita precisão que valores podem estar afetando negativamente a competência pessoal ou grupal. Ele é, portanto, normativo: permite que as pessoas que o recebem possam conceber Planos de Desenvolvimento Individual, planos para a equipe, e, mesmo, normas e políticas para a organização que venham a alavancar a educação corporativa, o desenvolvimento de competências, o realinhamento dos sistemas de recompensas etc.

Os alertas ou recomendações para Davis.

As hipóteses em relação ao comportamento excessivo de busca de popularidade e sucesso social, ser querido e admirado são: avaliar até que ponto esse comportamento não é uma forma de manipulação dos demais em benefício próprio; ocupar em demasia o grupo consigo mesmo, retirando a oportunidade ou espaço de os outros poderem ser queridos e admirados também; ocupar muito o tempo do grupo com a fala individual, impedindo os outros de ter espaço para falar.

As hipóteses relativas à proteção dos membros menos capacitados, oferecendo ajuda quando necessário são: pode gerar dependência dos demais; pode ser resultado de você ter uma percepção de haver excesso de pressão sobre uma determinada pessoa ou o grupo como um todo por parte da autoridade e você quer minimizar este fato; suas reações podem também ser realistas e os demais não estarem sensíveis para o problema de alguns dos membros ou grupo como um todo que requerem proteção frente à autoridade. Uma boa idéia será identificar e pedir ajuda a algum membro do grupo que esteja sensível e possa assumir a liderança para mediar o conflito.

As hipóteses para o excesso de amizade, satisfação mútua, recreação são: analisar se isso não decorre de uma fantasia desejante e ao mesmo tempo observar se não há algum tipo de tensão ligada à tarefa que o grupo necessita desenvolver. O excesso, em todo caso, é um indício de problema potencial que necessita ser entendido. O redesenho da tarefa para que inclua momentos de prazer e recreação pode ser uma necessidade real e importante.

As hipóteses relativas ao reforço ativo da autoridade, regras e regulamentos são: monitorar a tentação, na maioria das vezes justificada moralmente, de recorrer a estes valores quando a situação se torna mais desafiante ou ameaçadora. As conseqüências devido a diferenças de percepção entre as pessoas sobre a importância desse recurso, sobre o grau de ameaça, faz com que, na maioria das vezes, o grupo se polarize entre os "autoritários" e os "antiautoritários", com indignação moral de ambos os lados. Este tipo de polarização ocorre com freqüência em contextos de negócios, na família, em situações de tomada de decisão e é uma das polarizações mais perigosas quando em escalada. Outra sugestão é mover-se na direção à liderança mais amigável e democrática, quando percebido desta forma, ou pelo menos dar apoio àqueles que estão nessa direção.

As hipóteses relativas a conservadorismo, formas estabelecidas e "corretas" de fazer as coisas são: é necessário um equilíbrio entre esses valores e aqueles de mudança para novos procedimentos, valores diferentes, criatividade; nesses últimos valores você exibe uma excelente pontuação, o que denota um bom grau de flexibilidade, o que ajuda para a eficácia do grupo. Deve observar que fatores fazem com que você enfatize os valores conservadores e tentar manter o mesmo equilíbrio que você exibe em relação ao valor oposto.

Como conclusão, vale destacar que o comportamento de Davis, observado a partir de diferentes teorias e métodos, apresenta um perfil de extrema competência; é um tipo que, embora considerado ideal, é encontrado poucas vezes na vida real e mesmo no cinema.

Davis inicia o seu desempenho no grupo declarando a sua intenção; a observação do seu comportamento nos permite identificar e acompanhar sua teoria tácita de ação, isto é, suas competências, e verificar como elas são compatíveis com a sua intenção, com estratégias de ação consistentes com a sua teoria tácita, sendo capaz ao mesmo tempo de revelar ao longo do processo de trabalho e tomada de decisão os seus estados emocionais correlatos (sucesso/insucesso psicológico), assim como a sua capacidade de autocorreção da teoria-em-uso na ação.

TERCEIRA PARTE

Usos do Método Symlog no Brasil

Capítulo 6

Múltiplas Aplicações Nacionais do Symlog por V&A

Introdução

A filosofia de intervenção de Valença & Associados – Aprendizagem Organizacional (V&A) e o Symlog Consulting Group (SCG) implica processos integrados de mudança planejada e aprendizagem organizacional com as seguintes características:

- Uma abordagem de reflexão coletiva para esclarecer valores e estratégias de ação de modo a implementar escolhas claras para uma melhora significativa da prática coletiva e da aprendizagem em grupo.

- Um método preciso que usa informações válidas para enriquecer o diálogo produtivo, a reflexão crítica e o trabalho em equipe, de modo a elevar a motivação e promover o comprometimento.

- Um processo contínuo que unifica diversas pessoas para que as metas comuns sejam atingidas em situações freqüentemente variadas e difíceis, de modo que as pessoas aumentem a consistência e a congruência entre o que intencionam fazer e o que fazem de fato.

A parceria de serviços entre o SCG e V&A oferece três focos principais de atuação integrada: Desenvolvimento da Liderança, Desenvolvimento do Trabalho em Equipe e Aprendizagem Organizacional.

Este processo estimula a consciência dos valores e estratégias de ação pessoais e coletivas, aumentando a probabilidade de que os esforços das equipes ou unidades funcionais sejam bem-sucedidos. Com a reflexão sobre valores e prática concreta nos grupos, equipes e organizações, a aprendizagem coletiva acontecerá e a adaptação às condições de mudança passará a ser um processo acolhido e estimulado por todos.

A atuação nesse processo ocorre através da observação (através da avaliação dos valores, traços pessoais ou comportamentais), feedback (sessões conduzidas pelos consultores certificados pelo Symlog Consulting Group), interação (discussão dos resultados das pesquisas dentro do grupo, equipe ou organização) e educação continuada (levantamentos periódicos para avaliar as mudanças e monitorar o progresso diante de planos de mudança).

As aplicações do Symlog permitem o uso de instrumentos flexíveis, adaptáveis para várias situações e complexidades, em múltiplos níveis, tendo sido usadas com sucesso em circunstâncias como relações com clientes, fusões ou formação intercultural de equipes etc.

Nas páginas seguintes ilustramos as aplicações do Método Symlog no Brasil através da pesquisa de Cultura Organizacional, Desenvolvimento de Liderança e Desenvolvimento de Equipes, além de uma aplicação de Pesquisa de Imagem.

Capítulo 7

Aplicações Symlog

*Colaboração de Ana Clara Vinhas
e João Grafuliano Glasner de Lima*

1. Aplicação de Cultura Organizacional

1.1. O que é Aplicação de Cultura Organizacional

A aplicação de Cultura Organizacional foi elaborada para que os membros de organizações ou grupos selecionados pudessem pensar sobre sua experiência com a organização e considerar filosofia, políticas e procedimentos, além da maneira como os membros interagem entre si e com os clientes.

1.2. Foco

- Valores para o trabalho em equipe.
- Exame de como sua organização funciona atualmente.
- Avaliação da maneira como as filosofias, políticas, procedimentos e sistemas de recompensas afetam o grupo e como os membros interagem entre si e com os clientes.
- Importância da melhoria da cultura da sua organização e do compromisso com as metas.

1.3. O que se Pode Alcançar

- Melhora considerável da *performance* e da produtividade.
- Criatividade organizacional ideal, flexibilidade e responsividade com as condições de mercado.

- Uma forte estrutura de trabalho e foco centrado na melhoria contínua da qualidade.
- Um método preciso de medição e monitoração de resultados ao longo do tempo.

1.4. Tipos de Feedback

- A cultura atual da organização.
- Os valores do sistema de recompensas.
- As percepções dos clientes.
- O futuro desejado de orientação para a eficácia.

1.5. O que Você Faz

- Exame da cultura organizacional atual.
- Avaliação da eficácia organizacional diante de um perfil ideal baseado na pesquisa.
- Avaliação dos valores recompensados em toda a organização.
- Consideração das percepções que clientes e consumidores têm a respeito da organização.
- Dedicação e resolução dos conflitos crônicos.
- Comparação das condições atuais com as metas para a eficácia futura.
- Como um grupo, desenho de planos de ação para aumentar a eficácia organizacional.
- Iniciação de estratégias para implementar melhoria organizacional contínua.

1.6. Tempo Requerido

- 30 a 40 minutos para preencher os questionários.
- 3 dias (24 horas) para o seminário de devolução e feedback.

1.7. Para Este Tipo de Avaliação São Feitas Quatro Perguntas

1. Em geral, que tipos de valores são exibidos habitualmente na cultura da sua organização?
2. Em geral, que tipos de valores precisam ser exibidos na cultura de sua organização, no futuro, para que ela seja mais eficaz?
3. Em geral, que tipos de valores são realmente recompensados em sua organização, a partir do comportamento habitual de seus membros?
4. Em geral, que tipos de valores você supõe que seus clientes mais significativos ou seus consumidores usem para classificar sua organização pelo que ela lhe mostra?

1.8. Aplicações

As aplicações de Cultura Organizacional foram feitas em sua maioria como um diagnóstico inicial, cujo resultado subsidiou o seminário inaugural de Diagnóstico Sistêmico realizado com os clientes, no início das intervenções.

A experiência de Valença & Associados em aplicações de Cultura Organizacional envolve órgãos públicos, empresas privadas e associações profissionais.

1.9. Aplicações em Órgãos Públicos

Contexto

Para diagnóstico inicial dos valores individuais e organizacionais presentes na cultura de Secretarias de Estado, autarquias e órgãos da Administração Municipal.

Duas aplicações serão ilustradas a seguir. A primeira foi realizada com 126 participantes em um órgão da Administração Municipal, enquanto que a segunda foi realizada com 297 participantes em uma Secretaria de Estado.

Resultados

Ilustração 1: Empresa Pública 1

O gráfico de barras relativo à cultura atual mostra que, de acordo com a média recebida por todos os avaliadores, os valores mais característicos parecem ser: idealismo responsável e colaboração no trabalho. Os membros vistos

136 MÉTODO SYMLOG E APRENDIZAGEM ORGANIZACIONAL

Gráfico de barras da média de todas as avaliações feitas sobre: *CUR Página 1
Pergunta sobre avaliação: **Em geral, que tipos de valores são exibidos habitualmente na cultura de sua organização?**

Relatório Baseado nas Avaliações Agregadas

Tipo: UPF
Avaliações: 126   Localização final: O.5U 3.9P 3.1F

A barra de X — a avaliação média sobre cada item
■ — a localização ótima para a maioria dos trabalhos eficazes

#	Código	Descrição	Raramente	Às Vezes	Freqüentemente
1	U	Sucesso financeiro individual, proeminência pessoal e poder			
2	UP	Popularidade e sucesso social, ser querido(a) e admirado(a)			
3	UPF	Trabalho proativo em equipe, voltado para as metas comuns, unidade organizacional			
4	UF	Eficiência, gestão firme e imparcial			
5	UNF	Reforço ativo da autoridade, regras e regulamentos			
6	UN	Intransigência, assertividade auto-orientada			
7	UNB	Rudeza, individualismo auto-orientado, resistência à autoridade			
8	UB	Humor exagerado, alívio de tensão, relaxamento dos controles			
9	UPB	Proteção dos membros menos capacitados, oferecimento de ajuda quando necessário			
10	P	Igualdade, participação democrática nas tomadas de decisão			
11	PF	Idealismo responsável, colaboração no trabalho			
12	F	Conservadorismo, formas estabelecidas e "corretas" de fazer as coisas			
13	NF	Contenção dos desejos individuais em favor das metas organizacionais			
14	N	Autoproteção, primazia dos interesses próprios, auto-suficiência			
15	NB	Rejeição aos procedimentos estabelecidos, rejeição ao conformismo			
16	B	Mudança para novos procedimentos, valores diferentes, criatividade			
17	PB	Amizade, satisfação mútua, recreação			
18	DP	Confiança na bondade dos outros			
19	DPF	Dedicação, fidelidade, lealdade à organização			
20	DF	Obediência à hierarquia de comando, comportamentos de acordo com a autoridade			
21	DNF	Auto-sacrifício, se necessário para atingir as metas da organização			
22	DN	Rejeição passiva da popularidade, auto-isolamento			
23	DNB	Resignação ante o fracasso, retraimento do esforço			
24	DB	Resistência passiva à cooperação com a autoridade			
25	DPB	Contentamento, despreocupação			
26	D	Renúncia a necessidades e desejos pessoais, passividade			

Copyright 2002 Symlog Consulting Group, 18580 Polvera Dr., San Diego, CA 92128. (858) 673-2098.
Versão autorizada por R.F. Bales.
Todos os direitos reservados.
Tradução de Valença & Associados.

Figura 7.1 – Gráfico de barras: empresa pública 1

nesta localização têm um equilíbrio particular de valores, o que é estratégico na promoção do trabalho em equipe. Geralmente os membros da organização não mostram excesso de domínio ou submissão. Dão igual ênfase às solicitações da tarefa e às necessidades de integração do grupo. Freqüentemente mostram uma preocupação altruísta não só com os membros da equipe, ou do grupo, mas também com o bem-estar de outros indivíduos e grupos. Os outros tendem a descrever estes membros como sinceramente "bons". Seus valores se ajustam às necessidades do grupo para o trabalho cooperativo dentro do grupo, e com outros grupos, com um mínimo de efeitos colaterais indesejados.

O Diagrama de Campo demonstra que tanto a cultura desejada para organização ser mais eficaz no futuro como as expectativas que os participantes têm em relação à forma como acreditam ser vistos pelos principais clientes, fornecedores e usuários, obtiveram um resultado semelhante: idealismo responsável, colaboração no trabalho, participação democrática.

Na média, os valores percebidos como praticados habitualmente e recompensados na organização são: idealismo responsável, colaboração no trabalho.

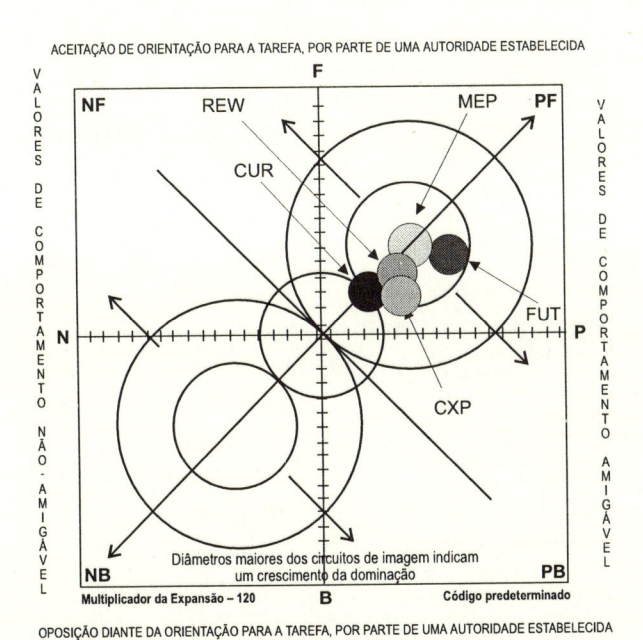

Figura 7.2 – Diagrama de campo: empresa pública 1

Resultados

Ilustração 2: Empresa Pública 2

O gráfico de barras relativo à cultura atual mostra que, de acordo com a média recebida por todos os avaliadores, os valores mais característicos pare-

Gráfico de barras da média de todas as avaliações feitas sobre: *CUR Página 1
Pergunta sobre avaliação: **Em geral, que tipos de valores são exibidos habitualmente na cultura de sua organização?**

Relatório Baseado nas Avaliações Agregadas

Tipo: O
Avaliações: 297   Localização final: O.0U O.6P 3.0F

A barra de X — a avaliação média sobre cada item
■ — a localização ótima para a maioria dos trabalhos eficazes

#		Item	Raramente / Às Vezes / Freqüentemente
1	U	Sucesso financeiro individual, proeminência pessoal e poder	
2	UP	Popularidade e sucesso social, ser querido(a) e admirado(a)	
3	UPF	Trabalho proativo em equipe, voltado para as metas comuns, unidade organizacional	
4	UF	Eficiência, gestão firme e imparcial	
5	UNF	Reforço ativo da autoridade, regras e regulamentos	
6	UN	Intransigência, assertividade auto-orientada	
7	UNB	Rudeza, individualismo auto-orientado, resistência à autoridade	
8	UB	Humor exagerado, alívio de tensão, relaxamento dos controles	
9	UPB	Proteção dos membros menos capacitados, oferecimento de ajuda quando necessário	
10	P	Igualdade, participação democrática nas tomadas de decisão	
11	PF	Idealismo responsável, colaboração no trabalho	
12	F	Conservadorismo, formas estabelecidas e "corretas" de fazer as coisas	
13	NF	Contenção dos desejos individuais em favor das metas organizacionais	
14	N	Autoproteção, primazia dos interesses próprios, auto-suficiência	
15	NB	Rejeição aos procedimentos estabelecidos, rejeição ao conformismo	
16	B	Mudança para novos procedimentos, valores diferentes, criatividade	
17	PB	Amizade, satisfação mútua, recreação	
18	DP	Confiança na bondade dos outros	
19	DPF	Dedicação, fidelidade, lealdade à organização	
20	DF	Obediência à hierarquia de comando, comportamentos de acordo com a autoridade	
21	DNF	Auto-sacrifício, se necessário para atingir as metas da organização	
22	DN	Rejeição passiva da popularidade, auto-isolamento	
23	DNB	Resignação ante o fracasso, retraimento do esforço	
24	DB	Resistência passiva à cooperação com a autoridade	
25	DPB	Contentamento, despreocupação	
26	D	Renúncia a necessidades e desejos pessoais, passividade	

Copyright 2002 Symlog Consulting Group, 18580 Polvera Dr., San Diego, CA 92128. (858) 673-2098.   Todos os direitos reservados.
Versão autorizada por R.F. Bales.   Tradução de Valença & Associados.

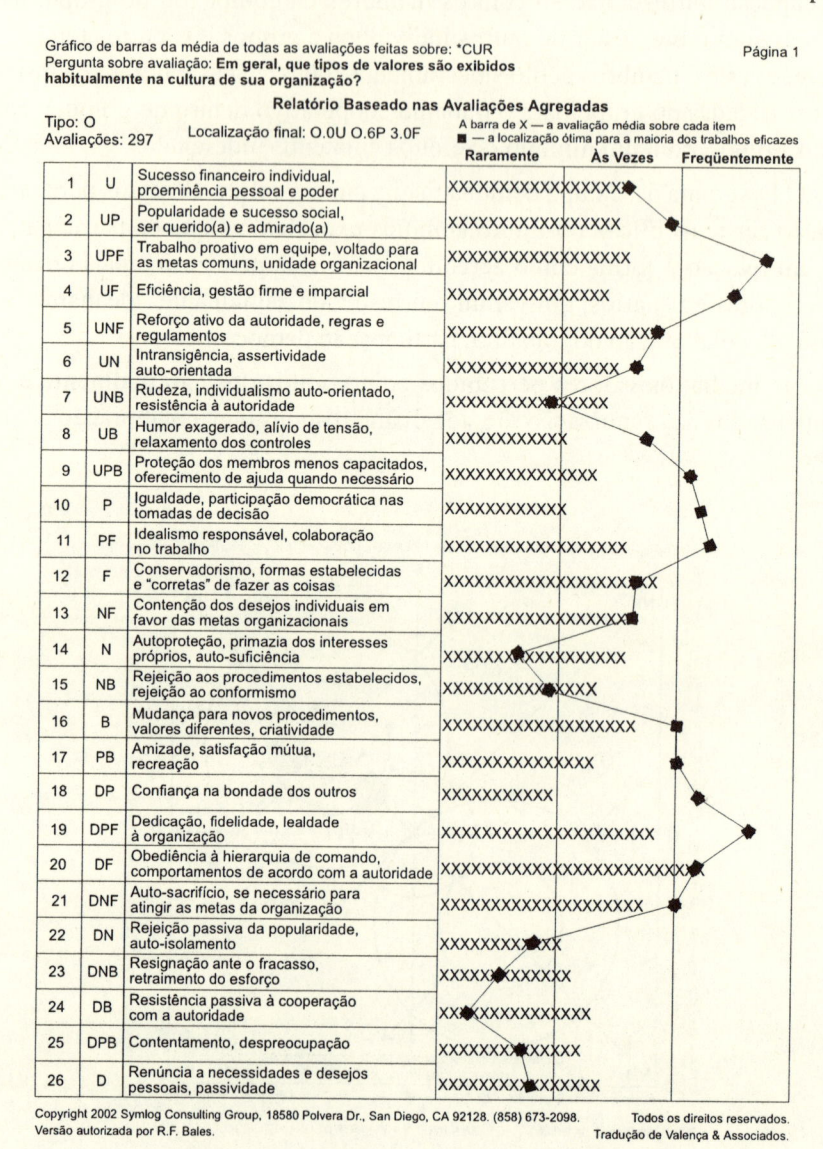

Figura 7.3 – Gráfico de barras: empresa pública 2

cem ser: Está na "área de balanceamento", a média final é ambígua quanto a seu significado.

O diagrama de campo permite as seguintes interpretações:

Em relação à cultura atual e aos valores recompensados de fato na organização, a média final das avaliações dadas neste caso está muito próxima ao centro de todas as três maiores dimensões, no diagrama de campo. Nenhuma das três dimensões está definitivamente marcada como um resultado das avaliações. A média final é ambígua quanto a seu significado. Pode ser que as impressões que os avaliadores tinham em mente não estivessem muito claras. Ou pode ser que as impressões estivessem realmente claras, mas opostas por natureza e apresentaram uma tendência a cancelarem uma a outra no cálculo da localização final no diagrama de campo. Ou pode ser que as impressões tenham sido formadas a partir de uma fonte que mostra características conflitantes e equivocadas.

Os valores idealizados para o futuro, mais característicos, parecem ser: idealismo responsável, colaboração no trabalho e participação democrática.

Os membros deste tipo tendem a ser bons, práticos, estáveis e confiáveis. São amigáveis, mas não muito calorosos. Tendem a assumir que as pessoas com autoridade são benevolentes, e eles próprios são responsivos. Estão preocupados em fazer um bom trabalho. Acreditam em eqüidade, justiça e altruísmo, tanto no interior do grupo como entre grupos. Geralmente estão felizes por seguirem os líderes que representam seu ideal de autoridade benevolente, mas tendem a não assumir a liderança. Geralmente tendem a assumir o melhor dos outros, e a procurar o melhor. Em alguns casos, podem não ser críticos.

A percepção idealizada dos clientes em relação à organização é de idealismo responsável e colaboração no trabalho.

Os membros vistos nesta localização têm um equilíbrio particular de valores que é estratégico na promoção do trabalho em equipe. Geralmente não mostram excesso de domínio ou submissão. Dão igual ênfase às solicitações da tarefa e às necessidades de integração do grupo. Freqüentemente mostram uma preocupação altruísta não só com os membros da equipe, ou do grupo, mas também com o bem-estar de outros indivíduos e grupos. Os outros tendem a descrever estes membros como sinceramente "bons". Seus valores se ajustam às necessidades do grupo para o trabalho cooperativo dentro do grupo, e com outros grupos, com um mínimo de efeitos colaterais indesejados.

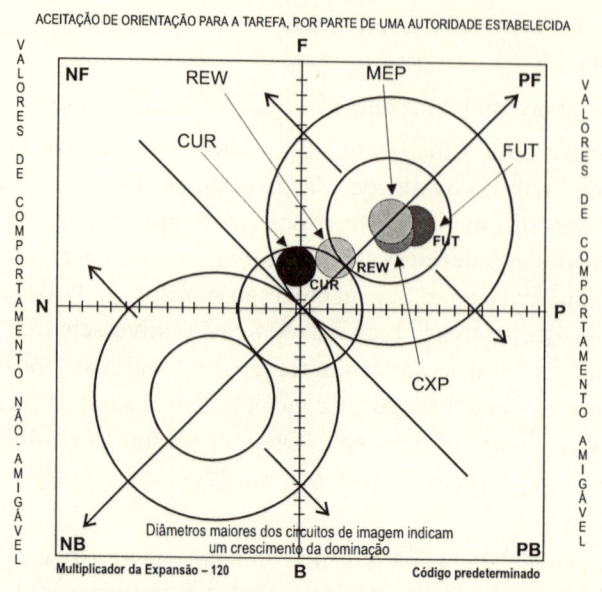

Figura 7.4 – Diagrama de campo: empresa pública 2

1.10. Aplicações em Empresas Privadas

Contexto

Para diagnóstico inicial dos valores individuais e organizacionais presentes na cultura de organizações de natureza privada dos setores bancário, transportes e varejo.

Duas aplicações serão ilustradas a seguir. A primeira foi realizada com 508 participantes de empresa varejista, enquanto que a segunda foi realizada com 282 participantes em uma empresa do setor bancário.

Resultados

Ilustração 1: Empresa Privada 1

O gráfico de barras relativo à cultura atual mostra que, de acordo com a avaliação recebida de todos os avaliadores, os valores mais característicos parecem ser: conservadorismo, formas estabelecidas e "corretas" de fazer as coisas.

O comportamento dos membros da organização tende a ser convencional, com aceitação literal e incontestável da tarefa, exatamente da forma como ela foi

APLICAÇÕES SYMLOG

Gráfico de barras da média de todas as avaliações feitas sobre: *CUR Página 1
Pergunta sobre avaliação: **Em geral, que tipos de valores são exibidos habitualmente na cultura de sua organização?**

Relatório Baseado nas Avaliações Agregadas

Tipo: F
Avaliações: 508   Localização final: O.0U O.6P 3.0F

A barra de X — a avaliação média sobre cada item
■ — a localização ótima para a maioria dos trabalhos eficazes

#	Cód.	Descrição	Raramente / Às Vezes / Freqüentemente
1	U	Sucesso financeiro individual, proeminência pessoal e poder	
2	UP	Popularidade e sucesso social, ser querido(a) e admirado(a)	
3	UPF	Trabalho proativo em equipe, voltado para as metas comuns, unidade organizacional	
4	UF	Eficiência, gestão firme e imparcial	
5	UNF	Reforço ativo da autoridade, regras e regulamentos	
6	UN	Intransigência, assertividade auto-orientada	
7	UNB	Rudeza, individualismo auto-orientado, resistência à autoridade	
8	UB	Humor exagerado, alívio de tensão, relaxamento dos controles	
9	UPB	Proteção dos membros menos capacitados, oferecimento de ajuda quando necessário	
10	P	Igualdade, participação democrática nas tomadas de decisão	
11	PF	Idealismo responsável, colaboração no trabalho	
12	F	Conservadorismo, formas estabelecidas e "corretas" de fazer as coisas	
13	NF	Contenção dos desejos individuais em favor das metas organizacionais	
14	N	Autoproteção, primazia dos interesses próprios, auto-suficiência	
15	NB	Rejeição aos procedimentos estabelecidos, rejeição ao conformismo	
16	B	Mudança para novos procedimentos, valores diferentes, criatividade	
17	PB	Amizade, satisfação mútua, recreação	
18	DP	Confiança na bondade dos outros	
19	DPF	Dedicação, fidelidade, lealdade à organização	
20	DF	Obediência à hierarquia de comando, comportamentos de acordo com a autoridade	
21	DNF	Auto-sacrifício, se necessário para atingir as metas da organização	
22	DN	Rejeição passiva da popularidade, auto-isolamento	
23	DNB	Resignação ante o fracasso, retraimento do esforço	
24	DB	Resistência passiva à cooperação com a autoridade	
25	DPB	Contentamento, despreocupação	
26	D	Renúncia a necessidades e desejos pessoais, passividade	

Copyright 2002 Symlog Consulting Group, 18580 Polvera Dr., San Diego, CA 92128. (858) 673-2098.
Versão autorizada por R.F. Bales.
Todos os direitos reservados.
Tradução de Valença & Associados.

Figura 7.5 – Gráfico de barras: empresa privada 1

142 MÉTODO SYMLOG E APRENDIZAGEM ORGANIZACIONAL

definida pela autoridade. Há uma tendência à realização de atividades bem definidas, organizadas e sob controle, de forma que nenhuma falha seja encontrada.

De acordo com o diagrama de campo:

Os respondentes percebem a organização praticando e recompensando valores relacionados ao conservadorismo, formas estabelecidas e "corretas" de fazer as coisas.

No entanto, desejam: "idealismo responsável, trabalho colaborativo e participação democrática", assim como acreditam que os clientes percebem a organização dessa forma:

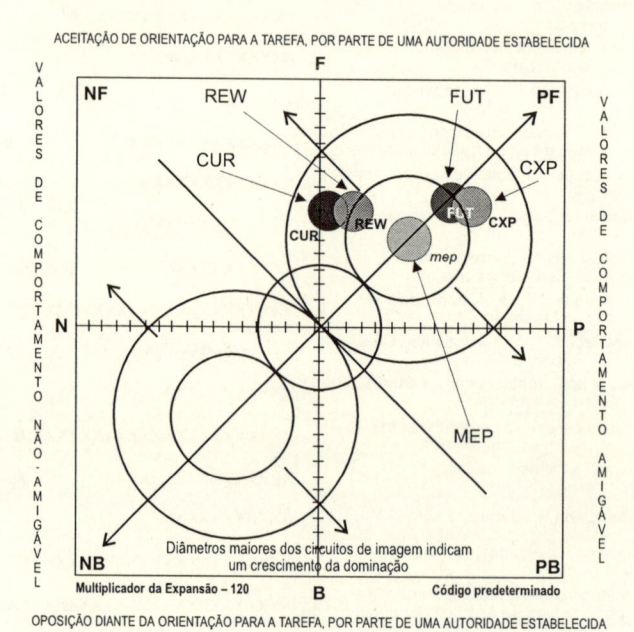

Figura 7.6 – Diagrama de campo: empresa privada 1

Resultados

Ilustração 2: Empresa Privada 2

O gráfico de barras descreve resumidamente que os valores médios parecem ser: conservadorismo, formas estabelecidas e "corretas" de fazer as coisas, idealismo responsável e colaboração no trabalho.

APLICAÇÕES SYMLOG 143

Gráfico de barras da média de todas as avaliações feitas sobre: *CUR   Página 1
Pergunta sobre avaliação: **Em geral, que tipos de valores são exibidos habitualmente na cultura de sua organização?**

Relatório Baseado nas Avaliações Agregadas

Tipo: PF
Avaliações: 282   Localização final: O.0U O.6P 3.0F

A barra de X — a avaliação média sobre cada item
■ a localização ótima para a maioria dos trabalhos eficazes

Raramente   Às Vezes   Freqüentemente

#	Tipo	Descrição	
1	U	Sucesso financeiro individual, proeminência pessoal e poder	XXXXXXXXXXXXXXXXXXXXX
2	UP	Popularidade e sucesso social, ser querido(a) e admirado(a)	XXXXXXXXXXXXXXXXXXXXXXX
3	UPF	Trabalho proativo em equipe, voltado para as metas comuns, unidade organizacional	XXXXXXXXXXXXXXXXXXXXXX
4	UF	Eficiência, gestão firme e imparcial	XXXXXXXXXXXXXXXXXXXXX
5	UNF	Reforço ativo da autoridade, regras e regulamentos	XXXXXXXXXXXXXXXXXXXXXXXXX
6	UN	Intransigência, assertividade auto-orientada	XXXXXXXXXXXXXXXX
7	UNB	Rudeza, individualismo auto-orientado, resistência à autoridade	XXXXXXXXXXXXX
8	UB	Humor exagerado, alívio de tensão, relaxamento dos controles	XXXXXXXXXXX
9	UPB	Proteção dos membros menos capacitados, oferecimento de ajuda quando necessário	XXXXXXXXXXXXXXXXX
10	P	Igualdade, participação democrática nas tomadas de decisão	XXXXXXXXXXXXXXXX
11	PF	Idealismo responsável, colaboração no trabalho	XXXXXXXXXXXXXXXXXXXXXXXXX
12	F	Conservadorismo, formas estabelecidas e "corretas" de fazer as coisas	XXXXXXXXXXXXXXXXXXXXXXXX
13	NF	Contenção dos desejos individuais em favor das metas organizacionais	XXXXXXXXXXXXXXXXXXXXX
14	N	Autoproteção, primazia dos interesses próprios, auto-suficiência	XXXXXXXXXXXXXXXXX
15	NB	Rejeição aos procedimentos estabelecidos, rejeição ao conformismo	XXXXXXXXXXXX
16	B	Mudança para novos procedimentos, valores diferentes, criatividade	XXXXXXXXXXXXXXXXXXXXXX
17	PB	Amizade, satisfação mútua, recreação	XXXXXXXXXXXXXXXXXXXXXXX
18	DP	Confiança na bondade dos outros	XXXXXXXXXXXXXXX
19	DPF	Dedicação, fidelidade, lealdade à organização	XXXXXXXXXXXXXXXXXXXXXXXXXXXXXXX
20	DF	Obediência à hierarquia de comando, comportamentos de acordo com a autoridade	XXXXXXXXXXXXXXXXXXXXXXXXXXXX
21	DNF	Auto-sacrifício, se necessário para atingir as metas da organização	XXXXXXXXXXXXXXXXXXXXXXXXXXX
22	DN	Rejeição passiva da popularidade, auto-isolamento	XXXXXXX
23	DNB	Resignação ante o fracasso, retraimento do esforço	XXXXXXXXX
24	DB	Resistência passiva à cooperação com a autoridade	XXXXXXXXXXXX
25	DPB	Contentamento, despreocupação	XXXXXXXXXXXXX
26	D	Renúncia a necessidades e desejos pessoais, passividade	XXXXXXXXXXXXXX

Copyright 2002 Symlog Consulting Group, 18580 Polvera Dr., San Diego, CA 92128. (858) 673-2098.   Todos os direitos reservados.
Versão autorizada por R.F. Bales.   Tradução de Valença & Associados.

Figura 7.7 – Gráfico de barras: empresa privada 2

Os membros que se aproximam deste tipo estão preocupados primeiramente com a realização de um bom trabalho e como fazê-lo da forma certa. Eles nem são dominadores nem submissos, e não estão muito interessados em cultivar relações amigáveis com os outros. São sérios, reflexivos, controlados e têm pouco senso de humor. Geralmente se identificam com as demandas ou as exigências da autoridade. Eles querem ser capazes de aprovar o que fazem, em termos de seus próprios padrões, mas estes geralmente coincidem com aqueles determinados pela autoridade. Sua abordagem conscientemente operosa também se estende a um sentimento de obrigação com a manutenção de relações boas e confiáveis com os outros, e eles acreditam na cooperação, ou pelo menos na "lealdade". Mas não são calorosos nem muito igualitários, e tendem a tomar decisões mais em termos do que eles vêem como demandas da tarefa.

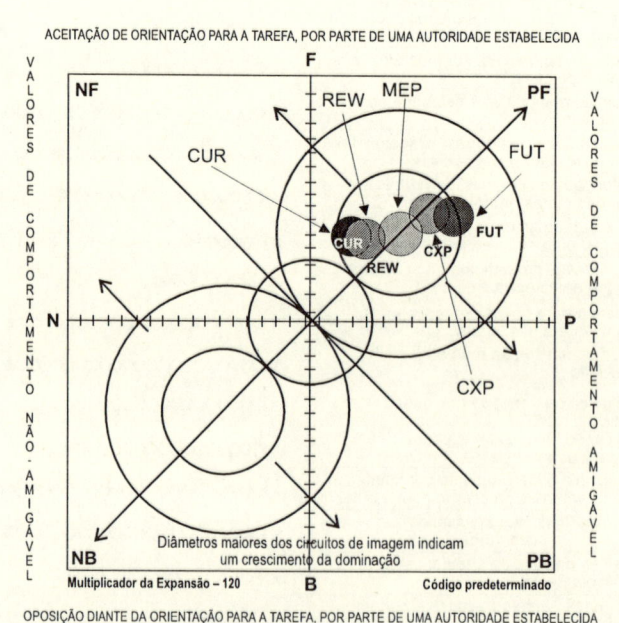

Figura 7.8 – Diagrama de campo: empresa privada 2

No diagrama de campo, os resultados levam à conclusão de que há um desejo ou a expectativa de um deslocamento da mera eficiência obediente e cortês para uma eficácia solidária. Os membros da organização mantêm uma crença na benevolência da autoridade e desejam relações mais amigáveis, eqüitativas, solidárias e justas. Esperam mais autonomia e delegação, mas sempre seguindo as orientações das autoridades benevolentes. Esperam melhoria nas relações, deslocando-se do senso de obrigação com a cortesia para normas de eqüidade, justiça e altruísmo.

1.11. Aplicação em Associação de Profissionais

Contexto

Foram efetuadas mais de 100 entrevistas entre profissionais liberais, sobre: (1) os valores atuais da prática da cultura daqueles profissionais no seu Estado; (2) os valores ideais para a prática da cultura dos profissionais no seu Estado para que ela seja mais eficaz no futuro; e (3) quais os valores de um líder eficaz.

Resultados

Valores Praticados Atualmente

De acordo com a média recebida por todos os avaliadores, os valores mais característicos parecem estar na "área de balanceamento. A média final das avaliações dadas neste caso está muito próxima ao centro de todas as três maiores dimensões, no diagrama de campo. Nenhuma das três dimensões está definitivamente marcada como um resultado das avaliações".

A média final é ambígua quanto a seu significado. Há três leituras ou hipóteses: 1) pode ser que as impressões que os avaliadores tinham em mente não estivessem muito claras; 2) pode ser que as impressões estivessem realmente claras, mas opostas por natureza e tivessem uma tendência a cancelarem uma à outra no cálculo da localização final no diagrama de campo; ou 3) pode ser que as impressões tenham sido formadas a partir de uma fonte que mostra características conflitantes e equivocadas.

No diagrama de campo, encontramos um grau excessivo de dispersão de respostas de valores, de tal modo que se configurou um ponto médio numa área considerada de indefinição ou de oscilação de valores de poder, afeto e realização da tarefa. Ou seja, não foi possível estabelecer um perfil que demonstrasse uma inclinação maior por um destes eixos, por dois ou mesmo pelos três eixos teóricos. Este fenômeno ocorre quando as avaliações, na média do grupo, tendem a subtrair as avaliações opostas entre eixos. Um exemplo: quando uma pessoa pontua alto em poder e uma outra pontua baixo em poder, isto acarreta a

146 MÉTODO SYMLOG E APRENDIZAGEM ORGANIZACIONAL

Gráfico de barras da média de todas as avaliações feitas sobre: *CUR Página 1
Pergunta sobre avaliação: **Em geral, que tipos de valores são exibidos habitualmente na prática efetiva dos profissionais de RH em Pernambuco?**

Relatório Baseado nas Avaliações Agregadas

Tipo: O
Avaliações: 297   Localização final: O.0U O.6P 3.0F

A barra de X — a avaliação média sobre cada item
■ — a localização ótima para a maioria dos trabalhos eficazes

#		Item	Raramente	Às Vezes	Freqüentemente
1	U	Sucesso financeiro individual, proeminência pessoal e poder			
2	UP	Popularidade e sucesso social, ser querido(a) e admirado(a)			
3	UPF	Trabalho proativo em equipe, voltado para as metas comuns, unidade organizacional			
4	UF	Eficiência, gestão firme e imparcial			
5	UNF	Reforço ativo da autoridade, regras e regulamentos			
6	UN	Intransigência, assertividade auto-orientada			
7	UNB	Rudeza, individualismo auto-orientado, resistência à autoridade			
8	UB	Humor exagerado, alívio de tensão, relaxamento dos controles			
9	UPB	Proteção dos membros menos capacitados, oferecimento de ajuda quando necessário			
10	P	Igualdade, participação democrática nas tomadas de decisão			
11	PF	Idealismo responsável, colaboração no trabalho			
12	F	Conservadorismo, formas estabelecidas e "corretas" de fazer as coisas			
13	NF	Contenção dos desejos individuais em favor das metas organizacionais			
14	N	Autoproteção, primazia dos interesses próprios, auto-suficiência			
15	NB	Rejeição aos procedimentos estabelecidos, rejeição ao conformismo			
16	B	Mudança para novos procedimentos, valores diferentes, criatividade			
17	PB	Amizade, satisfação mútua, recreação			
18	DP	Confiança na bondade dos outros			
19	DPF	Dedicação, fidelidade, lealdade à organização			
20	DF	Obediência à hierarquia de comando, comportamentos de acordo com a autoridade			
21	DNF	Auto-sacrifício, se necessário para atingir as metas da organização			
22	DN	Rejeição passiva da popularidade, auto-isolamento			
23	DNB	Resignação ante o fracasso, retraimento do esforço			
24	DB	Resistência passiva à cooperação com a autoridade			
25	DPB	Contentamento, despreocupação			
26	D	Renúncia a necessidades e desejos pessoais, passividade			

Copyright 2002 Symlog Consulting Group, 18580 Polvera Dr., San Diego, CA 92128. (858) 673-2098.   Todos os direitos reservados.
Versão autorizada por R.F. Bales.   Tradução de Valença & Associados.

Figura 7.9 – Gráfico de barras: associação de profissionais

anulação de uma avaliação pela outra, colocando o ponto num espaço de indefinição ou oscilação. Este fenômeno aconteceu para todos os três eixos, impossibilitando um perfil dominante.

De acordo com as respostas das avaliações da cultura atual da prática dos profissionais no seu Estado, podemos compreender melhor por que uma grande dispersão dos valores levou a um perfil de cultura oscilante, indefinido ou com ambigüidade.

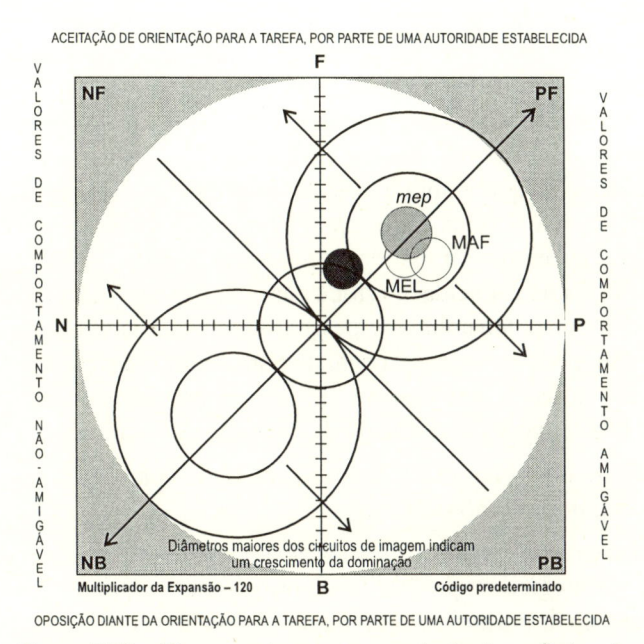

Figura 7.10 – Diagrama de campo: associação de profissionais

De acordo com a média recebida por todos os avaliadores, os valores mais característicos da prática desejada para o futuro parecem ser: "idealismo responsável, colaboração no trabalho e participação democrática".

"Os membros deste tipo de cultura tendem a ser bons, práticos, estáveis e confiáveis. São amigáveis, mas não muito calorosos. Tendem a assumir que as pessoas com autoridade são benevolentes e eles próprios são responsivos. Estão preocupados em fazer um bom trabalho. Acreditam em eqüidade, justiça e altruísmo, tanto no interior do grupo como entre os grupos. Geralmente estão felizes por seguir os líderes que representam o seu ideal de autoridade benevolente, mas tendem a não assumir a liderança. Geralmente tendem a assumir o melhor dos outros e a procurar o melhor. Em alguns casos podem não ser críticos."

Este é um perfil de liderança e cultura que podemos caracterizar pelo traço de "inspiração ou de seguimento idealista". Na verdade, neste tipo de cultura as pessoas demonstram baixo traço de poder, sem chegarem a ser submissas, mas caracterizadas pelo intenso grau de afetividade. São pessoas apreciativas (boas, estáveis, confiáveis, amigáveis). São dedicadas ao trabalho e querem fazê-lo competentemente. Procuram manter e criar relações equânimes, justas, sendo solidárias e altruístas. O traço mais forte é a apreciação de si e dos outros, naquilo que têm de mais competente, especialmente dos líderes, aos quais querem seguir com disponibilidade e com dedicação. Este é um perfil que, por seu caráter idealista, quase missionário, é muito favorável em redes de relações positivas e éticas, mas pode ser um perfil perigoso em relações com risco de observação mais objetiva da realidade, porque as pessoas podem perder o senso de reflexão ou de capacidade crítica para confrontos saudáveis. O traço da apreciação, tão raro e tão nobre nas pessoas humanas e nas culturas que valorizam a gratidão, pode servir para o bem ou para o contrário, nas relações tipicamente missionárias. É um tipo de cultura encontrado com freqüência em igrejas que mantêm coesão em torno de uma idéia comunitária.

O perfil do líder mais eficaz mais característico parece ser: idealismo responsável e colaboração no trabalho.

"Os membros vistos nesta localização têm um equilíbrio particular de valores que é estratégico na promoção do trabalho em equipe. Geralmente não mostram excesso de domínio ou submissão. Dão igual ênfase às solicitações da tarefa e às necessidades de integração do grupo. Freqüentemente mostram uma preocupação altruísta não só com os membros da equipe ou do grupo, mas também com o bem-estar de outros indivíduos e grupos. Os outros tendem a descrever estes membros como sinceramente "bons". Seus valores se ajustam às necessidades do grupo para o trabalho cooperativo dentro do grupo, e com outros grupos, com um mínimo de efeitos colaterais indesejados."

O perfil avaliado como do líder ideal para o trabalho dos profissionais é típico do ambiente de trabalho colaborativo em equipe. Um traço bom deste perfil, para a maioria das situações, é o seu equilíbrio no uso do poder, que nem é submisso nem dominador. No entanto, em muitas circunstâncias, pode haver dificuldades por esta situação extremamente "igualitária", sobretudo nas situações de emergência ou de estrita perícia técnica, situações nas quais o perfil pode ser menos eficaz por procurar sempre as decisões totalmente colaborativas. Este tipo de liderança está sempre preocupado em equilibrar o desempenho da tarefa e a coesão e o bem-estar do grupo, mas pode perder em eficácia e produtividade, em algumas situações, por falta de orientação mais intensa de poder. Outro traço muito importante é o estabelecimento da rede de relações colaborativas dentro do grupo e entre os grupos, com as pessoas procurando evitar as conseqüências indesejadas, decorrentes das ações isoladas ou competitivas. É um perfil ou tipo de líder com baixo poder de influência, cujas mediações são efeito do esforço de todo o grupo, estando muito preocupado com a manutenção do grupo, mas sempre responsável pelo desempenho harmonioso da tarefa.

O perfil internacional do Líder Mais Eficaz (MEP) avaliado em todos os continentes, em mais de quarenta países, é de um tipo de líder voltado para o Trabalho Proativo em Equipe, Voltado para as Metas Comuns e Unidade Organizacional.

O perfil do Líder Mais Eficaz (MEP) avaliado como ideal para a cultura da prática dos profissionais no seu Estado é do líder voltado para o Idealismo Responsável e Colaboração no Trabalho.

2. Aplicação de Pesquisa de Imagem Pública

2.1. O que é Aplicação de Pesquisa de Imagem Pública

A pesquisa de imagem pública é um levantamento da percepção pública e de imagem social relativas a "objetos" como produtos, serviços, marcas, pessoas, equipes, projetos e instituições. Permite um entendimento de como as pessoas percebem, sentem, julgam ou agem em relação a esses "objetos" em diferentes contextos.

2.2. Foco

- Percepção e avaliação de processos, eventos, pessoas, objetos e instituições.

2.3. O que se Pode Alcançar

- Conhecimento da percepção de determinados segmentos da sociedade sobre processos, eventos, pessoas, objetos e instituições.

- Suposição dos valores mais representativos praticados por pessoas públicas e personalidades.

2.4. Tipos de Feedback

- Síntese das opiniões sobre produtos, serviços, marcas, pessoas, equipes, projetos e instituições avaliados.

2.5. O que Você Faz

- Avaliação da imagem que você tem de produtos, serviços, marcas, pessoas, equipes, projetos e instituições.

2.6. Tempo Requerido

- 20 a 30 minutos para preenchimento do questionário.

2.7. Para Este Tipo de Avaliação é Feita Uma Pergunta

1. Em geral, que tipos de valores esta pessoa exibe em seu comportamento?

2.8. Aplicações

Contexto

Para demonstração da metodologia Symlog em pesquisas de imagem foi selecionada uma amostra de 187 torcedores de futebol do sexo masculino em sete capitais brasileiras – Recife, Goiânia, Salvador, João Pessoa, Maceió, Cuiabá e Curitiba –, com o objetivo de avaliar a imagem pública de quatro técnicos de futebol da Seleção Brasileira, do período de 1994 a abril de 2001.

Resultados

Os dados apresentados nos gráficos de barras e nos diagramas de campo, por cidade, foram sintetizados e apresentados por personalidade avaliada, conforme tabela a seguir.

Técnico	Cidades	Tipo	Descrição Geral
Técnico A (PF)	Recife Goiânia Salvador João Pessoa Maceió Cuiabá Curitiba	PF AVE PF PF AVE F AVE	• Preocupado primeiramente com a realização de um bom trabalho e como fazê-lo da forma certa. • Nem é dominador nem submisso, e não está muito interessado em cultivar relações amigáveis com os outros. • Sério, reflexivo, controlado, tem pouco senso de humor. • Geralmente se identifica com as demandas ou as exigências da autoridade. • Quer ser capaz de aprovar o que fazem, em termos de seus próprios padrões, mas estes geralmente coincidem com aqueles determinados pela autoridade. • Sua abordagem conscientemente operosa também se estende a um sentimento de obrigação com a manutenção de relações boas e confiáveis com os outros. • Acredita na cooperação, ou pelo menos na "lealdade". • Não é caloroso nem muito igualitário, e tende a tomar decisões mais em termos do que ele vê como demandas da tarefa.
	As opiniões se dividiram basicamente entre idealismo responsável e colaboração no trabalho (Recife, Salvador e João Pessoa), em contraponto a uma percepção ambígua e pouco clara dos pesquisados em relação à sua imagem (Goiânia, Maceió e Curitiba) onde foram identificadas opiniões opostas e conflitantes quanto aos valores praticados. Em apenas uma cidade o técnico foi visto como conservador, buscando formas "corretas" de fazer as coisas (Goiânia).			
Técnico B (F)	Recife Goiânia Salvador João Pessoa Maceió Cuiabá Curitiba	PF AVE F F PF F AVE	• Tende a ser limitado a assunções convencionais, com aceitação literal incontestável da tarefa, exatamente da forma como ela foi definida pela autoridade. • Sem qualquer flexibilidade, ou permissão para contextualização, sem consideração suficiente dos efeitos colaterais. • Parece ser estritamente analítico, orientado para a tarefa, persistente e impessoal. • Tem pouco ou nenhum senso de humor, pouca ou nenhuma habilidade para se ver como os outros o vêem. • Quer ter as coisas bem definidas, muito organizadas e sob controle, para que posteriormente, quando seu comportamento for revisto pela autoridade, como espera que seja, nenhuma falha legal possa ser encontrada.
	A maior incidência de percepções foi em relação ao conservadorismo, formas estabelecidas e "corretas" de fazer as coisas (Salvador, João Pessoa e Cuiabá). Em duas capitais houve pouca clareza, ambigüidade ou conflito de opiniões quanto aos valores exibidos pelo técnico (Goiânia e Curitiba). Em Recife e Maceió foi identificado o idealismo responsável e a colaboração no trabalho.			

Técnico	Cidades	Tipo	Descrição Geral
Técnico C (U)	Recife Goiânia Salvador João Pessoa Maceió Cuiabá Curitiba	U AVE U AVE U U AVE	Pode desejar ser invejado, talvez até temido, como superior aos outros. Pode falar muito de si mesmo, ou sobre os indivíduos ou grupos que estão nas posições de poder, e associar-se às pessoas poderosas, se possível. Pode falar sobre suas posses, para impressionar os outros, e sugerir que eles mesmos têm um *status* elevado e poder. Pode mostrar um grande interesse por sua própria força física, atividade, reforço, etc., ou pela riqueza, pelo avanço tecnológico, armas, ou símbolos de grandeza nacional, grandeza e invencibilidade. Pode mostrar um forte desejo de se superar ou derrotar os outros, para que seja o "número um". Pode ser muito ativo e dominador, fisicamente; pode falar muito, ignorar e interromper os outros.
			Em quatro das sete cidades pesquisadas (Recife, Salvador, Maceió e Cuiabá) foi visto como tendo uma predominância do valor de sucesso financeiro individual, proeminência pessoal e poder. Nas três cidades restantes (Goiânia, João Pessoa e Curitiba) não houve uma percepção comum, denotando ambigüidade, pouca clareza nas percepções, ou ainda conflitos de opiniões que se anularam entre si.
Técnico D (AVE)	Recife Goiânia Salvador João Pessoa Maceió Cuiabá Curitiba	F AVE F PF AVE NF AVE	A média final das avaliações dadas neste caso está muito próxima ao centro de todas as três maiores dimensões, no diagrama de campo. Nenhuma das três dimensões está definitivamente marcada como um resultado das avaliações. A média final é ambígua quanto a seu significado. Pode ser que as impressões que o avaliador tinha em mente não estejam muito claras. Pode ser que as impressões estejam realmente claras, mas opostas por natureza e tenham uma tendência a cancelarem uma à outra no cálculo da localização final no diagrama de campo. Pode ser, ainda, que as impressões tenham sido formadas a partir de uma fonte que mostra características conflitantes e equivocadas.
			Em Goiânia, Maceió e Curitiba os resultados se localizaram na área de oscilação, sem que nenhuma das três dimensões (afeto, tarefa e poder) fosse ressaltada. É visto como apresentando valores de conservadorismo e formas estabelecidas e "corretas" de fazer as coisas em Recife e Salvador. Em João Pessoa é percebido como demonstrando valores de idealismo responsável e colaboração no trabalho. Em Cuiabá é percebido como uma pessoa que exibe valores de contenção dos desejos individuais em favor das metas organizacionais.

APLICAÇÕES SYMLOG   153

Ilustração 1: Gráfico de Barras do Técnico B
Tipo final: F – Conservadorismo, formas estabelecidas e corretas de fazer as coisas.

"O comportamento de membros percebidos desta forma tende a ser limitado a assunções convencionais, com aceitação literal incontestável da tarefa,

Gráfico de barras da média de todas as avaliações feitas sobre: *CUR   Página 1
Pergunta sobre avaliação: **Em geral, que tipos de valores são exibidos pelo técnico B na sua prática corrente?**

Relatório Baseado nas Avaliações Agregadas

Tipo: F
Avaliações: 187   Localização final: O.0U 1.4P 5.5F

A barra de X — a avaliação média sobre cada item
■ — a localização ótima para a maioria dos trabalhos eficazes

Raramente   Às Vezes   Freqüentemente

#	Código	Descrição	Avaliação
1	U	Sucesso financeiro individual, proeminência pessoal e poder	XXXXXXXXXXXXXXXX◆XXX
2	UP	Popularidade e sucesso social, ser querido(a) e admirado(a)	XXXXXXXXXXXXXXXXXXXX◆X
3	UPF	Trabalho proativo em equipe, voltado para as metas comuns, unidade organizacional	XXXXXXXXXXXXXXXXXXXXXXX ◆
4	UF	Eficiência, gestão firme e imparcial	XXXXXXXXXXXXXXXXXXX ◆
5	UNF	Reforço ativo da autoridade, regras e regulamentos	XXXXXXXXXXXXXXXXXXX◆XXXX
6	UN	Intransigência, assertividade auto-orientada	XXXXXXXXXXXXXXXX◆XXX
7	UNB	Rudeza, individualismo auto-orientado, resistência à autoridade	XXXXXXXXX◆XXXXXX
8	UB	Humor exagerado, alívio de tensão, relaxamento dos controles	XXXXXXXXXXXX ◆
9	UPB	Proteção dos membros menos capacitados, oferecimento de ajuda quando necessário	XXXXXXXXXXXXX ◆
10	P	Igualdade, participação democrática nas tomadas de decisão	XXXXXXXXXXXXXX ■
11	PF	Idealismo responsável, colaboração no trabalho	XXXXXXXXXXXXXXXXXXXXXXX◆
12	F	Conservadorismo, formas estabelecidas e "corretas" de fazer as coisas	XXXXXXXXXXXXXXXXX■XXXXXX
13	NF	Contenção dos desejos individuais em favor das metas organizacionais	XXXXXXXXXXXXXXX◆
14	N	Autoproteção, primazia dos interesses próprios, auto-suficiência	XXXXXXX◆XXXXXXXXXXXX
15	NB	Rejeição aos procedimentos estabelecidos, rejeição ao conformismo	XXXXXXXXXX◆XXX
16	B	Mudança para novos procedimentos, valores diferentes, criatividade	XXXXXXXXXXXXX ■
17	PB	Amizade, satisfação mútua, recreação	XXXXXXXXXXXXXXXXXXX◆
18	DP	Confiança na bondade dos outros	XXXXXXXXXXXXXX ◆
19	DPF	Dedicação, fidelidade, lealdade à organização	XXXXXXXXXXXXXXXXXXXXXXXXXXX◆
20	DF	Obediência à hierarquia de comando, comportamentos de acordo com a autoridade	XXXXXXXXXXXXXXXXXXXXXXX◆
21	DNF	Auto-sacrifício, se necessário para atingir as metas da organização	XXXXXXXXXXXXXXXXXXXX◆
22	DN	Rejeição passiva da popularidade, auto-isolamento	XXXXXXXXX◆XXXX
23	DNB	Resignação ante o fracasso, retraimento do esforço	XXXXX◆XXXXXX
24	DB	Resistência passiva à cooperação com a autoridade	XX◆XXXXXXXXXXX
25	DPB	Contentamento, despreocupação	XXXXXXX◆XXXXX
26	D	Renúncia a necessidades e desejos pessoais, passividade	XXXXXXX◆XXXX

Copyright 2002 Symlog Consulting Group, 18580 Polvera Dr., San Diego, CA 92128. (858) 673-2098.   Todos os direitos reservados.
Versão autorizada por R.F. Bales.   Tradução de Valença & Associados.

Figura 7.11 – Gráfico de barras do técnico B

exatamente da forma como ela foi definida pela autoridade, sem qualquer flexibilidade, ou permissão para contextualização, sem consideração suficiente dos efeitos colaterais. Os membros deste tipo parecem ser estritamente analíticos, orientados para a tarefa, persistentes e impessoais. Eles têm pouco ou nenhum senso de humor, pouca ou nenhuma habilidade para se verem como os outros os vêem, ou para se distanciarem de si próprios. Tendem a estar 'grudados' às solicitações da tarefa. Eles querem ter as coisas bem definidas, muito organizadas e sob controle, para que posteriormente, quando seu comportamento for revisto pela autoridade, como esperam que seja, nenhuma falha legal possa ser encontrada."

Ilustração do diagrama de campo da média do grupo de uma das cidades pesquisadas:

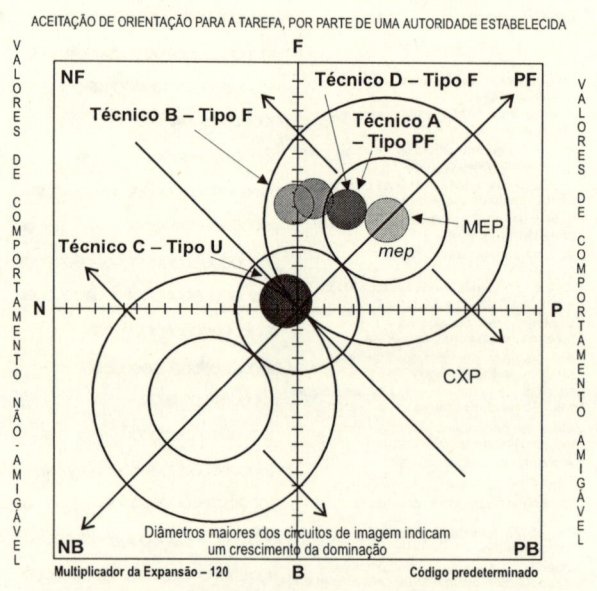

Figura 7.12 – Diagrama de campo da média do grupo

O diagrama de campo da média do grupo apresenta o posicionamento das personalidades, de acordo com as avaliações efetuadas, em uma das cidades onde houve a pesquisa, na qual o Técnico A apresentou valores médios de idealismo responsável, colaboração no trabalho; os Técnicos B e D foram avaliados com valores de conservadorismo, formas estabelecidas e "corretas" de fazer as coisas, enquanto que o Técnico C foi percebido, na média, com valores de sucesso financeiro individual, proeminência pessoal e poder.

O resultado que mais se aproxima do perfil mais eficaz de liderança é o do Técnico A, pelo equilíbrio entre os valores de afeto e tarefa.

3. Aplicação de Pesquisa para Perfil de Liderança – Lead

3.1. O que é Aplicação Lead

A Aplicação Lead foi elaborada para traçar o perfil de um líder a partir da auto-avaliação, de sua avaliação sobre a equipe e da avaliação dos seus colegas. Também pode ser usada por superiores desde que esse número seja no mínimo de três pessoas, porque esta é a forma de o Symlog garantir a confidencialidade dos avaliadores.

Pode ser aplicada em três níveis de abrangência:

3.2. Lead 1: Liderando Grupos

3.2.1. Foco: Sua Motivação para Liderança e Sua Visão do Grupo

Examinar sua motivação para a liderança e trabalho em equipe, explorar a dinâmica do seu grupo e melhorar significativamente sua liderança e interação com os membros do grupo.

3.2.2. O que se Pode Alcançar

- Melhora substancial do desempenho pessoal com cada membro do grupo.
- Uma compreensão crescente da dinâmica do grupo e das características essenciais da liderança.
- Um plano de mudança estratégico para uma liderança equilibrada baseado em valores.
- Um método preciso de medir e monitorar seu progresso ao longo do tempo.

3.2.3. Tipos de Feedback

- Auto-imagem.
- Sua visão dos outros.

3.2.4. O que Você Faz

- Examina os valores que influenciam sua motivação para a liderança.
- Aprende como administrar as forças de unificação e polarização atuantes no seu grupo.
- Descobre como usar o trabalho em equipe como um meio para alcançar um desempenho superior.
- Estrutura um plano para a melhoria contínua da sua liderança.

3.2.5. Tempo Requerido

- 1 hora: preenchimento do questionário de levantamento.
- 2 sessões de 2 horas para recebimento do feedback.

3.2.6. Para Este Tipo de Avaliação São Feitas as Seguintes Perguntas

1. Auto-avaliação:
   a) Em geral, que tipos de valores você desejaria mostrar em seu comportamento, estando de fato apto ou não para mostrá-los?
   b) Em geral, que tipos de valores você tende a rejeitar, tanto em você como nos outros?
   c) Em geral, que tipos de valores você espera que os outros lhe atribuam, a partir do seu próprio comportamento?
   d) Em geral, que tipos de valores você mostra, de fato, em seu comportamento?
   e) Em geral, que tipos de valores seriam ideais que você exibisse para ser mais eficaz?

2. Sua avaliação sobre cada um dos membros do grupo:
   a) Em geral, que tipos de valores esta pessoa exibe em seu comportamento?

3.3. Lead 2: Seu Perfil de Liderança

3.3.1. Foco: Sua Motivação para a Liderança e a Visão do Grupo Sobre Você

Examina sua motivação para a liderança e trabalho em equipe, recebe feedback dos seus colegas de trabalho sobre sua eficácia e melhora significativamente seu desempenho na liderança.

3.3.2. O que se Pode Alcançar

- Melhora substancial do desempenho pessoal consistente com sua motivação para a liderança.
- Uma compreensão crescente das características essenciais da liderança.
- Um plano de mudança estratégico para uma liderança equilibrada, baseado em valores.
- Um método preciso de medir e monitorar os resultados ao longo do tempo.

3.3.3. Tipos de Feedback

- Auto-imagem.
- A visão dos outros sobre você.

3.3.4. O que Você Faz

- Examina os valores que influenciam sua motivação para a liderança.
- Recebe feedback pessoal preciso dos colegas de trabalho sobre a eficácia do seu trabalho em equipe.
- Compara a eficácia de sua liderança com um perfil ótimo baseado em pesquisa.
- Estrutura um plano para a melhoria contínua da sua liderança.

3.3.5. Tempo Requerido

- 30 a 40 minutos: preenchimento do questionário de levantamento por você.

- 25 minutos: preenchimento do questionário de levantamento por cada um dos seus colegas de trabalho.
- 2 sessões de 8 horas para recebimento do feedback.

3.3.6. Para Este Tipo de Avaliação são Feitas as Seguintes Perguntas

1. Auto-avaliação:

a) Em geral, que tipos de valores você desejaria mostrar em seu comportamento, estando de fato apto ou não para mostrá-los?

b) Em geral, que tipos de valores você tende a rejeitar, tanto em você como nos outros?

c) Em geral, que tipos de valores você espera que os outros lhe atribuam, a partir do seu próprio comportamento?

d) Em geral, que tipos de valores você mostra, de fato, em seu comportamento?

2. Avaliação de cada um dos membros do grupo sobre você:

a) Em geral, que tipos de valores esta pessoa exibe em seu comportamento?

b) Em geral, que tipos de valores seriam ideais que esta pessoa exibisse para ser mais eficaz?

3.4. Lead 3: Liderança para o Trabalho Eficaz em Grupo

3.4.1. Foco: Sua Motivação para a Liderança, Sua Visão do Grupo e a Visão do Grupo Sobre Você

Examina sua motivação para a liderança e trabalho em equipe, explora a dinâmica de seu grupo e recebe feedback dos seus colegas de trabalho sobre sua eficácia e melhora significativamente seu desempenho na liderança e na interação com os membros do grupo.

3.4.2. O que se Pode Alcançar

- Melhora substancial do desempenho pessoal com cada membro do grupo.
- Uma apreciação melhorada de como sua motivação afeta o trabalho em equipe no seu grupo.

- Uma compreensão crescente da dinâmica do grupo e das características essenciais da liderança.
- Um plano de mudança estratégico para uma liderança equilibrada, baseado em valores.
- Um método preciso de medir e monitorar os resultados ao longo do tempo.

3.4.3. Tipos de Feedback

- Auto-imagem.
- Sua visão sobre os outros.
- A visão dos outros sobre você.

3.4.4. O que Você Faz

- Examina os valores que influenciam sua motivação para a liderança.
- Recebe feedback pessoal preciso dos colegas de trabalho sobre a eficácia do seu trabalho em equipe.
- Aprende como administrar as forças de unificação e polarização atuantes no seu grupo.
- Descobre como usar o trabalho em equipe como um meio para alcançar um desempenho superior.
- Compara a eficácia de sua liderança com um perfil ótimo baseado em pesquisa.
- Estrutura um plano para a melhoria contínua da sua liderança.

3.4.5. Tempo Requerido

- 30 a 40 minutos: preenchimento do questionário de levantamento por você.
- 25 minutos: preenchimento do questionário de levantamento por cada um dos seus colegas de trabalho.
- 25 minutos: preenchimento do questionário para avaliar cada um dos seus colegas de trabalho.
- 3 sessões de 8 horas para recebimento do feedback.

3.4.6. Para Este Tipo de Avaliação são Feitas as Seguintes Perguntas

1. Auto-avaliação:

a) Em geral, que tipos de valores você desejaria mostrar em seu comportamento, estando de fato apto ou não para mostrá-los?

b) Em geral, que tipos de valores você tende a rejeitar, tanto em você como nos outros?

c) Em geral, que tipos de valores você espera que os outros lhe atribuam, a partir do seu próprio comportamento?

d) Em geral, que tipos de valores você mostra, de fato, em seu comportamento?

e) Em geral, que tipos de valores seriam ideais que você exibisse para ser mais eficaz?

2. Avaliação de cada um dos membros do grupo sobre você:

a) Em geral, que tipos de valores esta pessoa exibe em seu comportamento?

b) Em geral, que tipos de valores seriam ideais que esta pessoa exibisse para ser mais eficaz?

3. Sua avaliação sobre cada um dos membros do grupo:

a) Em geral, que tipos de valores esta pessoa exibe em seu comportamento?

3.5. Aplicações

As aplicações de liderança foram as seguintes:

3.5.1. Equipe de RH de Uma Empresa Privada

Contexto

Este foi um seminário realizado com uma equipe de 13 participantes da área de RH de uma organização privada, sendo apresentado em conjunto com algumas atividades de integração e de reflexão sobre a ação de um integrante do grupo que se dispôs a trazer um caso dilemático para a investigação reflexiva coletiva.

Resultados

O gráfico de barras das hetero-avaliações mostra que em média a equipe foi muito bem avaliada, tendo como resultante um tipo final PF (idealismo responsável e colaboração no trabalho), com deficiência apenas nas relações amigáveis e na criatividade e relaxamento, e com extrapolação nas tarefas e reforço das regras e regulamentos.

Gráfico de barras da média de todas as avaliações feitas sobre: *CUR — Página 1
Pergunta sobre avaliação: **Em geral, que tipos de valores são exibidos habitualmente na cultura de sua organização?**

Relatório Baseado nas Avaliações Agregadas

Tipo: F
Avaliações: 187
Localização final: O.0U 1.4P 5.5F

A barra de X — a avaliação média sobre cada item
■ — a localização ótima para a maioria dos trabalhos eficazes

Raramente — Às Vezes — Freqüentemente

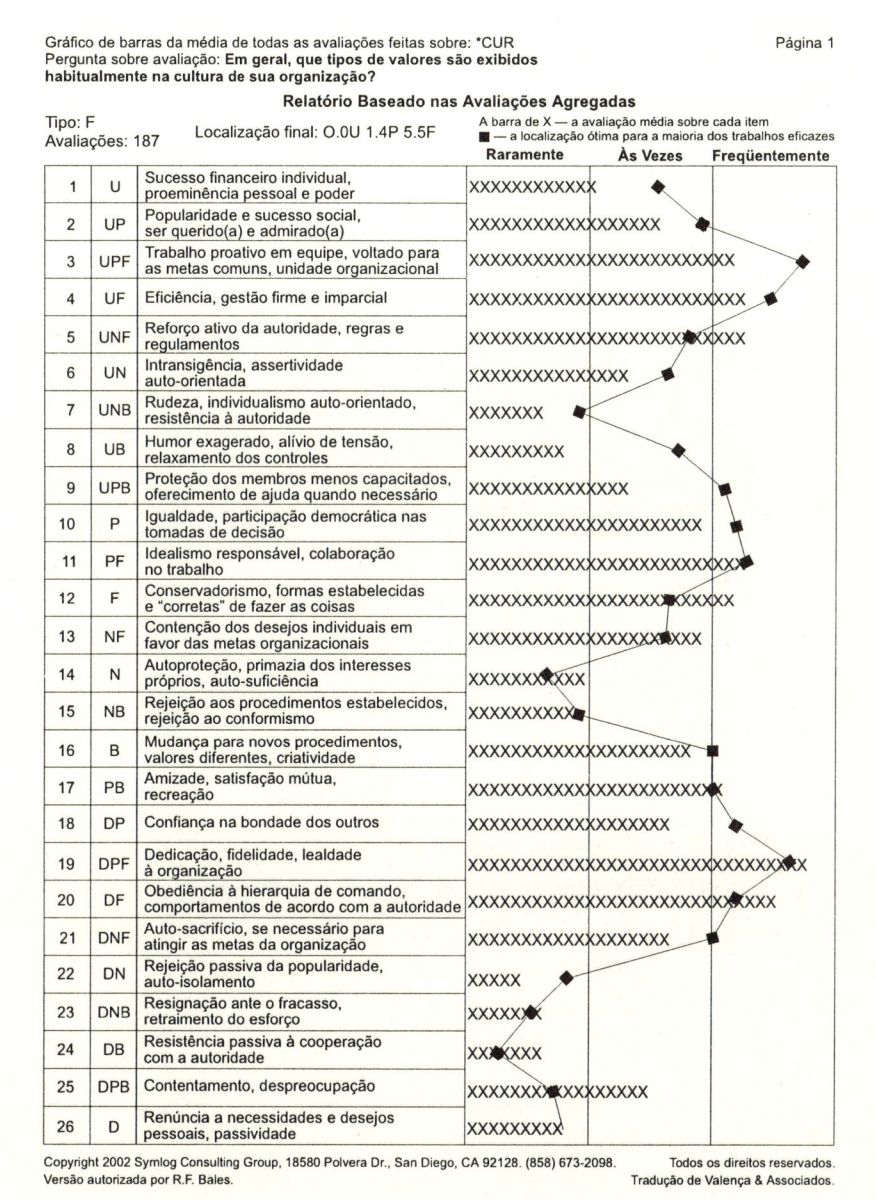

#	Código	Descrição
1	U	Sucesso financeiro individual, proeminência pessoal e poder
2	UP	Popularidade e sucesso social, ser querido(a) e admirado(a)
3	UPF	Trabalho proativo em equipe, voltado para as metas comuns, unidade organizacional
4	UF	Eficiência, gestão firme e imparcial
5	UNF	Reforço ativo da autoridade, regras e regulamentos
6	UN	Intransigência, assertividade auto-orientada
7	UNB	Rudeza, individualismo auto-orientado, resistência à autoridade
8	UB	Humor exagerado, alívio de tensão, relaxamento dos controles
9	UPB	Proteção dos membros menos capacitados, oferecimento de ajuda quando necessário
10	P	Igualdade, participação democrática nas tomadas de decisão
11	PF	Idealismo responsável, colaboração no trabalho
12	F	Conservadorismo, formas estabelecidas e "corretas" de fazer as coisas
13	NF	Contenção dos desejos individuais em favor das metas organizacionais
14	N	Autoproteção, primazia dos interesses próprios, auto-suficiência
15	NB	Rejeição aos procedimentos estabelecidos, rejeição ao conformismo
16	B	Mudança para novos procedimentos, valores diferentes, criatividade
17	PB	Amizade, satisfação mútua, recreação
18	DP	Confiança na bondade dos outros
19	DPF	Dedicação, fidelidade, lealdade à organização
20	DF	Obediência à hierarquia de comando, comportamentos de acordo com a autoridade
21	DNF	Auto-sacrifício, se necessário para atingir as metas da organização
22	DN	Rejeição passiva da popularidade, auto-isolamento
23	DNB	Resignação ante o fracasso, retraimento do esforço
24	DB	Resistência passiva à cooperação com a autoridade
25	DPB	Contentamento, despreocupação
26	D	Renúncia a necessidades e desejos pessoais, passividade

Copyright 2002 Symlog Consulting Group, 18580 Polvera Dr., San Diego, CA 92128. (858) 673-2098. Todos os direitos reservados.
Versão autorizada por R.F. Bales. Tradução de Valença & Associados.

Figura 7.13 – Gráfico de barras: equipe de RH de empresa privada

162 MÉTODO SYMLOG E APRENDIZAGEM ORGANIZACIONAL

O diagrama de campo mostra claramente que:

Todas as imagens finais correspondem ao tipo PF, com exceção dos valores rejeitados (REJ).

De acordo com a média da hetero-avaliação, o grupo se encontra no lado do trabalho conservador em equipe (ACT).

Desejaria estar no lado do trabalho liberal, com mais influência e afetividade (WSH).

Supõe ser visto pelos outros no lado liberal, muito próximo ao desejo, porém com menos influência (EXP).

Percebe-se (YOU) muito próximo do que os colegas atribuíram como ideal (IDL), ainda no lado liberal do trabalho em equipe, porém menos afetivo.

Acha que para ser mais eficaz (EFF) o perfil deveria ser equilibrado entre liberal e conservador, porém um pouco acima do perfil eficaz (MEP), isto é: mais relações amigáveis ou afetividade e mais tarefa, desequilibrando assim aspectos de criatividade e relaxamento e de cuidados com a individualidade.

Note que a imagem que mais se aproximou do perfil mais eficaz (MEP) foi ACT, apenas com uma orientação baixa quanto à influência e poder.

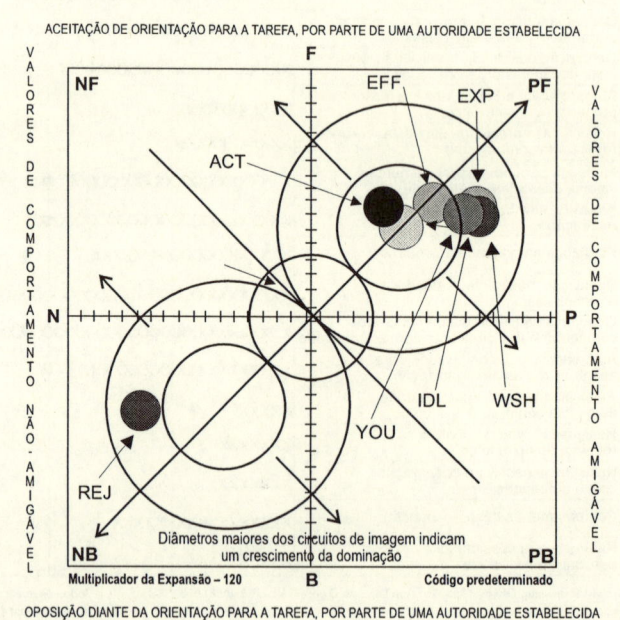

Figura 7.14 – Diagrama de campo: equipe de RH de empresa privada

3.5.2. Formação de Consultores Internos

Contexto

Durante a formação de consultores internos, um grupo com 17 participantes submeteu-se a três aplicações de LEAD 2 espaçadas por 6 meses, sendo a primeira após seis meses de iniciado o programa. Entre as aplicações o grupo se submeteu a um plano de desenvolvimento de competências com base em valores.

Cada participante concebeu seu plano individual de desenvolvimento e escolheu um colega que, a título de "companheiro crítico", lhe ofereceu *coaching* ao longo do período.

Desta forma cada participante recebeu *coaching* e praticou o papel de *coach*. Essa atividade também foi monitorada e avaliada como uma prática sob supervisão da consultoria.

Considerando o perfil bastante competente e alinhado do grupo com o perfil normativo do Symlog, pode-se afirmar que o deslocamento para uma localização mais eficaz é mais difícil e pequeno. Vale ressaltar que pequenas variações na pontuação significam incorporação razoável de novos comportamentos mais eficazes.

Resultados

O grupo mostrou uma evolução ao longo das três aplicações, como pode ser observado pelos resultados finais das medições:

Quadro 7.1
Medidas resultantes nos três eixos

Aplicação	Eixo do Poder	Eixo do Afeto	Eixo da Tarefa
1ª	0,3 D	5,7 P	7,1 F
2ª	0,1 U	5,8 P	7,3 F
3ª	0,9 U	4,6 P	6,0 F
MEP (aprox.)	3,5 U	6,5 P	6,5 F

Como pode ser notado, os valores da 3ª aplicação se aproximaram do MEP, e houve uma notável evolução no eixo do poder, de 0,3 D para 0,9 U.

164 MÉTODO SYMLOG E APRENDIZAGEM ORGANIZACIONAL

Os dois gráficos de barras apresentados a seguir mostram essa evolução em especial nos nove primeiros itens que estão ligados ao poder.

Situação no primeiro levantamento:

Relatório Baseado na Combinação de Todas as Avaliações

Tipo: FF
Avaliações: 95   Localização final: 0.3D 5.7P 7.1F

A barra de Xs — a avaliação média sobre cada item
E = a localização ótima para a maioria dos trabalhos eficazes.

			Raramente	Às Vezes	Freqüentemente
1	U	Sucesso financeiro individual, proeminência pessoal e poder	XXXXXXXXXXX	E	
2	UP	Popularidade e sucesso social, ser querido(a) e admirado(a)	XXXXXXXXXXXXXXX	E	
3	UPF	Trabalho proativo em equipe, voltado para as metas comuns, unidade organizacional	XXXXXXXXXXXXXXXXXXXXXXXXXXXXX		E
4	UF	Eficiência, gestão firme e imparcial	XXXXXXXXXXXXXXXXXXXXXXXXXXX	E	
5	UNF	Reforço ativo da autoridade, regras e regulamentos	XXXXXXXXXXXXXXXXXXXXEXX		
6	UN	Intransigência, assertividade auto-orientada	XXXXXXXXXX	E	
7	UNB	Rudeza, individualismo auto-orientado, resistência à autoridade	XXXXX	E	
8	UB	Humor exagerado, alívio de tensão, relaxamento dos controles	XXXXX	E	
9	UPB	Proteção dos membros menos capacitados, oferecimento de ajuda quando necessário	XXXXXXXXXXXXXXXXX	E	
10	P	Igualdade, participação democrática nas tomadas de decisão	XXXXXXXXXXXXXXXXXXXXXXXXXE		
11	PF	Idealismo responsável, colaboração no trabalho	XXXXXXXXXXXXXXXXXXXXXEXX		
12	F	Conservadorismo, formas estabelecidas e "corretas" de fazer as coisas	XXXXXXXXXXXXXXXXXXE		
13	NF	Contenção dos desejos individuais em favor das metas organizacionais	XXXXXXXXXXXXXXXXXE		
14	N	Autoproteção, primazia dos interesses próprios, auto-suficiência	XXXXXEXXXXXX		
15	NB	Rejeição aos procedimentos estabelecidos, rejeição ao conformismo	XXXXXXXXXXE		
16	B	Mudança para novos procedimentos, valores diferentes, criatividade	XXXXXXXXXXXXXXXXXXXXXXEXX		
17	PB	Amizade, satisfação mútua, recreação	XXXXXXXXXXXXXXXXXXXXXE		
18	DP	Confiança na bondade dos outros	XXXXXXXXXXXXXXXX	E	
19	DPF	Dedicação, fidelidade, lealdade à organização	XXXXXXXXXXXXXXXXXXXXXXXXXE		
20	DF	Obediência à hierarquia de comando, comportamentos de acordo com a autoridade	XXXXXXXXXXXXXXXXXXXXXXXXXXXEXX		
21	DNF	Auto-sacrifício, se necessário para atingir as metas da organização	XXXXXXXXXXXXXXXXXXXXX	E	
22	DN	Rejeição passiva da popularidade, auto-isolamento	XXXXXXXXXE		
23	DNB	Resignação ante o fracasso, retraimento do esforço	XXXXXEXXX		
24	DB	Resistência passiva à cooperação com a autoridade	XXEX		
25	DPB	Contentamento, despreocupação	XXXXXXXEXXXXXX		
26	D	Renúncia a necessidades e desejos pessoais, passividade	XXXXXXXXXXXE		

Copyright 2002 Symlog Consulting Group, 18580 Polvera Dr., San Diego, CA 92128. (858) 673-2098.   Todos os direitos reservados.
Versão autorizada por R.F. Bales.   03/05/02 f5:10 FL-US aggregate SOCOTO94 SYMNET 350 Basic Internet Edition

Figura 7.15 – Gráfico de barras:
formação de consultores internos no primeiro levantamento

APLICAÇÕES SYMLOG 165

Situação no último levantamento:

Relatório Baseado na Combinação de Todas as Avaliações

Tipo: PF
Avaliações: 19
Localização final: 1.9U 10.7P 6.0F

A barra de Xs — a avaliação média sobre cada item
E = a localização ótima para a maioria dos trabalhos eficazes.

#		Descrição	Raramente / Às Vezes / Freqüentemente
1	U	Sucesso financeiro individual, proeminência pessoal e poder	XXXXXXXXXXXXXXX E
2	UP	Popularidade e sucesso social, ser querido(a) e admirado(a)	XXXXXXXXXXXXXXXXX E
3	UPF	Trabalho proativo em equipe, voltado para as metas comuns, unidade organizacional	XXXXXXXXXXXXXXXXXXXXXXXXXX E
4	UF	Eficiência, gestão firme e imparcial	XXXXXXXXXXXXXXXXXXX E
5	UNF	Reforço ativo da autoridade, regras e regulamentos	XXXXXXXXXXXXXXXXXXXXXE
6	UN	Intransigência, assertividade auto-orientada	XXXXXXXXXXXXXX E
7	UNB	Rudeza, individualismo auto-orientado, resistência à autoridade	XXXXXXX E
8	UB	Humor exagerado, alívio de tensão, relaxamento dos controles	XXXXXXXXXXXXX E
9	UPB	Proteção dos membros menos capacitados, oferecimento de ajuda quando necessário	XXXXXXXXXXXXXXXX E
10	P	Igualdade, participação democrática nas tomadas de decisão	XXXXXXXXXXXXXXXXXXXXXXXXE
11	PF	Idealismo responsável, colaboração no trabalho	XXXXXXXXXXXXXXXXXXXXXXXEX
12	F	Conservadorismo, formas estabelecidas e "corretas" de fazer as coisas	XXXXXXXXXXXXXXXXXXXE
13	NF	Contenção dos desejos individuais em favor das metas organizacionais	XXXXXXXXXXXXXXXXXXXE
14	N	Autoproteção, primazia dos interesses próprios, auto-suficiência	XXXXXXEXXXXXX
15	NB	Rejeição aos procedimentos estabelecidos, rejeição ao conformismo	XXXXXXXXXXEX
16	B	Mudança para novos procedimentos, valores diferentes, criatividade	XXXXXXXXXXXXXXXXXX E
17	PB	Amizade, satisfação mútua, recreação	XXXXXXXXXXXXXXXXXXXXXXXE
18	DP	Confiança na bondade dos outros	XXXXXXXXXXXXXXXX E
19	DPF	Dedicação, fidelidade, lealdade à organização	XXXXXXXXXXXXXXXXXXXXXXXXXXXE
20	DF	Obediência à hierarquia de comando, comportamentos de acordo com a autoridade	XXXXXXXXXXXXXXXXXXXXXXXE
21	DNF	Auto-sacrifício, se necessário para atingir as metas da organização	XXXXXXXXXXXXXXXXX E
22	DN	Rejeição passiva da popularidade, auto-isolamento	XXXXXXXXEX
23	DNB	Resignação ante o fracasso, retraimento do esforço	XXXXXEXXXX
24	DB	Resistência passiva à cooperação com a autoridade	XXXEXXXXXX
25	DPB	Contentamento, despreocupação	XXXXXXXEX
26	D	Renúncia a necessidades e desejos pessoais, passividade	XXXXXXXXE

Copyright 2002 Symlog Consulting Group, 18580 Polvera Dr., San Diego, CA 92128. (858) 673-2098.   Todos os direitos reservados.
Versão autorizada por R.F. Bales.   03/05/02 f5:10 FL-US aggregate SOCOTO94 SYMNET 350 Basic Internet Edition

Figura 7.16 – Gráfico de barras:
formação de consultores internos no último levantamento

3.5.3. Seminário Isolado de Liderança para Empresa Estadual

Contexto

Fazendo parte de série de seminários voltados para o desenvolvimento da liderança intermediária da organização, o seminário de LEAD 2 foi escolhido

Relatório Baseado na Combinação de Todas as Avaliações

Tipo: PF
Avaliações: 271
Localização final: 0.3D 8.3P 7.6F

A barra de Xs — a avaliação média sobre cada item
E = a localização ótima para a maioria dos trabalhos eficazes.

Raramente / Às Vezes / Freqüentemente

#		Descrição
1	U	Sucesso financeiro individual, proeminência pessoal e poder
2	UP	Popularidade e sucesso social, ser querido(a) e admirado(a)
3	UPF	Trabalho proativo em equipe, voltado para as metas comuns, unidade organizacional
4	UF	Eficiência, gestão firme e imparcial
5	UNF	Reforço ativo da autoridade, regras e regulamentos
6	UN	Intransigência, assertividade auto-orientada
7	UNB	Rudeza, individualismo auto-orientado, resistência à autoridade
8	UB	Humor exagerado, alívio de tensão, relaxamento dos controles
9	UPB	Proteção dos membros menos capacitados, oferecimento de ajuda quando necessário
10	P	Igualdade, participação democrática nas tomadas de decisão
11	PF	Idealismo responsável, colaboração no trabalho
12	F	Conservadorismo, formas estabelecidas e "corretas" de fazer as coisas
13	NF	Contenção dos desejos individuais em favor das metas organizacionais
14	N	Autoproteção, primazia dos interesses próprios, auto-suficiência
15	NB	Rejeição aos procedimentos estabelecidos, rejeição ao conformismo
16	B	Mudança para novos procedimentos, valores diferentes, criatividade
17	PB	Amizade, satisfação mútua, recreação
18	DP	Confiança na bondade dos outros
19	DPF	Dedicação, fidelidade, lealdade à organização
20	DF	Obediência à hierarquia de comando, comportamentos de acordo com a autoridade
21	DNF	Auto-sacrifício, se necessário para atingir as metas da organização
22	DN	Rejeição passiva da popularidade, auto-isolamento
23	DNB	Resignação ante o fracasso, retraimento do esforço
24	DB	Resistência passiva à cooperação com a autoridade
25	DPB	Contentamento, despreocupação
26	D	Renúncia a necessidades e desejos pessoais, passividade

Copyright 2002 Symlog Consulting Group, 18580 Polvera Dr., San Diego, CA 92128. (858) 673-2098. Todos os direitos reservados.
Versão autorizada por R.F. Bales. 03/05/02 f5:10 FL-US aggregate SOCOTO94 SYMNET 350 Basic Internet Edition

Figura 7.17 – Gráfico de barras: liderança para empresa estadual

como um destes seminários e foi constituído de dois dias com aproximadamente 40 participantes que responderam os questionários via WEB.

Resultados

Como pode ser visto no gráfico de barras na Figura 7.17 (pág. 166), o tipo final resultado da média de todas as hetero-avaliações foi PF, (idealismo responsável e colaboração no trabalho), com deficiências a serem destacadas nos itens sucesso financeiro individual, proeminência pessoal e poder e humor exagerado, alívio de tensão e relaxamento dos controles, e com excesso em contenção dos desejos individuais em favor das metas organizacionais e obediência à hierarquia de comando, comportamento de acordo com a autoridade.

No diagrama de campo, apresentado a seguir, podemos ver que as auto-avaliações (YOU) não ficaram muito distantes da média das hetero-avaliações (ACT), e que o ideal no futuro para ser mais eficaz (IDL), como supõe ser visto pelos outros (EXP) e o desejo (WSH), ambos apresentam mais poder mais deslocados na direção de relações mais amigáveis. No diagrama podemos notar também que não há grandes diferenças nas cinco imagens com relação ao eixo da tarefa.

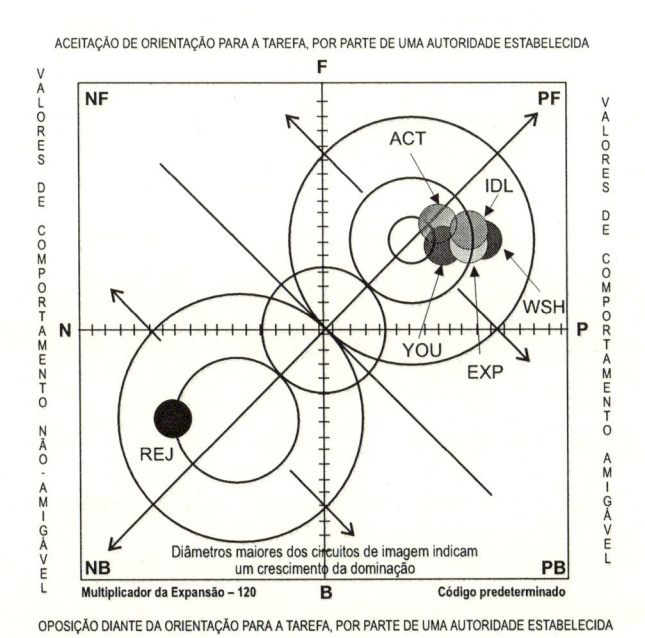

Figura 7.18 – Diagrama de campo: liderança para empresa estadual

4. Aplicação de Pesquisa para Perfil de Liderança – Team

4.1. O que é Aplicação Team

Destinada a gerar maior compreensão da dinâmica do grupo, as forças de unificação e polarização que estão operando e a importância das diferenças individuais. Ajuda a equipe a desenvolver uma visão compartilhada e compreensão estratégica das capacidades individuais, de resolução de conflitos, desenvolvimento do trabalho em equipe e aumento de produtividade.

Pode ser aplicada em três níveis de abrangência:

4.2. Team 1: Visão Geral da Equipe

Os membros do grupo analisam os valores exibidos na sua equipe em condições variadas e planejam como incrementar o trabalho em equipe e a produtividade.

4.2.1. Foco: Seu Grupo

Examinar coletivamente como sua equipe opera atualmente e melhorar significativamente o desempenho da equipe.

4.2.2. O que se Pode Alcançar

- Melhora substancial do desempenho e da produtividade da equipe.
- Enquadramento bem definido para o desenvolvimento da equipe.
- Fortalecimento da responsabilidade com as metas comuns.
- Um método preciso para medir e monitorar os resultados ao longo do tempo.

4.2.3. Tipos de Feedback

- A visão do grupo sobre o desempenho atual da equipe.
- As condições em que a equipe é menos produtiva.
- Como deveria ser no futuro para ser mais eficaz.
- A imagem de cada membro do grupo sobre a equipe como um todo.

4.2.4. O que Você Faz

- Examina as normas de grupo atuais.
- Avalia a eficácia do grupo comparada a um perfil ótimo baseado em pesquisa.
- Compara as condições menos e mais produtivas da equipe.
- Compara as condições atuais com as metas para a eficácia no futuro.
- Estrutura coletivamente um plano de melhoria da eficácia do trabalho em equipe.
- Inicia estratégias para melhoria contínua da equipe.

4.2.5. Tempo Requerido

- 20 minutos: preenchimento do questionário de levantamento pelos integrantes da equipe.
- 2 sessões de 2 horas para recebimento do feedback.

4.2.6. Para Este Tipo de Avaliação são Feitas as Seguintes Perguntas

1. Avaliação:
   a) Em geral, que tipos de valores sua equipe habitualmente exibe nos comportamentos?
   b) Em geral, que tipos de valores precisam ser exibidos por sua equipe, no futuro, para que ela seja mais eficaz?
   c) Em geral, que tipos de valores os membros de sua equipe exibem em seus comportamentos, quando a equipe está menos produtiva?
   d) Em geral, que tipos de valores seriam ideais que você exibisse para ser mais eficaz?

4.3. Team 2: Otimização do Desempenho da Equipe

Examina como sua equipe opera atualmente como um grupo, avalia a maneira como os membros interagem entre si e melhora significativamente o desempenho da equipe e o individual.

4.3.1. Foco

Examina sua motivação para a liderança e trabalho em equipe, recebe feedback dos seus colegas de trabalho sobre sua eficácia e melhora significativamente seu desempenho na liderança.

4.3.2. O que se Pode Alcançar

- Melhora substancial do desempenho e produtividade individual e da equipe.
- Um enquadramento bem definido sobre a melhoria do trabalho em equipe e individual.
- Uma maior compreensão da dinâmica do grupo e de questões essenciais ao trabalho em equipe.
- Um método preciso de medir e monitorar os resultados ao longo do tempo.

4.3.3. O que Você Faz

- Examina as normas de grupo atuais.
- Avalia a eficácia do grupo e individual comparada a um perfil ótimo baseado em pesquisa.
- Explora as relações entre os membros do grupo.
- Mede quais são os valores que a equipe e os membros precisam exibir para serem mais eficazes.
- Compara as condições menos e mais produtivas da equipe.
- Traz à tona e inicia a solução de conflitos crônicos.
- Integra os esforços dos membros do grupo à luz das responsabilidades futuras da equipe.
- Aprende a minimizar comportamentos que interferem na produtividade tanto da equipe como dos seus integrantes.
- Estrutura coletivamente um plano de melhoria da eficácia do trabalho em equipe.
- Inicia estratégias para melhoria contínua da equipe.

4.3.4. Tempo Requerido

- 1 hora: preenchimento do questionário pela equipe.
- 2 a 3 sessões de 2 horas para recebimento do feedback.

4.3.5. Para Este Tipo de Avaliação são Feitas as Seguintes Perguntas

1. Avaliação preenchida por cada um dos membros do grupo:
   a) Em geral, que tipos de valores sua equipe habitualmente exibe nos comportamentos?
   b) Em geral, que tipos de valores precisam ser exibidos por sua equipe, no futuro, para que ela seja mais eficaz?
   c) Em geral, que tipos de valores os membros de sua equipe exibem em seus comportamentos, quando a equipe está menos produtiva?
   d) Em geral, que tipos de valores seriam ideais que você exibisse para ser mais eficaz?

2. Auto-avaliação:
   a) Em geral, que tipos de valores você exibe de fato em seu comportamento?
   b) Em geral, que tipos de valores você deseja exibir em seu comportamento, estando apto ou não para exibi-los de fato?
   c) Em geral, que tipos de valores você tende a rejeitar, seja em você ou nos outros?
   d) Em geral, que tipos de valores você espera que os outros lhe atribuam, a partir do que o seu comportamento exibe?

3. Sua avaliação sobre cada um dos membros do grupo:
   a) Em geral, que tipos de valores esta pessoa exibe de fato em seu comportamento?

4. Avaliação de cada um dos membros do grupo sobre você:
   a) Em geral, que tipos de valores esta pessoa exibe de fato em seu comportamento?

4.4. Team 3: Construção da Equipe e Cultura Organizacional

4.4.1. Foco

Examinar coletivamente como sua equipe opera atualmente, avaliar a maneira como os membros interagem entre si e melhorar significativamente o desempenho da equipe e individual dentro do contexto da cultura atual e os objetivos da sua organização.

4.4.2. O que se Pode Alcançar

- Melhora substancial do desempenho e produtividade individual e da equipe.
- Um enquadramento bem definido sobre a melhoria do trabalho em equipe e individual, e desenvolvimento organizacional.
- Uma maior compreensão da Dinâmica do Grupo e de questões essenciais ao trabalho em equipe.
- Um método preciso de medir e monitorar os resultados ao longo do tempo.

4.4.3. Tipos de Feedback

- Auto-imagem.
- Sua visão sobre os outros.
- A visão dos outros sobre você.

4.4.4. O que Você Faz

- Examina as normas de grupo atuais e da cultura da organização.
- Avalia a eficácia do grupo, individual e organizacional comparada a um perfil ótimo baseado em pesquisa.
- Explora as relações entre os membros do grupo.
- Mede quais são os valores que a equipe, os membros e a organização precisam exibir para serem mais eficazes.
- Compara as condições menos e mais produtivas da equipe.

- Aponta e resolve conflitos crônicos.
- Integra os esforços dos membros do grupo à luz das responsabilidades futuras da equipe.
- Estrutura coletivamente um plano de melhoria da eficácia do trabalho em equipe.
- Inicia estratégias para melhoria contínua da equipe.

4.4.5. Tempo Requerido

- 2 horas: preenchimento do questionário pela equipe.
- 40 minutos: preenchimento do questionário por membros da organização.
- 3 sessões de 8 horas para recebimento do feedback.

4.4.6. Para Este Tipo de Avaliação são Feitas as Seguintes Perguntas

1. Avaliação preenchida por cada um dos membros do grupo:
   a) Em geral, que tipos de valores sua equipe habitualmente exibe nos comportamentos?
   b) Em geral, que tipos de valores precisam ser exibidos por sua equipe, no futuro, para que ela seja mais eficaz?
   c) Em geral, que tipos de valores os membros de sua equipe exibem em seus comportamentos, quando a equipe está menos produtiva?
   d) Em geral, que tipos de valores seriam ideais que você exibisse para ser mais eficaz?

2. Auto-avaliação:
   a) Em geral, que tipos de valores você exibe de fato em seu comportamento?
   b) Em geral, que tipos de valores você deseja exibir em seu comportamento, estando apto ou não para exibi-los de fato?
   c) Em geral, que tipos de valores você tende a rejeitar, seja em você ou nos outros?
   d) Em geral, que tipos de valores você espera que os outros lhe atribuam, a partir do que o seu comportamento exibe?

3. Sua avaliação sobre cada um dos membros do grupo:

a) Em geral, que tipos de valores esta pessoa exibe em seu comportamento?

4. Avaliação de cada um dos membros do grupo sobre você:

a) Em geral, que tipos de valores esta pessoa exibe de fato em seu comportamento?

5. Avaliação sobre a cultura da organização:

a) Em geral, que tipos de valores são exibidos habitualmente, na cultura de sua organização?

b) Em geral, que tipos de valores precisam ser exibidos na cultura da organização, no futuro, para que ela seja mais eficaz?

c) Em geral, os membros de sua organização são de fato recompensados por quais tipos de comportamento?

d) Em geral, que tipos de valores você supõe que seus melhores clientes ou consumidores vejam em sua organização?

4.5. Aplicações

As aplicações de liderança foram as seguintes:

4.5.1. Diretoria de Uma Associação de Empresas

Contexto

Esse grupo realizou seu primeiro levantamento após seis meses de composto, e por esse motivo a aplicação foi o Team 1, que mostra apenas resultados do grupo. Além desta aplicação cada participante também realizou um levantamento de competências gerenciais como parte de um diagnóstico do perfil da liderança da organização.

No gráfico de barras a seguir, vemos que, apesar de o tipo resultante ser PF (idealismo responsável e colaboração no trabalho), a equipe mostrou déficit em vários itens e em especial nos ligados ao eixo do poder, e mostrou excesso em itens ligados a sacrifício e sobrecarga, revelando a situação atual do grupo, isto é, pouco poder por ser novo na organização e excesso de demandas por não estar adaptado e por ter que mostrar resultados a curto prazo.

APLICAÇÕES SYMLOG

Relatório preparado para: Diretoria do Sistema FIEP Paraná

Tipo: PF
Avaliações: 15
Localização final: 1.2D 8.5P 5.4F

A barra Xs = a avaliação média sobre cada item
E = a localização ótima para a maioria dos trabalhos eficazes

#		Descrição	Raramente — Às Vezes — Freqüentemente
1	U	Sucesso financeiro individual, proeminência pessoal e poder	XXXXX .... E
2	UP	Popularidade e sucesso social, ser querido(a) e admirado(a)	XXXXXXXXXXXXX ...... E
3	UPF	Trabalho proativo em equipe, voltado para as metas comuns, unidade organizacional	XXXXXXXXXXXXXXXXXXXXXXXXX .... E
4	UF	Eficiência, gestão firme e imparcial	XXXXXXXXXXXXXXXXXXXXX ...... E
5	UNF	Reforço ativo da autoridade, regras e regulamentos	XXXXXXXXXXXXXXX ...... E
6	UN	Intransigência, assertividade auto-orientada	XXXX ...... E
7	UNB	Rudeza, individualismo auto-orientado, resistência à autoridade	XX .. E
8	UB	Humor exagerado, alívio de tensão, relaxamento dos controles	XXXXXXXXXXXXXX ..... E
9	UPB	Proteção dos membros menos capacitados, oferecimento de ajuda quando necessário	XXXXXXXXXXXXXXXXXXXX .... E
10	P	Igualdade, participação democrática nas tomadas de decisão	XXXXXXXXXXXXXXXXXXXXXXXXXXXXEXXXX
11	PF	Idealismo responsável, colaboração no trabalho	XXXXXXXXXXXXXXXXXXXXXXXXXXXEX
12	F	Conservadorismo, formas estabelecidas e "corretas" de fazer as coisas	XXXXXXXXXXXXXXXX .... E
13	NF	Contenção dos desejos individuais em favor das metas organizacionais	XXXXXXXXXXXXXXXXXXEXXXXXXX
14	N	Autoproteção, primazia dos interesses próprios, auto-suficiência	XXXXXXXXEXX
15	NB	Rejeição aos procedimentos estabelecidos, rejeição ao conformismo	XXXXXXXXXXXEXX
16	B	Mudança para novos procedimentos, valores diferentes, criatividade	XXXXXXXXXXXXXXXXXXXEXXXX
17	PB	Amizade, satisfação mútua, recreação	XXXXXXXXXXXXXXXXXXXXXEXXXXXXX
18	DP	Confiança na bondade dos outros	XXXXXXXXXXXXXXXXXXXXXXXE
19	DPF	Dedicação, fidelidade, lealdade à organização	XXXXXXXXXXXXXXXXXXXXXXXXXXXEXXXX
20	DF	Obediência à hierarquia de comando, comportamentos de acordo com a autoridade	XXXXXXXXXXXXXXXXXXXXX ... E
21	DNF	Auto-sacrifício, se necessário para atingir as metas da organização	XXXXXXXXXXXXXXXXXXXXXE
22	DN	Rejeição passiva da popularidade, auto-isolamento	XXXX .. E
23	DNB	Resignação ante o fracasso, retraimento do esforço	XX .. E
24	DB	Resistência passiva à cooperação com a autoridade	XXXEXXXX
25	DPB	Contentamento, despreocupação	XXXXXXXEXXXX
26	D	Renúncia a necessidades e desejos pessoais, passividade	XXXXXXXXE

Copyright 2002 Symlog Consulting Group, 18580 Polvera Dr., San Diego, CA 92128. (858) 673-2098.   Todos os direitos reservados.
Versão autorizada por R.F. Bales.   06/03/04 11:40 FL-U Grp. Principal 50006659 Symnet 3.50 Pres in Internet Editice

Figura 7.19 – Gráfico de barras: diretoria de associação de empresas

O diagrama de campo mostra que o grupo atualmente (CTM) tem uma tendência maior para a neutralidade quanto ao poder e em manter relações amigáveis, mostrando alguma resistência às tarefas vindas de uma autoridade estabelecida. E que o grupo acha que, para ser mais eficaz no futuro como um grupo (FTM) bem como indivíduos (EFF), deveria apresentar características mais influentes, eixo do poder mais amigável e menos ainda na direção da tarefa, resultando em um tipo final P (igualdade, participação democrática nas tomadas de decisão). Essa tendência a não identificar a tarefa como algo importante para o grupo pode ser justificada pela reflexão feita no grupo quando alguns dos membros concordaram que eles se tratam essencialmente de uma instituição política e de fomento da tecnologia, logo um deslocamento contrário à tarefa também pode indicar uma inclinação maior para a criatividade e inovação.

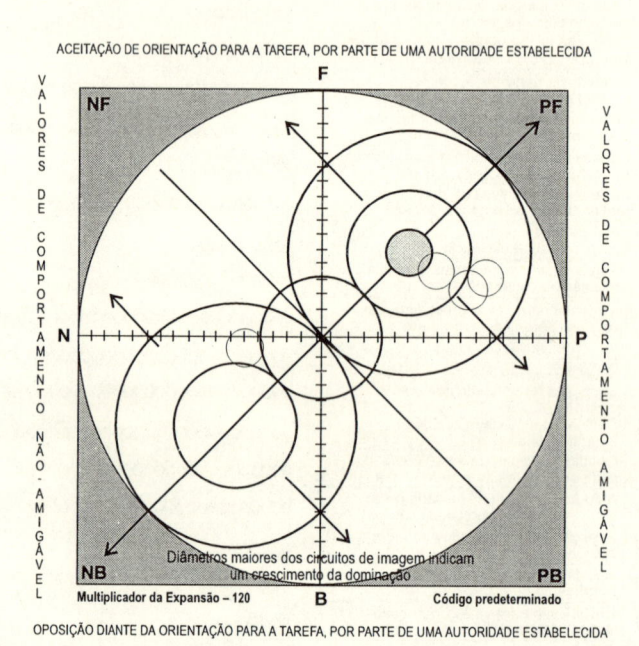

Figura 7.20 – Diagrama de campo: diretoria de associação de empresas

4.5.2. Diretoria de Uma Empresa Privada

Contexto

Este grupo já vinha atuando com esta configuração há pelo menos três anos, um antes do início dos trabalhos com a consultora, e dois após um programa de desenvolvimento gerencial no qual sete grupos dos gerentes se encontravam regularmente durante 12 horas uma vez por mês. Dos sete, este se encontrava no topo da organização e era constituído por 10 integrantes, que passaram dois dias recebendo feedback e refletindo sobre seus valores e práticas profissionais.

Resultados

No gráfico de barras da Figura 7.21, vemos que a média das visões individuais sobre o grupo como um todo (CTM) mostrou um tipo final F, conservadorismo, formas estabelecidas e "corretas" de fazer as coisas.

O relatório Symlog apresenta a seguinte síntese: os membros que se aproximam deste tipo estão preocupados primeiramente com a realização de um bom trabalho e como fazê-lo da forma certa. Eles nem são dominadores nem submissos, e não estão muito interessados em cultivar relações amigáveis com os outros. São sérios, reflexivos, controlados e têm pouco senso de humor. Geralmente se identificam com as demandas ou as exigências da autoridade. Eles querem ser capazes de aprovar o que fazem, em termos de seus próprios padrões, mas estes geralmente coincidem com aqueles determinados pela autoridade. Sua abordagem conscientemente operosa também se estende a um sentimento de obrigação com a manutenção de relações boas e confiáveis com os outros, e eles acreditam na cooperação, ou pelo menos na "lealdade". Mas não são calorosos nem muito igualitários, e tendem a tomar decisões mais em termos do que eles vêem como demandas da tarefa.

Uma série de itens ficou abaixo do perfil mais eficaz: sucesso financeiro individual, proeminência pessoal e poder, popularidade, sucesso social, ser querido e admirado, trabalho proativo em equipe, voltado para as metas comuns, unidade organizacional, eficiência, gestão firme e imparcial, igualdade, participação democrática nas tomadas de decisão, mudança para novos procedimentos, valores diferentes de criatividade.

O diagrama de campo do grupo na pág. 179 mostra uma polarização muito comum entre membros que se encontram no lado do trabalho liberal em equipe, quatro integrantes, e no lado do trabalho conservador em equipe, seis integrantes, sendo que apenas dois deles ficaram nitidamente fora do círculo de referência, e, confirmando a teoria, estes dois integrantes quase sempre divergiam em suas opiniões, processos de tomada de decisão e em como conduzir a equipe.

178 MÉTODO SYMLOG E APRENDIZAGEM ORGANIZACIONAL

Report prepared for: Directors

Tipo: F
Avaliações: 10   Localização final: 2.0U 3.7P 9.0F

A barra de Xs — a avaliação média sobre cada item
E = a localização ótima para a maioria dos trabalhos eficazes

#		Descrição	Raramente / Às vezes / Frequentemente
1	U	Sucesso financeiro individual, proeminência pessoal e poder	XXXXXXXXXX E
2	UP	Popularidade e sucesso social, ser querido(a) e admirado(a)	XXXXXXXXXXXXXXX E
3	UPF	Trabalho proativo em equipe, voltado para as metas comuns, unidade organizacional	XXXXXXXXXXXXXXXXXXXXX E
4	UF	Eficiência, gestão firme e imparcial	XXXXXXXXXXXXXXXXXXXXXXX E
5	UNF	Reforço ativo da autoridade, regras e regulamentos	XXXXXXXXXXXXXXXXXXEXXXXXXXXXXX
6	UN	Intransigência, assertividade auto-orientada	XXXXXXXXXXXXXXXXXEXXX
7	UNB	Rudeza, individualismo auto-orientado, resistência à autoridade	XXXXX E
8	UB	Humor exagerado, alívio de tensão, relaxamento dos controles	XXXXXXXXXXXXXXXX E
9	UPB	Proteção dos membros menos capacitados, oferecimento de ajuda quando necessário	XXXXXXXXXXXXXXXXXXXXX E
10	P	Igualdade, participação democrática nas tomadas de decisão	XXXXXXXXXXXXXX E
11	PF	Idealismo responsável, colaboração no trabalho	XXXXXXXXXXXXXXXXXXXXXXXXXXXXE
12	F	Conservadorismo, formas estabelecidas e "corretas" de fazer as coisas	XXXXXXXXXXXXXXXXXXEXXXXXXXXXX
13	NF	Contenção dos desejos individuais em favor das metas organizacionais	XXXXXXXXXXXXXXXXXXXXXEXXX
14	N	Autoproteção, primazia dos interesses próprios, auto-suficiência	XXXXXXXEXXXXXX
15	NB	Rejeição aos procedimentos estabelecidos, rejeição ao conformismo	XXXXXXXXX E
16	B	Mudança para novos procedimentos, valores diferentes, criatividade	XXXXXXXXXXXXXX E
17	PB	Amizade, satisfação mútua, recreação	XXXXXXXXXXXXXXXXXXXXXXXEXX
18	DP	Confiança na bondade dos outros	XXXXXXXXXXXXXXXXXXXXXX E
19	DPF	Dedicação, fidelidade, lealdade à organização	XXXXXXXXXXXXXXXXXXXXXXXXXXXXEXX
20	DF	Obediência à hierarquia de comando, comportamentos de acordo com a autoridade	XXXXXXXXXXXXXXXXXXXXXXXXXXXEXX
21	DNF	Auto-sacrifício, se necessário para atingir as metas da organização	XXXXXXXXXXXXXXXXXXXXXXXE
22	DN	Rejeição passiva da popularidade, auto-isolamento	XX E
23	DNB	Resignação ante o fracasso, retraimento do esforço	XXX E
24	DB	Resistência passiva à cooperação com a autoridade	XXEXX
25	DPB	Contentamento, despreocupação	XXXXXXXEXX
26	D	Renúncia a necessidades e desejos pessoais, passividade	XXXXXXXXXE

Copyright 2000 Symlog Consulting Group, 18580 Polvera Dr., San Diego, CA 92128. (858) 673-2098.   Todos os direitos reservados.
Versão autorizada por R.F. Bales.   10/10/00 05:41 FL-US Direct CRS 50006657 Symnet 3.20 Pres in Internet Editice

Figura 7.21 – Gráfico de barras: diretoria de empresa privada

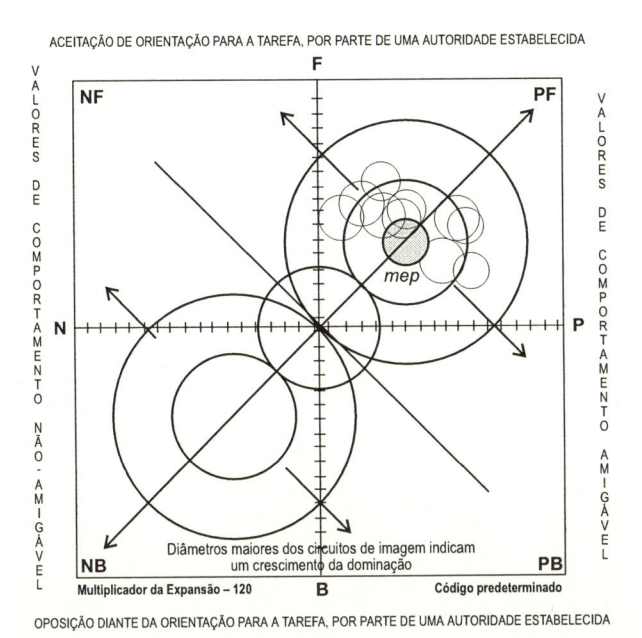

Figura 7.22 – Diagrama de campo: diretoria de empresa privada

A Aplicação Team 3 também permite a aplicação de questionários para o levantamento da cultura da organização e os resultados foram os seguintes:

Comentário Geral do Relatório Symlog

Os membros deste tipo tentam evitar parecerem dominadores em seu comportamento interpessoal, mas em geral seu comportamento é o de conter e enfatizar o fazer as coisas corretamente, de acordo com as regras, tendendo a fazer com que eles pareçam (para outros membros mais liberais) ser antipáticos e de alguma forma dominadores. Eles parecem estar constantemente preocupados com as demandas da tarefa e com a ameaça de que o grupo possa falhar na tarefa, e, por decorrência, fazendo com que eles incorram na reprovação por parte da autoridade. Parecem ser insistentes em chamar a atenção para as regras, as limitações, os contratos, as exigências ou o que deve ser levado em conta.

As imagens mostram claramente que a imagem da cultura atual (CUR) está muito próxima à imagem dos valores recompensados (REW), e que eles supõem serem vistos pelos clientes (CXP), numa posição muito diferente, dentro do círculo de referência e demonstrando muito mais inclinação para relações amigáveis. A imagem de como deveriam ser no futuro para serem mais eficazes (FUT) acabou situando-se justamente no outro lado do círculo de referência, mostrando uma tendência ainda maior para o lado das relações amigáveis e com menos orientação para a tarefa.

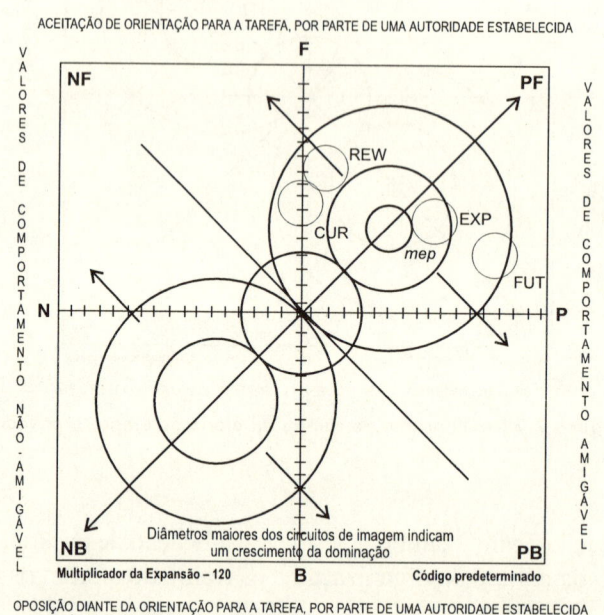

Figura 7.23 – Diagrama de campo Team 3: organização

4.5.3. Final de Uma Fase do Programa de Formação Aberto

Contexto

Esta aplicação foi realizada por um grupo de formação de consultores organizacionais ministrado por V&A no qual os integrantes estiveram juntos por cinco anos e durante os últimos 18 meses se dedicaram a estudar o Método Symlog como parte de sua formação. Tratava-se de um grupo maduro e em condições de fazer uma investigação aprofundada de suas práticas e valores.

Resultados

Os resultados mostraram um grupo com um ótimo perfil em média, tipo final PF, idealismo responsável e colaboração no trabalho, tendo como resulta-

APLICAÇÕES SYMLOG **181**

dos abaixo do perfil mais eficaz apenas dois itens: eficiência, gestão firme e imparcial, humor exagerado, alívio de tensão e relaxamento de controles e acima do perfil mais eficaz em um item: autoproteção, primazia dos interesses próprios e auto-suficiência.

Relatório Baseado nas Avaliações Agregados

Tipo: PF
Avaliações: 90
Localização final: 1.6U 5.9P 6.8F

A barra de Xs = a avaliação média sobre cada item
E = a localização ótima para a maioria dos trabalhos eficazes

#		Item	Raramente — Às Vezes — Freqüentemente
1	U	Sucesso financeiro individual, proeminência pessoal e poder	
2	UP	Popularidade e sucesso social, ser querido(a) e admirado(a)	
3	UPF	Trabalho proativo em equipe, voltado para as metas comuns, unidade organizacional	
4	UF	Eficiência, gestão firme e imparcial	
5	UNF	Reforço ativo da autoridade, regras e regulamentos	
6	UN	Intransigência, assertividade auto-orientada	
7	UNB	Rudeza, individualismo auto-orientado, resistência à autoridade	
8	UB	Humor exagerado, alívio de tensão, relaxamento dos controles	
9	UPB	Proteção dos membros menos capacitados, oferecimento de ajuda quando necessário	
10	P	Igualdade, participação democrática nas tomadas de decisão	
11	PF	Idealismo responsável, colaboração no trabalho	
12	F	Conservadorismo, formas estabelecidas e "corretas" de fazer as coisas	
13	NF	Contenção dos desejos individuais em favor das metas organizacionais	
14	N	Autoproteção, primazia dos interesses próprios, auto-suficiência	
15	NB	Rejeição aos procedimentos estabelecidos, rejeição ao conformismo	
16	B	Mudança para novos procedimentos, valores diferentes, criatividade	
17	PB	Amizade, satisfação mútua, recreação	
18	DP	Confiança na bondade dos outros	
19	DPF	Dedicação, fidelidade, lealdade à organização	
20	DF	Obediência à hierarquia de comando, comportamentos de acordo com a autoridade	
21	DNF	Auto-sacrifício, se necessário para atingir as metas da organização	
22	DN	Rejeição passiva da popularidade, auto-isolamento	
23	DNB	Resignação ante o fracasso, retraimento do esforço	
24	DB	Resistência passiva à cooperação com a autoridade	
25	DPB	Contentamento, despreocupação	
26	D	Renúncia a necessidades e desejos pessoais, passividade	

Copyright 2002 Symlog Consulting Group, 18580 Polvera Dr., San Diego, CA 92128. (858) 673-2098. Todos os direitos reservados.
Versão autorizada por R.F. Bales. 07/02/02 FLS. 30 FL-US AGGREGATE 50007377 Symnet 3.50 Pres in Internet Editce

Figura 7.24 – Gráfico de barras: programa aberto de formação de consultores

182 MÉTODO SYMLOG E APRENDIZAGEM ORGANIZACIONAL

No diagrama de campo podemos ver que as imagens da auto-avaliação (YOU) e a hetero-avaliação (ACT) se aproximaram bastante, mostrando que o grupo tem uma boa autopercepção. O grupo supõe ser visto (EXP) com uma tendência maior para relações amigáveis e um pouco menos ligado à tarefa e sem variação no eixo do poder. Quanto à pergunta relativa ao desejo (WSH), o grupo mostra uma clara tendência de se deslocar do núcleo de referência para o lado do trabalho liberal em equipe e com um aumento significativo no eixo do poder, ou seja, o grupo deseja relações mais amigáveis e mais poder, sem reduzir muito o nível de tarefa.

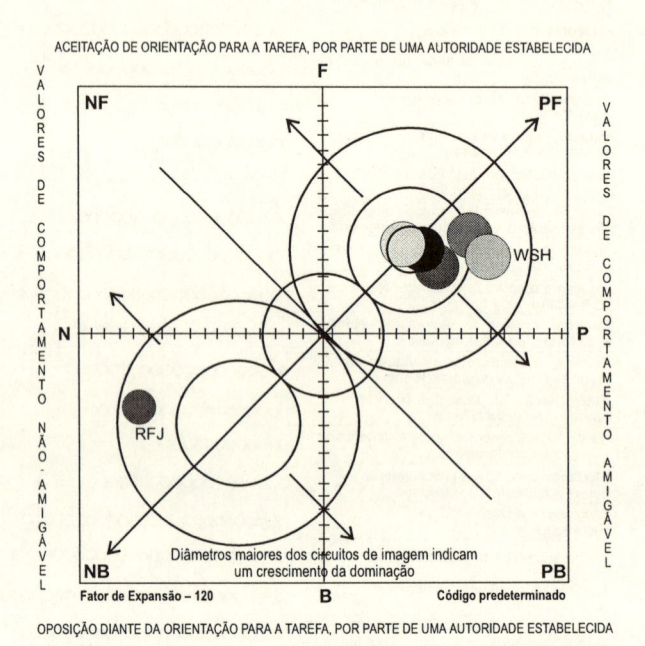

Figura 7.25 – Diagrama de campo: programa aberto de formação de consultores

QUARTA PARTE

Usos Internacionais do Método Symlog

Capítulo 8

Múltiplas Aplicações Internacionais do Symlog

Várias aplicações do Método Symlog foram registradas nestes 20 anos de consultoria, ensino e colaboração de pesquisa de centenas de parceiros. Algumas destas aplicações foram registradas em várias obras. Vamos resumir algumas destas aplicações dos registros do Symlog Consulting Group, muitas ilustradas no livro *The Symlog Practitioner* (Preager, New York, 1988).

1. Aplicações em Terapias

1.1. Grupos de Auto-Análise

Uma preocupação básica em mais de 10 grandes universidades em todo o mundo, que aplicam o Método Symlog como suporte aos cursos de dinâmica de grupo com base analítica, tem sido superar as barreiras da aplicação segura e confidencial de levantamentos ou pesquisas laboratoriais, de modo a conciliar os objetivos de confiabilidade e validade científicas, ao lado do conforto e sigilo pessoal dos participantes. O ensino, a pesquisa acadêmica e a própria prática terapêutica têm sido extremamente beneficiados com o uso do Método Symlog.

1.2. Terapia de Grupo

Um dos campos alvissareiros no uso do Método Symlog consiste nas suas aplicações em terapias de grupo, com a ajuda proporcionada pelas avaliações periódicas e pelos relatórios de interação entre os membros participantes. A literatura registra contribuições dessas medidas sistemáticas em grupos de inspiração psicanalítica e no uso simultâneo com técnicas de psicodrama e de dramatização.

1.3. Terapia Familiar

Muitos contemporâneos e alunos do Prof. Robert Freed Bales têm usado o Método Symlog em aplicações com terapia familiar, como forma sistemática de acompanhamento do clima desses grupos ou dos padrões interativos. O método tem servido como instrumento de grande utilidade no aprendizado e na eficácia dos processos de feedback. Uma das teses centrais da teoria do Prof. Robert Freed Bales é que o terapeuta, especialmente o terapeuta familiar, deve ter um dos dois perfis mais adequados: ser um "nutridor empático" (UPB) no início do processo e ir lentamente se deslocando para um papel de "facilitador empático" (UPF).

Ilustração: A literatura do Symlog Consulting Group registra um caso interessante de terapia familiar. O paciente hipotético, chamado DAN, é identificado como um estudante de Assistência Social que se sentiu "preso", sem condições

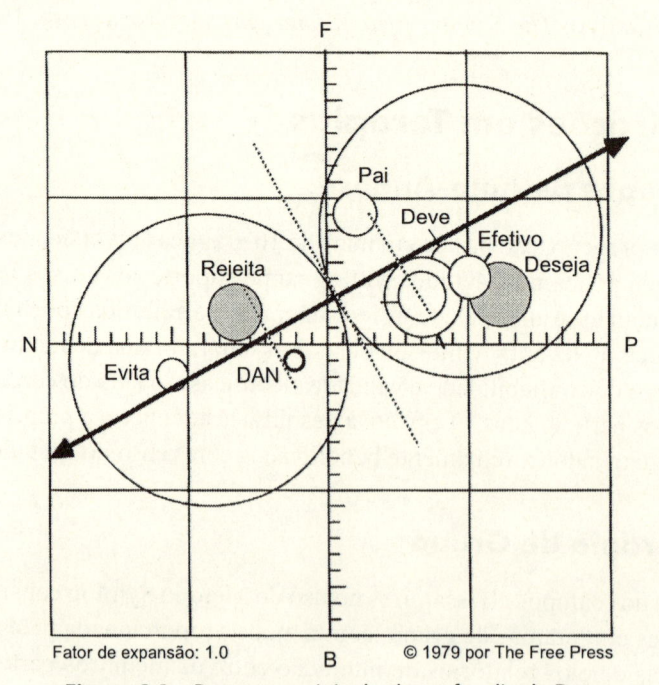

Figura 8.1 – Percepção original sobre a família de Dan

de mudança, na sua estrutura familiar disfuncional, na qual o pai era frágil e a mãe, muito poderosa. Ele se via na família como alguém sem poder, sem demonstração de afeto positivo e sem equilíbrio emocional. Quando foi solicitado a fazer uma avaliação sobre o sistema familiar, DAN identificou seu pai na mesma posição que ele se auto-avaliava. Quando DAN reconheceu os resultados contidos nos dois diagramas, este seu salto de consciência permitiu, no depoimento do terapeuta, novas discussões sobre transferência, identificação e mecanismos de projeção.

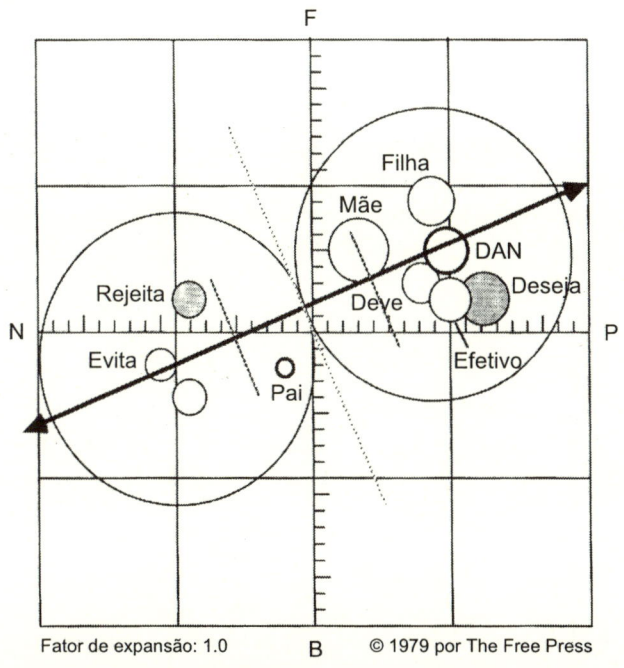

Figura 8.2 – Percepção de Dan sobre a família na terapia

1.4. Terapia Individual

Há registros de uso do Método Symlog entre os terapeutas de base cognitiva, especialmente entre os que se inclinam a usá-lo junto com os instrumentos inspirados na teoria dos construtos do Prof. George Kelly, reduzindo as categorias temáticas aos três eixos básicos do Método Symlog como um meio de avaliar as dimensões bipolares da auto-imagem.

Ilustração: Um estudo interessante nos registros do Symlog Consulting Group trata da avaliação feita por terapeutas sobre pacientes histéricos e pacientes limítrofes (*borderliners*). Os terapeutas consideram que os pacientes limítrofes são avaliados no início dos processos terapêuticos como submissos, sem expressão de afeto positivo e predominantemente expressivos, enquanto os histéricos no início da terapia se apresentam dominantes, positivos e ajustados a normas e tarefas. O estudo feito revelou que os terapeutas esperam uma mudança nos pacientes histéricos na dimensão do afeto, enquanto há poucas expectativas de mudanças nos pacientes limítrofes na dimensão de influência e poder, ao longo do processo terapêutico. Outras mudanças foram registradas, o que desautorizou a hipótese inicial dos terapeutas, como uma suposição genérica. Eles próprios consideraram esta experiência como sendo de grande utilidade, encorajando outras aplicações com o Método Symlog para avaliação de processos interativos em cenários de terapia individual ou de grupo. Seu argumento básico é que mudanças de comportamento no curso da terapia podem ser demonstradas objetivamente, cientificamente, e registradas para análises criteriosas.

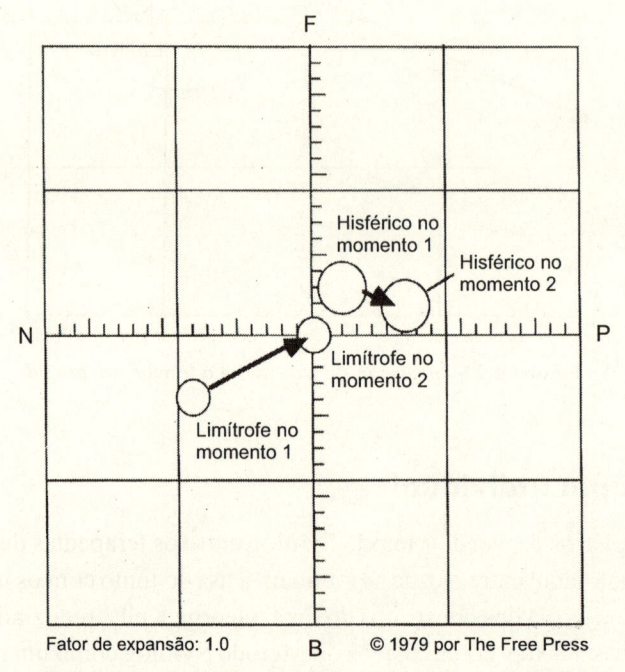

Figura 8.3 – Dois tipos de paciente: histéricos e limítrofes

2. Aplicações em Ambientes de Ensino

2.1. Administração de Sala de Aula

A pesquisa sobre os padrões de liderança do professor em sala de aula, os padrões interativos e a criação de normas mais eficazes para a aprendizagem têm mantido um foco permanente no uso do Método Symlog no que se refere aos processos de administração eficaz das salas de aula. Esta pesquisa envolve avaliações unilaterais do professor sobre o perfil dos alunos. Mas, idealmente, poderia também envolver avaliação dos alunos entre si, ou avaliações recíprocas entre professores e alunos, ou, ainda, levantamentos do próprio quadro administrativo das escolas. Uma das linhas de pesquisa mais significativas é o entendimento das normas mais producentes de aprendizagem que deveriam ser propostas e implementadas, especialmente pelos professores que desejam ser mais eficazes em sala de aula.

Ilustração: A literatura do Symlog Consulting Group identifica com a pesquisa dos Profs. B. K. Parke e H. C. Houben sete grupos ou perfis de relação entre

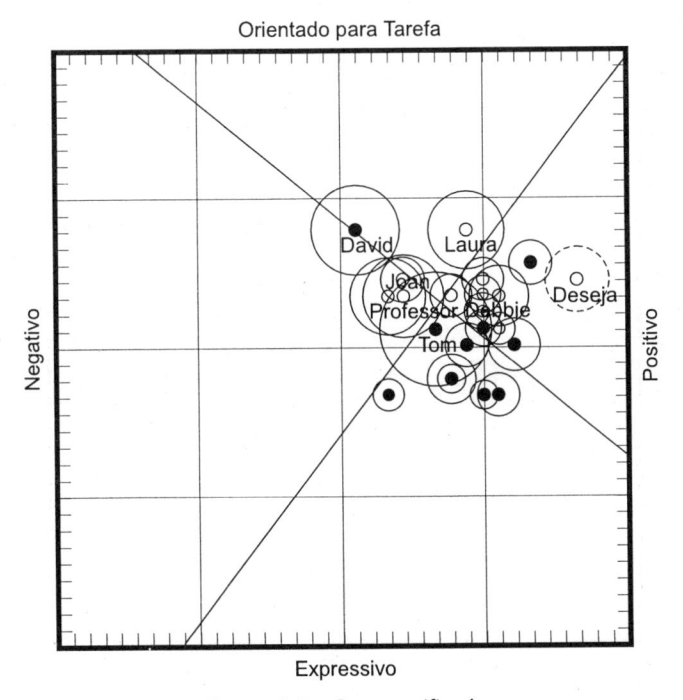

Figura 8.4 – Grupo unificado

professores e alunos, após estudos com 96 professores que acompanharam e avaliaram sistematicamente seus alunos em salas de aula. Quatro tipos de grupo ou quatro formações foram mais expressivos: (1) Grupos Unificados, em torno de 10% dos casos, cujos comportamentos os professores julgam de cooperação amigável com os objetivos que eles definiram unilateralmente; (2) Grupos Polarizados ou Tendendo à Polarização, em torno de 44%, cuja tônica é a reação dos alunos a uma atitude de neutralidade do professor, considerada por eles como expressão de afeto negativo; (3) Grupos Fragmentados com Tendência a Bode Expiatório, com 18%, cuja tônica é parecida com os grupos de polarização, que têm como reação dividirem-se diante de uma hipotética falta de afetividade do professor, só que agora com a emergência de um bode expiatório que pagará o ônus da falta de coesão e harmonia do grupo; e, ainda, um outro grupo, que poderia ser caracterizado como (4) Fragmentado, com 17%, cuja característica é a fuga das tarefas ou da reflexão temática.

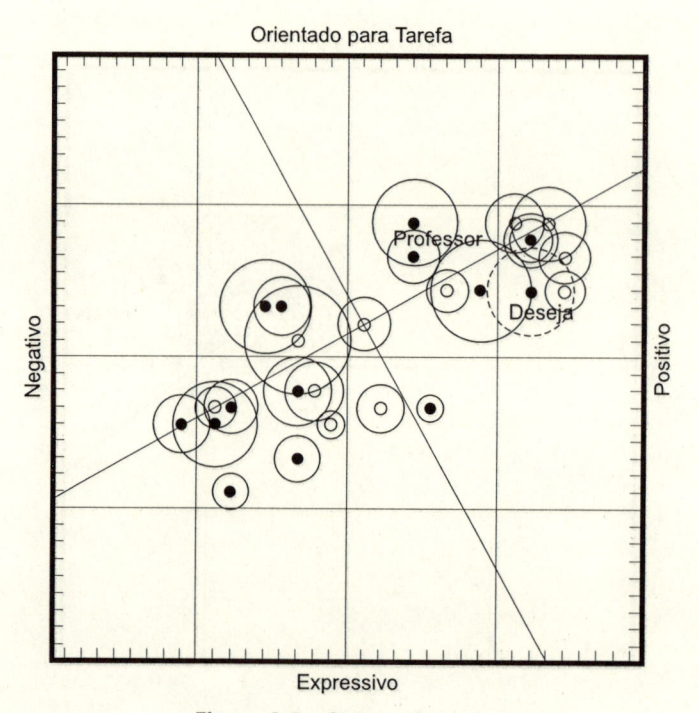

Figura 8.5 – Grupo polarizado

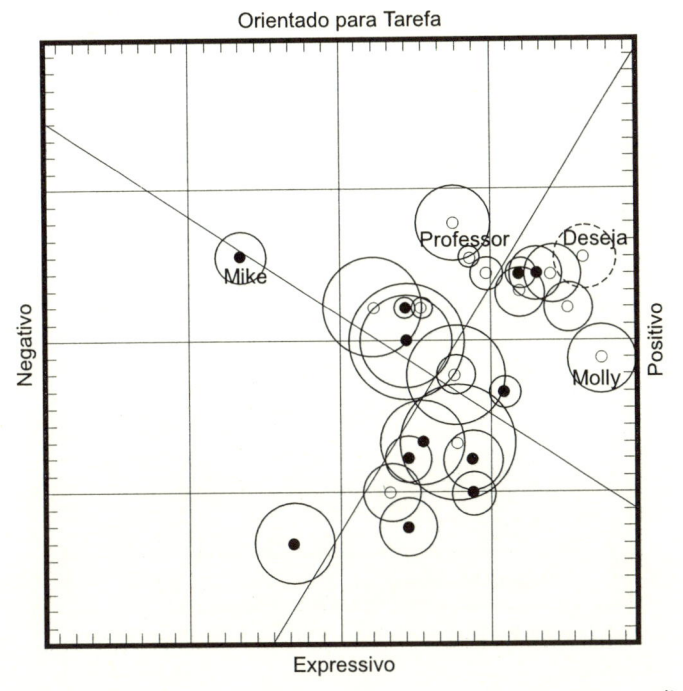

Figura 8.6 – Grupo fragmentado com imagens de bode expiatório e mediador

2.2. Faculdades de Administração

Uma das linhas mais interessantes de pesquisa é orientada para traçar o perfil dos ambientes de faculdades de administração. Elas foram usadas no nível de bacharelato, MBA's e mestrados, envolvendo avaliações de imagens ou temas como formação de equipe, utilidade de material usado, análise de casos escritos que tratam de ética, papéis gerenciais, grau de satisfação nas interações de grupos de residentes e atitudes ou imagens de personalidades relevantes do mundo político, social, empresarial e religioso.

Ilustração: Um levantamento muito curioso foi realizado na UCLA, na cadeira de pesquisa de mercado do mestrado de administração, sobre os valores inferidos ou atribuídos a personalidades importantes. Na ilustração a seguir podem ser vistas figuras expressivas que causam conforto ou desconforto aos entrevistados, se considerarmos as avaliações ou atribuições que lhes foram feitas. Muitas das avaliações parecem ter, claramente, uma nítida característica dos estereótipos ideológicos da cultura americana.

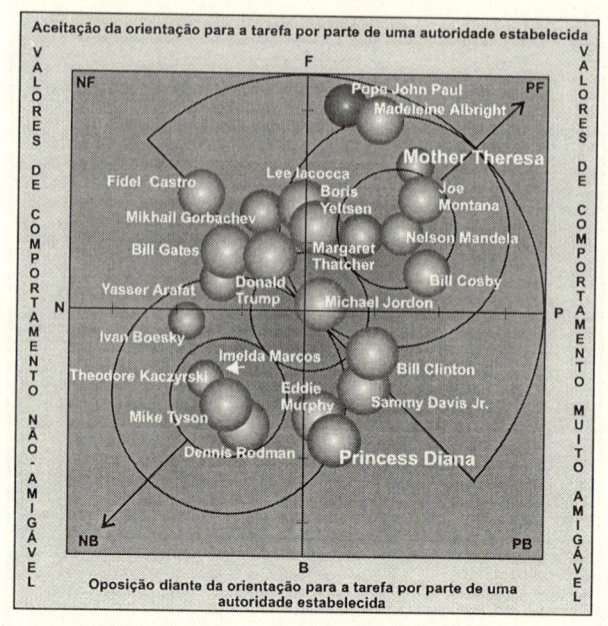

Figura 8.7 – Diagrama de campo: personagens públicos

3. Intervenções de Assistência Social

3.1. Assistência Social

Os trabalhos assistenciais envolvendo pessoas, famílias e comunidades têm recebido uma enorme contribuição do Método Symlog. Dentre os registros mais significativos há um projeto de educação de jovens trabalhadores, especialmente no que se refere aos valores mais eficazes no processo de seu treinamento de reabilitação.

Ilustração: Nos registros do Symlog Consulting Group há uma pesquisa dos Profs. R. B. Polley e P. D. Skinner sobre perfil Symlog de delinqüentes. O grupo de delinqüentes foi avaliado por quatro professores e terapeutas. No caso, a polarização reflete um dilema básico para o processo de reabilitação. Como se pode ver no diagrama a seguir, a maioria expressa valores associados com expressividade, criatividade e crescimento, mas também expressa valores relevantes para as questões de busca de relaxamento de tensão e de controle, além de não-cooperação passiva com a autoridade.

O diagrama abaixo mostra aspectos relevantes: há uma clara divisão em dois grupos que estabelece uma forte polarização: Tom está inteiramente ajustado às normas estabelecidas; Sam parece poder exercer um papel de mediador; Bill se aproxima de Tom, juntamente com Sam, no que se refere à dimensão de afeto; a maioria absoluta está na direção de afastamento da tarefa, em busca de expressividade individual; quatro membros estão próximos ao ponto extremo do eixo PB, no caso próximo a B, e outros não estão inclinados a ficar num espaço de socialização ou de cooperação com as normas e tarefas de aprendizagem e reabilitação.

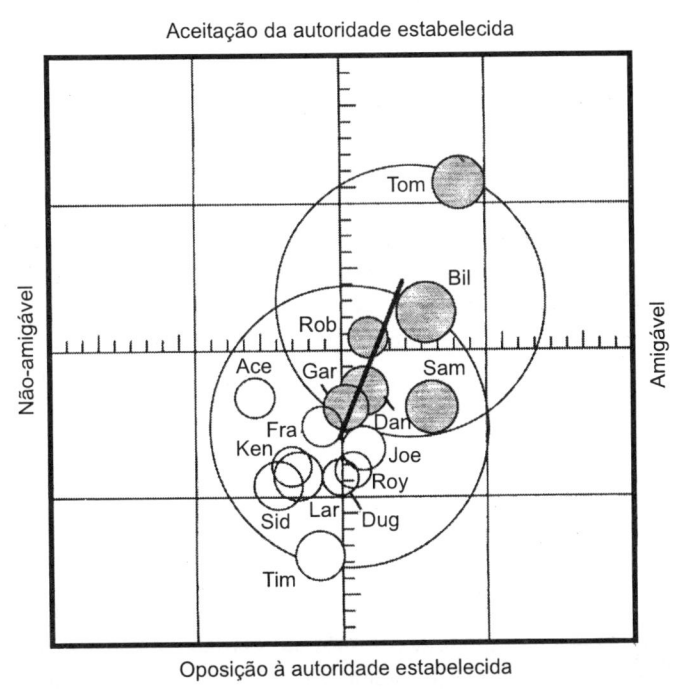

Figura 8.8 – Análise de polarização entre jovens delinqüentes

4. Aplicações em Análise de Conteúdo

4.1. Textos Diplomáticos de Relações Internacionais

Há estudos interessantes no campo dos documentos e acordos internacionais. Num trabalho pioneiro para o Método Symlog, o Prof. R. F. Bales refere-se a um estudo de análise de conteúdo da documentação existente sobre as negociações diplomáticas entre egípcios e israelenses e a um outro projeto de avaliação de imagens de um grupo de visitantes a um outro país, comparando-as às imagens de seu próprio país.

4.2. Análise Temática e de Conteúdo

O Prof. Richard Boyatzis coloca formalmente o Método Symlog em seu curso básico de Análise de Conteúdo como um dos métodos mais eficazes em uso na moderna pesquisa de análise de imagens. O Método Symlog tem uma das pesquisas mais abrangentes, complexas e profundas sobre classificação de metáforas e representações imagísticas. Ele vem sendo usado em lingüística, em estudo de línguas comparadas, em retórica e em estudo de textos sagrados, sempre envolvendo questões de significado.

Ilustração: O Prof. Christopher T. Rupert apresenta um estudo fascinante sobre a personalidade dos autores e apóstolos do Novo Testamento, com base nos textos escritos por e sobre essas personagens. Os textos em questão foram submetidos à análise de todas as suas imagens, a partir de classificação objetiva de tópicos, subtópicos em todos os parágrafos. Vários comentários curiosos foram feitos, do tipo: as cartas do apóstolo Paulo se tornam mais amigáveis e ternas, todas as vezes que vieram sob inspiração ou orientação de Timóteo.

Neste estudo, o Prof. C. T. Rupert indicou as análises feitas sobre as imagens dos apóstolos antes e depois do primeiro concílio ecumênico, que indicava que havia dois grupos, um chefiado por Paulo e outro por Tiago. Eles disputavam duas orientações antagônicas: um eixo de norma, a ortodoxia, e um eixo do afeto, a caridade incondicional. O apóstolo Pedro ficava ambivalente nesta disputa. Ele, embora numa faixa de ambivalência, era o apóstolo mais adequado para ser o líder de todos os demais. O Prof. C. T. Rupert julga que Cristo acertou na escolha. Na fase posterior ao primeiro concílio ecumênico, os valores cristãos são mais objetivos, predominando o exercício das virtudes humanas sobre o da auto-indulgência. Esta nova orientação criou uma nova polarização, diferente da primeira fase: estabeleceu um paradoxo entre orientação afeto-tarefa × distanciamento-expressividade. Estas duas situações podem ser vistas nos diagramas a seguir:

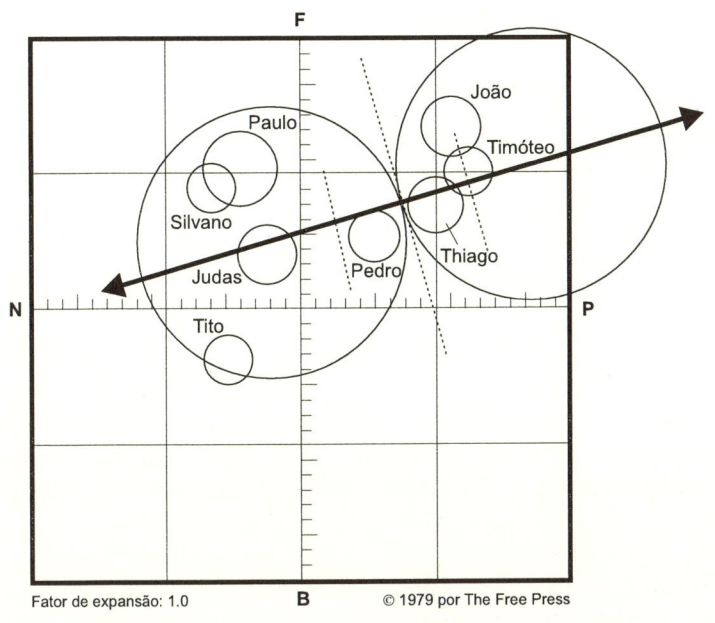

MÚLTIPLAS APLICAÇÕES INTERNACIONAIS DO SYMLOG **195**

Figura 8.9 – Comunidade apostólica antes do concílio

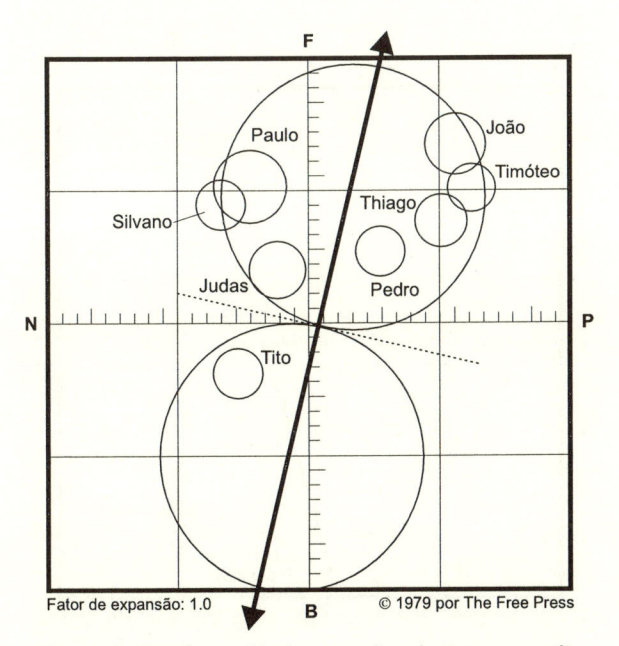

Figura 8.10 – Comunidade apostólica durante o concílio

5. Avaliações de Imagem

5.1. Avaliação de Imagem e Atitude

Os estudos de imagens e atitudes são abundantes nos registros do Método Symlog. Uma das mais fascinantes aplicações é de avaliação de perfis de candidatos a eleições, comparados às imagens de candidatos ideais, opostos aos ideais, candidatos mais aceitos e aprovados e candidatos mais rejeitados. As medidas de avaliação incluem imagens de pessoas, grupos, instituições, comunidades, objetos, eventos ou conceitos abstratos.

A aplicação do Método Symlog é praticamente ilimitada, porque a teoria é extremamente robusta para ajudar na construção teórica de associações mentais, classificação de sentimentos e, especialmente, para identificar tendências a teorias de ação ou de prática profissional. O Método Symlog pode ser de extrema importância na técnica de posicionamento de atributos e para a confecção de campanhas de comunicação social mais eficaz.

Ilustração: Um estudo interessante foi feito entre 35 cadetes portugueses, no quarto ano de sua formação acadêmica militar, para que descrevessem os valo-

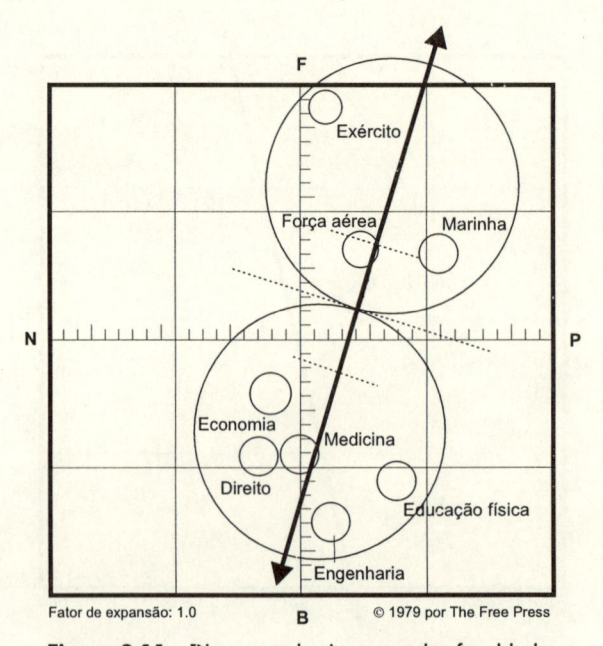

Figura 8.11 – Diagrama das imagens das faculdades

res organizacionais da academia naval, comparada a outras academias militares e outras faculdades civis. Observando a média das avaliações no diagrama da Figura 8.11, percebe-se que os valores das três academias militares estão no quadrante extremamente favorável, se comparados com as avaliações feitas para as faculdades de Economia, Medicina e Direito. É muito surpreendente a avaliação que os cadetes (e sua subcultura) fizeram dos valores da faculdade de Engenharia, que recebeu um traço de alta expressividade, inteiramente oposto ao suposto eixo de objetividade e racionalidade comum ao arquétipo da função ou atividade da engenharia marcados de racionalidade e objetividade. Outra avaliação surpreendente é da faculdade civil de Educação Física, cuja leitura bem poderia ser de uma "deformação expressiva" das práticas ou exercícios militares.

5.2. Pesquisas de Posicionamento de Marketing (*Positioning*)

Uma das aplicações emergentes do Método Symlog está relacionada à avaliação específica de imagem de mercado ou de posicionamento – ou seja, obter uma imagem distintiva na mente do consumidor ou do mercado. O Método Symlog tem sido usado freqüentemente nas pesquisas de imagem pública de produtos ou de marcas. Esses estudos de mercado se aproximam dos vários tipos de pesquisa sobre diferencial semântico, que vêm sendo usados desde a década de 60. Uma vantagem extraordinária do Método Symlog é que ele literalmente abarca todas as possibilidades de aglomerado lingüístico, uma vez que qualquer verbo ou adjetivo estará de imediato posicionado em um dos 27 espaços psicográficos. A possibilidade de haver uma superposição de eixos ou de simplificação de eixos temáticos é muito alta quando as escolhas são aleatórias ou inteiramente abertas. Quando são usados adjetivos ou indicadores comportamentais através dos eixos semânticos e seus opostos na teoria Symlog, garante-se, na prática, a inclusão de todos os atributos possíveis que se possam oferecer para a avaliação de um produto ou serviço, uma empresa, uma idéia, ou mesmo um evento.

Ilustração: Uma pesquisa muito significativa foi feita com base em Grupos Focais (*Focus Groups*) nos quais as redes de restaurantes Burger King, McDonald's, Wendy's, Ground Round e Chi-Chi foram avaliadas quanto aos seus posicionamentos. Foram feitas as transcrições lingüísticas entre os vetores do Método Symlog e as descrições de produtos/serviços dessas redes. Pode-se ver pelo diagrama a seguir que a imagem de Pior Restaurante estava associada a ser "explorador dos clientes, resistente ou confrontador das expectativas do cliente, não se esforçando para oferecer serviços com profissionalismo e acolhimento, revelando baixo grau de cooperação com as demandas do mercado". A imagem de Melhor Restaurante estava associada com a "criação de uma atmosfera feliz e amiga, sendo uma empresa com sinais de progresso, fazendo trabalho em equipe, com padrões de excelência nos serviços, com alto grau de rapidez nas respostas às demandas dos clientes e pronta para atender suas necessidades individuais".

Observando-se o diagrama, vê-se na prática que o McDonald's e o Burger King precisariam melhorar o volume e a qualidade da comunicação de propaganda, assim como os seus padrões operativos, para diferenciá-los de outros restaurantes do tipo fast-food. Talvez um novo conceito fosse interessante: "serviço imediato" em lugar de fast-food. Ambos precisam, pelo levantamento, melhorar sua ênfase na "entrega amigável dos serviços" e serem mais "calorosos na receptividade aos clientes", com relações mais próximas. Enfim, a pesquisa revelou que as três principais redes tinham uma considerável dificuldade de apresentar seus serviços, de modo a atender às necessidades mais indi-

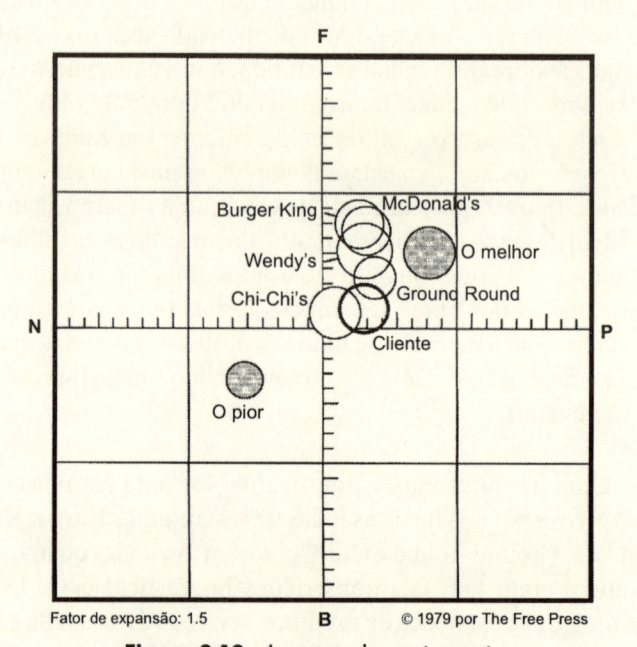

Figura 8.12 – Imagens dos restaurantes

viduais de seus clientes. As três estariam focando um novo conceito e novos procedimentos para a direção de "cuidar melhor" dos seus clientes.

6. Desempenho Artístico

6.1. Artes Cênicas e Esportes

A literatura também registra usos do Método Symlog na ajuda a diretores e atores de teatro para afinarem a percepção dos atores e para ajudá-los na interpretação de seus personagens, a partir da avaliação dos perfis personagens × ensaios, de modo a aquilatar o grau de proximidade dos valores e dos traços pessoais dos personagens e o desempenho proposto ou alcançado pelos atores. Outro uso interessante na pesquisa se refere à avaliação do grau de coesão e de eficácia de times de futebol.

Ilustração: Ilustramos na parte dos usos práticos do Método Symlog no Brasil uma avaliação de técnicos de futebol de nossa seleção como uma forma de aplicação para avaliar o estilo de liderança no esporte. Um diz respeito a como avaliar os personagens do filme comercial *Doze Homens e Uma Sentença* e outro a uma avaliação de imagens dos treinadores da seleção brasileira de futebol.

7. Aplicações em Organizações

7.1. Liderança

O estudo de valores e perfis de liderança e de seu grau de eficácia é, com absoluta certeza, uma das aplicações mais freqüentes, ricas e auspiciosas do mundo das organizações. A partir da análise dos 27 tipos genéricos de aglomerados de valores e seus possíveis perfis de liderança, perto de 100 arquétipos com pequenas variações podem ser encontrados em toda a pesquisa de tipos de líderes, a partir do uso do Método Symlog, nestes 20 anos de levantamentos sistemáticos. Destes arquétipos, nove tipos de líderes têm-se revelado como presentes em mais de 75% de todos os perfis levantados.

Ilustração: Com base nos levantamentos do Symlog Consulting Group em todo o planeta sobre o perfil do Líder Mais Eficaz (MEL), podemos ver no diagrama a seguir as pequenas variações em torno de um líder UPF considerado o "ideal" em todos os continentes.

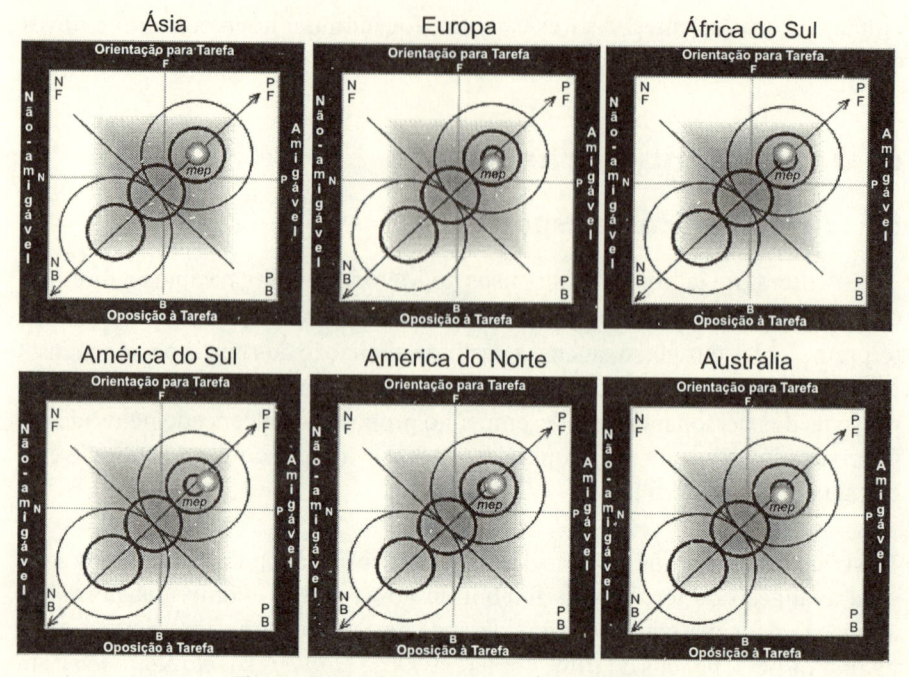

200 MÉTODO SYMLOG E APRENDIZAGEM ORGANIZACIONAL

Figura 8.13 – Diagrama dos seis continentes

7.2. Formação de Equipe

Um uso sistemático do Método Symlog está associado à formação e ao desenvolvimento de equipes coesas e eficazes. O método é capaz de oferecer informações sistemáticas sobre a posição de valores e de comportamentos de membros de equipes, em variadas situações e contextos, de modo a poder revelar o grau de coesão, de unificação e eficácia de uma equipe. A aplicação sistemática do método permite também fazer uma avaliação objetiva e científica da evolução de uma equipe na direção de seu perfil ideal de coesão, unificação e eficácia. Outro uso importante é a possibilidade de identificar os comportamentos e valores que são mais eficazes em diversas situações de desempenho da equipe. Finalmente, os membros da equipe podem ser beneficiados pelas orientações normativas de valores e comportamentos dos membros entre si.

Ilustração: Uma ilustração interessante foi extraída de uma pesquisa com base em estudo longitudinal envolvendo diretores e gerentes da lista das 500 maiores empresas da revista *Fortune*. Dentre os muitos instrumentos de levanta-

Fator de expansão: 1.43   © 1979 por The Free Press

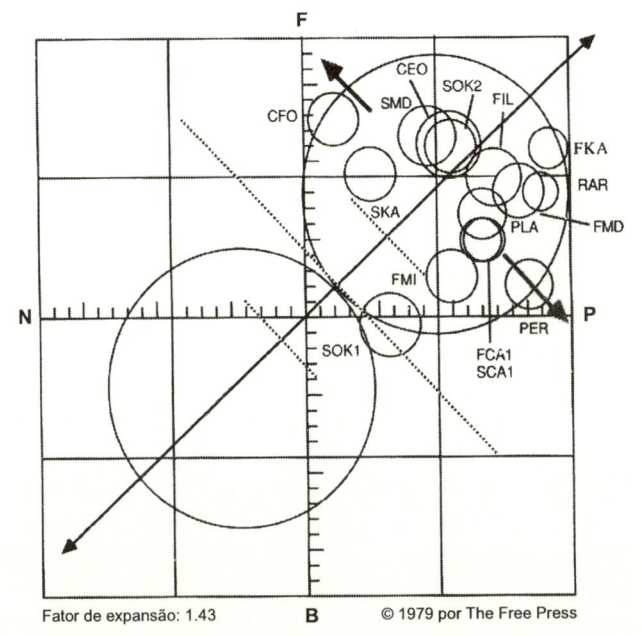

Figura 8.14 – Avaliações de um grupo de líderes da ANDOR

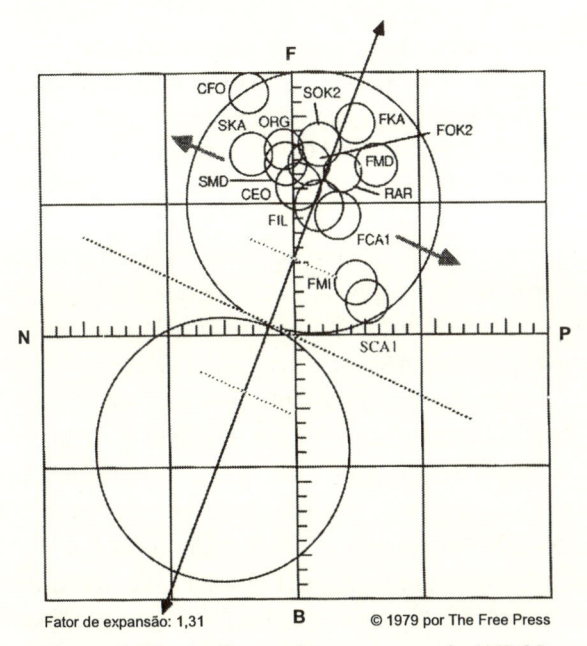

Fator de expansão: 1,31   © 1979 por The Free Press

Figura 8.15 – Avaliações de outro grupo da ANDOR

mento que foram usados, o Método Symlog foi escolhido para duas formas diferentes de levantamento: (1) observação e avaliação de comportamentos em reuniões de planejamento estratégico e definição de orçamento, assim como em reuniões de tomadas de decisões operacionais, e (2) avaliações de comportamentos e valores demonstrados pelos 12 diretores principais de uma empresa, nomeada hipoteticamente de ANDOR. As duas médias de grupo podem revelar uma diferença entre comportamentos e valores, confirmando a tese que mais de um comportamento pode estar presente numa mesma orientação de valor.

7.3. Clima e Cultura

Levantamentos de clima, atmosfera e cultura são os produtos considerados mais adequados e seguros dentre os proporcionados pelo uso do Método Symlog. Na verdade, a consideração das intersecções, superposições e pontos médios de avaliações de imagens de um artefato cognitivo e social – do tipo "Quais os valores mais comuns encontrados num determinado ambiente ou cultura" –, é capaz de revelar um padrão médio de comportamentos ou de inclinação por valores que inspiram aquela cultura: representa a mais segura leitura dentre todos os tipos de levantamento do Método Symlog, talvez por haver menor grau de contaminação dos estados emocionais ou das defesas de auto-imagem dos respondentes. Quase sempre as pessoas respondem estes levantamentos sobre os comportamentos e supostos valores dos outros numa cultura sem levar em conta que o seu próprio comportamento é o modelo ou padrão vigente. É como se cada um dos respondentes fosse uma pessoa de "fora" ou uma "exceção" da cultura, normalmente se auto-avaliando "melhor".

Ilustração: Um projeto significativo de análise intercultural foi realizado entre os dirigentes nacionais e regionais de uma multinacional, produtora de veículos, avaliando diversos pressupostos de gestão. Foram levantados seus pontos de vista sobre estes pressupostos na Dinamarca, na França, na Holanda, na Suíça e na Alemanha. O projeto centrou-se na compreensão de oito questões: (1) "valores atualmente presentes nos objetivos da empresa"; (2) "valores presentes nas atitudes das pessoas"; (3) "valores próximos às aspirações da pessoa"; (4) "que valores você (respondente) efetivamente demonstra em seus comportamentos"; (5) "quais valores um gerente 'menos eficaz' exibe em seus comportamentos"; (6) "valores importantes para facilitar o desenvolvimento da empresa no futuro"; (7) "quais os valores de um gerente 'mais eficaz'"; e (8) "valores importantes para o desenvolvimento da cooperação".

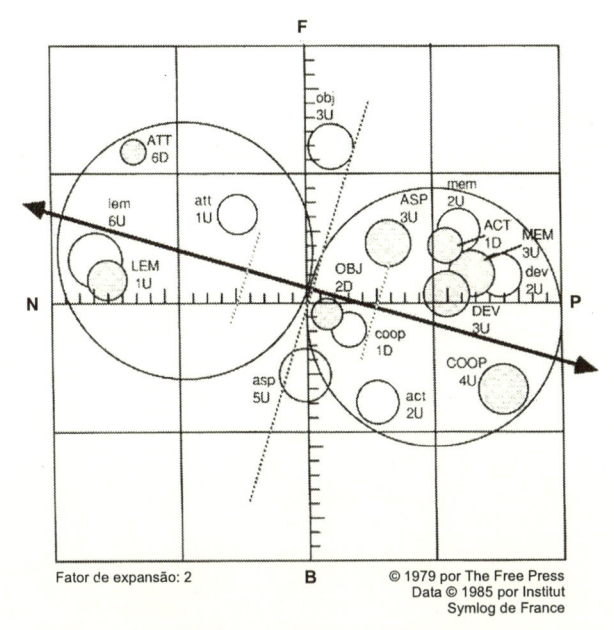

MÚLTIPLAS APLICAÇÕES INTERNACIONAIS DO SYMLOG 203

Figura 8.16 – Avaliações na Dinamarca

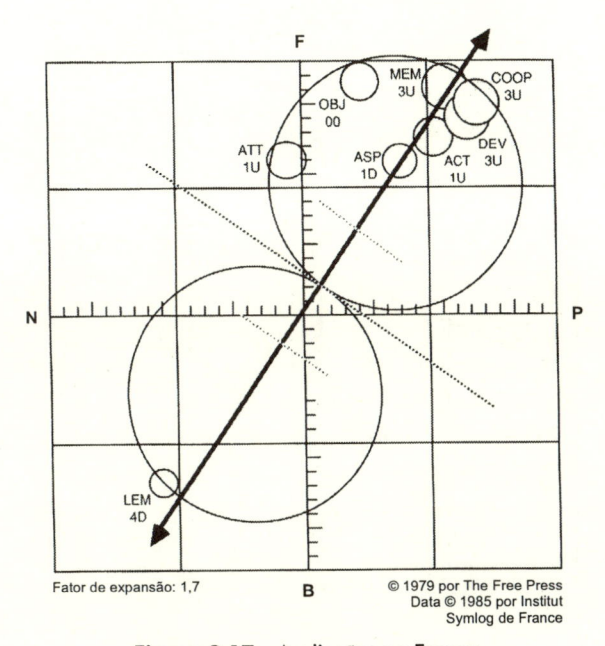

Figura 8.17 – Avaliações na França

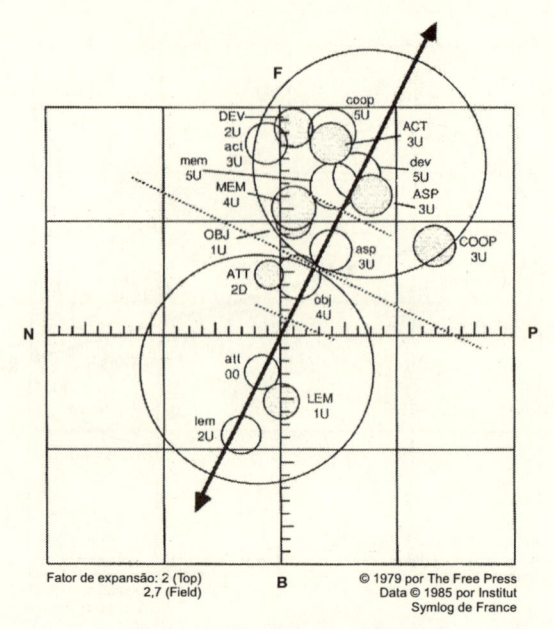

204 MÉTODO SYMLOG E APRENDIZAGEM ORGANIZACIONAL

Fator de expansão: 2 (Top)
2,7 (Field)

© 1979 por The Free Press
Data © 1985 por Institut
Symlog de France

Figura 8.18 – Avaliações na Holanda

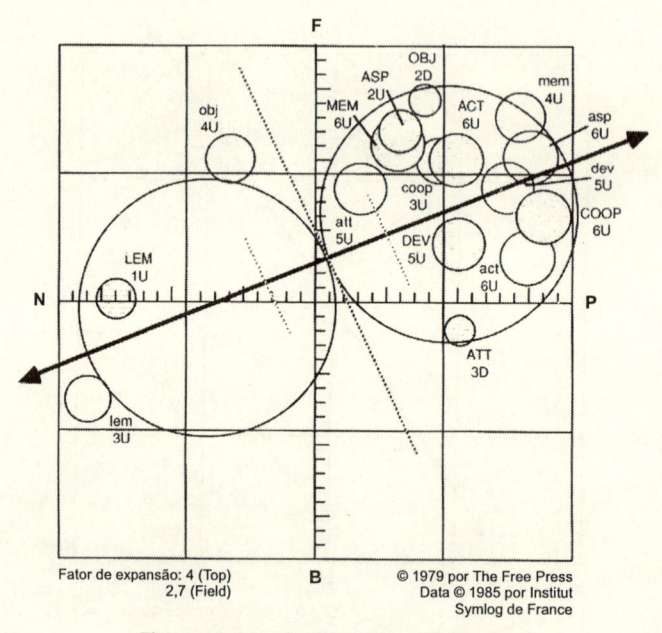

Fator de expansão: 4 (Top)
2,7 (Field)

© 1979 por The Free Press
Data © 1985 por Institut
Symlog de France

Figura 8.19 – Avaliações na Alemanha

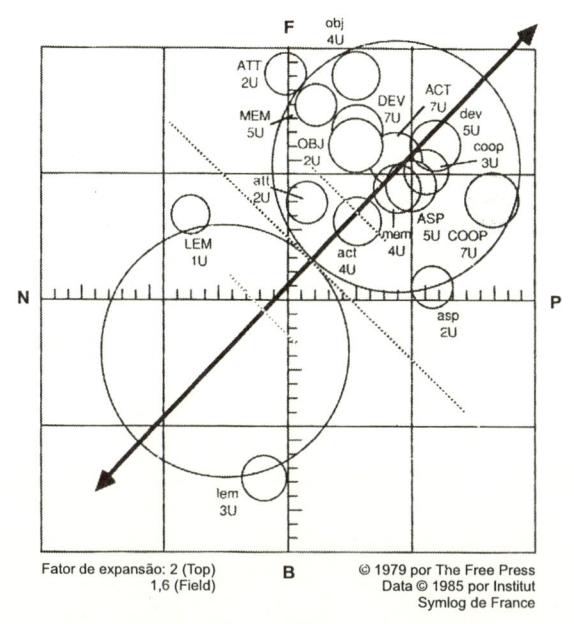

Figura 8.20 – Avaliações na Suíça

Comentários: O projeto revelou alguns achados interessantes: (1) todos concordavam que o gerente "menos eficaz" está sempre do lado negativo do diagrama de campo; (2) os valores associados aos objetivos gerais da empresa tinham algum matiz de orientação para o poder; (3) houve diferenças nos perfis entre países quanto ao eixo que revelaria quais os valores que provocariam polarização do grupo; dentro de cada país, no entanto, não havia diferença entre as duas populações pesquisadas; (4) todas as diferenças apresentadas revelavam uma origem ou causalidade de valores específicos de cada nação. Estas leituras, feitas em conjunto com o cliente, permitiram ao grupo de consultores encaminhar um modelo de elaboração coletiva de um processo de intervenção, com base nos aspectos idealizados da cultura, referentes aos "valores próximos das aspirações das pessoas" e aos "valores que são importantes para o desenvolvimento futuro da empresa".

7.4. Desenvolvimento Organizacional

Desde o início de sua constituição e disponibilização, o Método Symlog foi acolhido por uma tradição de pesquisadores e consultores dedicados ao Desenvolvimento Organizacional, na linha ou inspiração da pesquisa-ação. Sua utilidade é marcante para os projetos de concepção, estruturação e acompanhamento de mudanças planejadas em organização. O uso combinado de seus instrumentos para aferição de perfis de liderança, equipe, cultura e atmosfera permite que qualquer consultor ou equipe de consultores possam trabalhar subsidiados por levantamentos periódicos que dão orientação e favorecem a construção de mapas ou guias práticos, normativos de organização, de liderança e de interações nos projetos de Desenvolvimento Organizacional.

7.5. Sistema de Aprendizagem Organizacional

Provavelmente o campo mais auspicioso do Método Symlog tem sido e continuará sendo suas contribuições para a definição dos sistemas de aprendizagem nos ambientes organizacionais. Neste campo, especificamente, os esforços de Valença & Associados estão voltados para descrever, inferir e teorizar sobre um modelo de concepção, estruturação e criação de um ambiente propício para o desenvolvimento de experiências laboratoriais voltadas para identificar ou criar situações nas quais ocorra a "aprendizagem de duplo ciclo", um conceito da Aprendizagem Organizacional, criado por Chris Argyris e Donald Schön, colegas do Prof. R. F. Bales na Universidade de Harvard, segundo o qual, num ambiente de aprendizagem de duplo ciclo, ocorre simultaneamente uma mudança nas estratégias de ação (conjunto articulado de comportamentos para uma finalidade) e nos valores que guiam as estratégias de ação das pessoas daquele ambiente.

Ilustração: Quando se busca identificar um ponto ideal de líder mais eficaz, ou líder educador, considerado como UPF, isto quer dizer que este líder está propenso a ter uma orientação para facilitar a criação de um ambiente que seja voltado para a expressão de traços de iniciativa, influência e causalidade pessoal, assim como de expressão de afeto positivo, de cooperação e de orientação para as normas e para o desempenho com excelência das tarefas. A tese central da teoria do Prof. R. F. Bales é que gerentes ou líderes que se aproximem deste ponto ideal não são apenas líderes mais eficazes, mas tendem também a criar uma ambiência que favorece o aprendizado e a cooperação democrática.

Ilustração: Num estudo efetuado com o apoio da American Management Association (AMA), 38 gerentes de grandes empresas americanas foram avaliados por seus subordinados diretos que responderam aos "valores demonstrados por seus líderes" no período do levantamento. O objetivo era identificar a proximidade do comportamento desses líderes em relação a um perfil de liderança ideal. Oitenta por cento deles eram homens brancos, em torno dos 40 anos, 80% casados, de diferentes religiões, 50% com graduação, 25% com mestrado e 10% com doutorado. Todos trabalhavam para as maiores corporações americanas, dentre elas a IBM, o Citibank e a AT&T. O salário médio deles era de US$ 47,3 mil/ano. Comandavam em média nove pessoas e tinham sob sua responsabilidade em média um contingente de mais de 300 pessoas. A maioria se dizia satisfeita com as condições de trabalho. A avaliação de 36 dos 38 gerentes dentro do perfil UPF (4U,9P,6F) nos inclina a pensar que estes gerentes estariam potencialmente predispostos a criar um ambiente de aprendizagem organizacional voltado para a aprendizagem de ciclo duplo. Também seria interessante considerar que estes mesmos gerentes estariam propensos a criar uma comunidade de reflexão de prática profissional, com o uso de um método reflexivo, típico das experiências vivenciais com o apoio da Ciência de Ação.

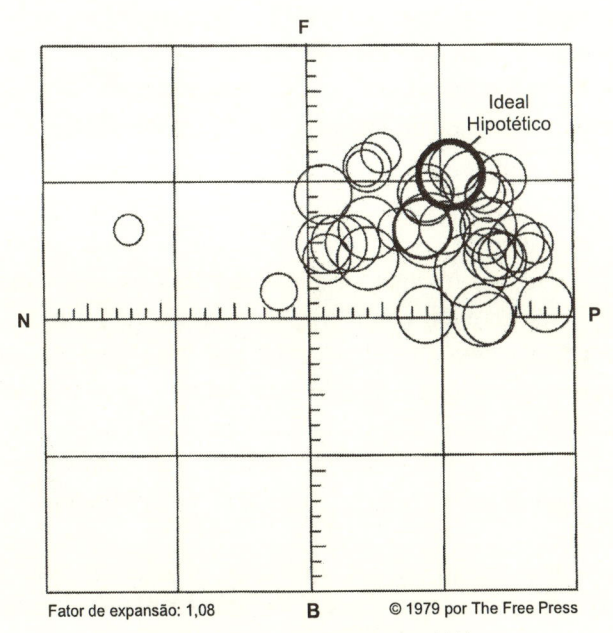

Figura 8.21 – Avaliações na AMA

8. Formação e Certificação de Consultores

8.1. Certificação de Consultores

Hoje, mais de mil consultores e professores em todo o mundo foram certificados para usar os instrumentos do Método Symlog, uma vez atendidas as formalidades de formação superior e prática de consultoria devidamente comprovada. De um lado, professores e pesquisadores do ambiente acadêmico aprofundam os estudos e contextos específicos de novos usos do método, ao lado de consultores e profissionais mais práticos que usam das facilidades da simplificação dos instrumentos, das conveniências de comunicação imediata oferecida pelos modernos recursos da informática e da retaguarda da assessoria técnica oferecida pelo Symlog Consulting Group.

Uma condição fica evidente nesses esforços complementares de pesquisadores acadêmicos e de consultores profissionais: mesmo entre os mais práticos dos consultores, é imperativo ter uma compreensão básica de toda a teoria que fundamenta o Método Symlog e haver competência para o manejo adequado de todos os instrumentos, assim como assumir uma atitude de exigência de excelência profissional, revelada no envolvimento com as situações dos clientes através de cuidado, interesse, motivação e adaptabilidade para cada caso específico. O método para os profissionais não pode se resumir à coleta de informações através de formulários-padrão e à entrega de um relatório internacional, de responsabilidade unilateral do Symlog Consulting Group.

Muitos acadêmicos e consultores profissionais estão empenhados na pesquisa e na atualização permanente do método. Periodicamente há encontros internacionais para debates, atualização e harmonização de experiências. Este diálogo é estimulado via Internet e assim se mantém viva uma comunidade virtual de prática e de aprendizagem. As pesquisas de mestrado e doutorado em várias universidades em todo o planeta têm sido uma fonte inesgotável de inovação. O Symlog Consulting Group tem um compromisso formal de democratização do método no ambiente acadêmico, praticamente facilitando para todos os interessados alguma forma de assistência técnica às teses de mestrado e doutorado, além de divulgação internacional dos resultados.

Ilustração: Na parte de aplicações práticas do método no Brasil, há duas ilustrações de experiências de Valença & Associados em seus programas abertos e fechados de formação e certificação de consultores organizacionais.

Quinta Parte

Perfis de Cultura RH

Caso 1

Perfil de Valores da Cultura ou da Prática Profissional dos Executivos de RH em Pernambuco

Histórico

Em outubro de 2003, poucos dias antes do Congresso Estadual de Recursos Humanos, promovido pela ABRH-PE, seus diretores desta entidade, Manoel Balbino e Enildo Oliveira, tomaram a iniciativa de propor à Valença & Associados – Aprendizagem Organizacional uma parceria para a identificação do perfil de valores da cultura ou da prática dos executivos de RH em Pernambuco. Consultados os parceiros do Symlog Consulting Group, de imediato se dispuseram, também graciosamente, a conduzir este levantamento via WEB, a processar os dados e a emitir um relatório. Os parceiros anunciaram publicamente este projeto durante o congresso, convidando seus participantes a responderem o questionário-padrão. Cento e cinco pessoas responderam ao levantamento. Ele tomou um caráter exploratório de bastante robustez.

Oito dias depois de encerrado o prazo de respostas, estávamos com os dados processados, o relatório emitido e um conjunto de análises do Symlog Consulting Group (SCG) e da Valença & Associados – Aprendizagem Organizacional (V&A) à disposição da comunidade de RH, através do endereço eletrônico www.valencaeassociados.com.br. No mês de novembro de 2003, o Diário de Pernambuco associou-se à parceria e solicitou a Antônio Carlos Valença a elaboração de um conjunto de quatro artigos, que foram publicados em dias seguidos, de modo que, numa linguagem menos técnica, todos os leitores puderam ser informados destes resultados.

Os Resultados

1. Avaliação do Perfil do Líder Mais Eficaz

1.1. Parecer do Symlog

"De acordo com as médias recebidas por todos os avaliadores, os valores mais característicos de um líder de RH mais eficaz em qualquer situação parecem ser: **idealismo responsável, colaboração no trabalho.**"

"Os membros vistos nesta localização têm um equilíbrio particular de valores que é estratégico na promoção do trabalho em equipe. Geralmente não mostram excesso de domínio ou submissão. Dão igual ênfase às solicitações da tarefa e às necessidades de integração do grupo. Freqüentemente mostram uma preocupação altruísta não só com os membros da equipe ou do grupo, mas também com o bem-estar de outros indivíduos e grupos. Os outros tendem a descrever estes membros como sinceramente 'bons'. Seus valores se ajustam às necessidades do grupo para o trabalho cooperativo dentro do grupo, e com outros grupos, com um mínimo de efeitos colaterais indesejados."

1.2. Comentários de V&A

O perfil avaliado como do líder ideal para o trabalho de RH é típico do ambiente de trabalho colaborativo em equipe. Um traço bom deste perfil, para a maioria das situações, é o seu equilíbrio no uso do poder, que nem é submisso nem dominador. No entanto, em muitas circunstâncias, pode haver dificuldades por esta situação extremamente "igualitária", sobretudo nas situações de emergência ou de estrita perícia técnica, situações nas quais o perfil pode ser menos eficaz por procurar sempre as decisões totalmente colaborativas. Este tipo de liderança está sempre preocupado em equilibrar o desempenho da tarefa e a coesão e bem-estar do grupo, mas pode perder em eficácia e produtividade, em algumas situações, por falta de orientação mais intensa de poder. Outro traço muito importante é o estabelecimento da rede de relações colaborativas dentro do grupo e entre os grupos, com as pessoas procurando evitar as conseqüências indesejadas, decorrentes das ações isoladas ou competitivas. É um perfil ou tipo de líder com baixo poder de influência, cujas mediações são efeito do esforço de todo o grupo, estando muito preocupado com a manutenção do grupo, mas sempre responsável pelo desempenho harmonioso da tarefa.

Foram indicados os valores que compõem este perfil:

1. Dos treze valores que **contribuem para um trabalho eficaz em equipe**, apenas três deles se encontram subenfatizados, ou seja, foram avaliados como de baixa freqüência na prática da cultura de RH em Pernambuco: humor exagerado, alívio da tensão e relaxamento dos controles; Proteção dos membros menos capacitados, oferecimento de ajuda quando necessário; e Confiança na bondade dos outros.

2. Dos oito valores que **quase sempre interferem no trabalho em equipe**, apenas dois deles se encontram superenfatizados, ou seja, foram avaliados como de alta freqüência na prática da cultura de RH em Pernambuco: Resistência passiva à cooperação com autoridade e Contentamento, despreocupação.

3. Dos cinco valores que **podem ser necessários às vezes, no entanto, são perigosos**, apenas um valor está subenfatizado, estando todos os outros quatro alinhados com o ponto ótimo da pesquisa internacional de liderança e cultura competentes em todo o mundo.

2. Avaliação dos Valores da Prática Profissional Atual

2.1. Parecer Symlog

Cultura ambígua.

2.2. Comentários de V&A

No levantamento realizado com os respondentes da pesquisa sobre a Cultura Atual da prática de RH em Pernambuco, encontramos um grau excessivo de dispersão de respostas de valores, de tal modo que se configurou um ponto médio numa área considerada de indefinição, ambigüidade ou de oscilação de valores de poder, afeto e realização da tarefa. Ou seja, não foi possível estabelecer um perfil que demonstrasse uma inclinação maior por um destes eixos, por dois ou mesmo pelos três eixos teóricos. Este fenômeno ocorre quando as avaliações, na média do grupo, tendem a subtrair as avaliações opostas entre eixos. Um exemplo: quando uma pessoa pontua alto em poder e uma outra pontua baixo em poder, isto acarreta a anulação de uma avaliação pela outra, colocando o ponto num espaço de indefinição ou oscilação. Este fenômeno aconteceu para todos os três eixos, impossibilitando um perfil médio dominante.

1. Dos treze valores que **contribuem para um trabalho eficaz em equipe**, dez deles se encontram subenfatizados, ou seja, foram avaliados como de baixa freqüência na prática da cultura de RH em Pernambuco.

2. Dos oito valores que **quase sempre interferem no trabalho em equipe**, quatro deles se encontram superenfatizados, ou seja, foram avaliados como de alta freqüência na prática da cultura de RH em Pernambuco.

3. Dos cinco valores que **podem ser necessários às vezes, no entanto são perigosos**, todos se encontram alinhados com o ponto ótimo da pesquisa internacional de liderança e cultura competentes em todo o mundo.

3. Avaliação da Prática Profissional Desejada no Futuro (Ideal)

3.1. Parecer Symlog

"De acordo com a média recebida por todos os avaliadores, os valores mais característicos numa cultura ideal no futuro parecem ser: **idealismo responsável, colaboração no trabalho, participação democrática**."

"Os membros deste tipo de cultura tendem a ser bons, práticos, estáveis e confiáveis. São amigáveis, mas não muito calorosos. Tendem a assumir que as pessoas com autoridade são benevolentes e eles próprios são responsivos. Estão preocupados em fazer um bom trabalho. Acreditam em eqüidade, justiça e altruísmo, tanto no interior do grupo como entre os grupos. Geralmente estão felizes por seguir os líderes que representam o seu ideal de autoridade benevolente, mas tendem a não assumir a liderança. Geralmente tendem a assumir o melhor dos outros e a procurar o melhor. Em alguns casos podem não ser críticos."

3.2. Comentários de V&A

Este é um perfil de liderança e cultura que podemos caracterizar pelo traço de "inspiração ou de orientação idealista". Na verdade, neste tipo de cultura as pessoas demonstram baixo traço de poder, sem chegarem a ser submissas, mas caracterizadas pelo intenso grau de afetividade. São pessoas apreciativas (boas, estáveis, confiáveis, amigáveis). São dedicadas ao trabalho e querem fazê-lo competentemente. Procuram manter e criar relações eqüânimes, justas, sendo solidárias e altruístas. O traço mais forte é a apreciação de si e dos outros, naquilo que têm de mais competente, especialmente dos líderes, aos quais querem seguir com disponibilidade e com dedicação. Este é um perfil que, por seu caráter idealista, quase missionário, é muito favorável em redes de relações positivas e éticas, mas pode ser um perfil perigoso em relações com risco de observação mais objetiva da realidade, porque as pessoas podem perder o senso de reflexão ou de capacidade crítica para confrontos saudáveis. O traço da apreciação, tão raro e tão nobre nas pessoas humanas e nas culturas que valorizam a gratidão, pode servir para o bem ou para o contrário, nas relações tipicamente missionárias. É um tipo de cultura encontrado com freqüência em igrejas ou organizações com caráter missionário, que mantêm coesão em torno de uma idéia comunitária, firmemente fundada em fé ou crença inabalável.

4. Transcrição dos Artigos

Transcrevemos todos os quatro artigos de autoria de Antônio Carlos Valença que dizem bem das reflexões das equipes do Symlog Consulting Group e da Valença & Associados – Aprendizagem Organizacional, com base neste levantamento exploratório. Vamos omitir o teor completo daquele relatório, porque incluiremos neste livro, na íntegra, o relatório Symlog do levantamento semelhante que foi feito para a ABRH-Nacional, através da iniciativa de Luiz Carlos Campos, Rijane de M. Neto e Maria Hyeronides Barros de Lima, diretores da entidade.

PESQUISA DA CULTURA DE RH EM PERNAMBUCO (PUBLICADA NO DIÁRIO DE PERNAMBUCO EM 2/12/2003)

Durante o Congresso de RH de Pernambuco, no mês passado, houve uma parceria internacional envolvendo a Valença & Associados – Aprendizagem Organizacional, a ABRH-PE e o Symlog Consulting Group, da Califórnia, para a realização de uma pesquisa atitudinal sobre a cultura da prática de RH em Pernambuco. Houve 105 pesquisados entre participantes do Congresso e outros associados da ABRH-PE que aceitaram participar da pesquisa. Pelo tamanho da amostra e pelo caráter atitudinal inerente a esse tipo de pesquisa, devemos classificar os resultados como "exploratórios". No entanto, por sua relevância, as três grandes descobertas desta pesquisa devem ser alvo da reflexão crítica do mundo acadêmico e dos negócios. Merece um fórum específico de análises e direcionamento.

Aos pesquisados foram encaminhadas três perguntas com relação a um conjunto de 26 frases que representam um aglomerado de valores de prática, alinhados em um hipotético espaço psicossocial. Cada pesquisado deveria avaliar o grau de freqüência daqueles valores, na prática dos profissionais de RH: (1) Em geral, que tipos de valores são exibidos habitualmente na prática efetiva dos profissionais de RH em seu Estado?; (2) Em geral, que tipos de valores precisariam ser exibidos na prática efetiva dos profissionais de RH, no futuro, para que ela seja mais eficaz?; e (3) Em geral, que tipos de valores o líder mais eficaz de uma equipe, orientada para a tarefa, que você conhece, mostra em seu comportamento? Os resultados indicam três macroconclusões que serão analisadas nesta série de quatro artigos: (1) a cultura atual é **ambígua e oscilante**; (2) a cultura eficaz do futuro deveria ser de **idealismo responsável com colaboração no trabalho e participação democrática**; e (3) o líder mais eficaz, no conhecimento dos pesquisados, é de um profissional **idealista, responsável e colaborador no trabalho**.

Inicialmente, permita-nos o leitor uma rápida apresentação da teoria da pesquisa. A teoria, o método e os instrumentos usados nas intervenções Symlog e V&A contribuem de forma científica, e muito relevante, para a identificação das relações existentes entre valores humanos e sociais, comportamentos, competências, atmosferas e culturas, além das condições sociais e infra-estruturais que ajudam na predição de uma aprendizagem repetitiva ou de uma nova aprendizagem, de natureza paradigmática. Esta teoria, cujos primórdios remontam à década de 50 na Universidade de Harvard, articula de forma criativa três eixos centrais da ação humana: a dimensão do afeto; a do poder/influência e a da convenção e/ou ordenamento social, na forma de realização coletiva das tarefas. Dezenas de universidades de ponta em todo o mundo participam das pesquisas Symlog, sob a coordenação dos Profs. Robert Bales, Robert Köenigs e Margareth Cowen, envolvendo milhares de professores, pesquisadores e consultores, com um lastro de mais de 2,4 milhões de respondentes em 60 países e 14 idiomas. A parceria com Valença & Associados – Aprendizagem Organizacional é relevante para Pernambuco, porque fomos responsáveis pela tradução e pelos testes de lingüística e de adaptação cultural do método e dos instrumentos para a língua portuguesa. Ou seja, onde quer que no planeta haja uma pesquisa Symlog em português, estão presentes o esforço e a colaboração da equipe de técnicos pernambucanos. O enfoque de V&A é o da aprendizagem organizacional.

Com base no método Symlog, é possível mensurar e comparar o grau de impacto dos valores e dos comportamentos humanos, isto é, as conseqüências destes valores na ambiência, na cultura e na aprendizagem, em quatro ordens sistêmicas: (1) **no nível pessoal** – o perfil de competência; (2) **no nível de liderança e trabalho em equipe** – a condução de grupo; (3) **no nível de eficácia, eficiência e efetividade** – o alcance dos objetivos; e (4) **no nível de cultura e aprendizagem** – a consolidação da ambiência adequada para a boa aprendizagem e a cultura organizacional receptiva à dinâmica e ao progresso social. Além da capacidade de identificar e comparar valores, o método Symlog permite uma observação, mensuração e análise da consistência e congruência desses valores e comportamentos em diferentes níveis de abrangência: a visão pessoal, a visão de futuro e a visão dos outros. Estes valores e comportamentos são obtidos mediante perguntas investigativas sobre valores e comportamentos, de acordo com a situação, na busca da informação válida e útil para a pessoa, a equipe, a cultura e a aprendizagem.

PESQUISA DA CULTURA DE RH EM PERNAMBUCO (PUBLICADA NO DIÁRIO DE PERNAMBUCO EM 3/12/2003)

Diante da pergunta sobre qual a cultura que seria ideal de RH no futuro, a síntese da equipe do Symlog Consulting Group para as respostas dos associados da ABRH-PE é a seguinte: "Os membros deste tipo de cultura tendem a ser bons, práticos, estáveis e confiáveis. São amigáveis, mas não muito calorosos. Tendem a assumir que as pessoas com autoridade são benevolentes e eles próprios são responsivos. Estão preocupados em fazer um bom trabalho. Acreditam em eqüidade, justiça e altruísmo, tanto no interior do grupo como entre os grupos. Geralmente estão felizes por seguir os líderes que representam o seu ideal de autoridade benevolente, mas tendem a não assumir a liderança. Geralmente tendem a assumir o melhor dos outros e a procurar o melhor. Em alguns casos podem não ser críticos."

A equipe técnica de Valença & Associados – Aprendizagem Organizacional elaborou os seguintes comentários: o perfil de cultura idealizado para o futuro é de uma liderança ou de um ambiente que poderíamos caracterizar pelo traço de "inspiração ou de orientação idealista". Na verdade, nesse tipo de cultura as pessoas exercem ou demonstram um baixo traço de poder; mesmo sem chegarem a ser submissas, não têm o peso ou a força necessários para a eficácia. É uma cultura caracterizada pelo intenso grau de afetividade. Os traços desejados para as pessoas nesta cultura são marcados pela baixa competitividade, ou seja, tais pessoas são generosas, gratas, apreciativas, emocionalmente equilibradas (boas, estáveis, confiáveis, amigáveis).

Outro traço marcante nesta cultura desejada é que as pessoas sejam dedicadas ao trabalho e queiram executá-lo em sua plenitude; logo, com eficiência e zelo. Pode-se dizer que, nesta cultura idealizada, o trabalho não é um fardo, não é um castigo, não tem caráter de purgação, sendo antes um pacto de convivência harmoniosa para o desenvolvimento coletivo da tarefa. Mas, diga-se de passagem, que para se realizar bem a tarefa nesta cultura, as pessoas precisam estar se sentindo bem. Percebe-se a necessidade de um eixo de afeto que mantenha as relações e, a partir de então, a equipe segue junta e unida, coesa e afetuosamente suportada, na direção da convenção, dos acordos e na produção. Trabalhar não é problemático, desde que as relações sejam boas.

Este traço de afeto e apreciação coloca o destino da equipe na dependência direta de seu grau de coesão. As pessoas procuram manter e criar relações equânimes, justas, solidárias e altruístas. Nesse tipo de cultura, o traço mais forte é a apreciação de si e dos outros, naquilo que têm de mais competente, especialmente dos líderes, aos quais as pessoas querem seguir com disponibilidade e com dedicação. Aqui, merecem destaque dois comentários: (1) as pessoas mantêm e expandem imagens apreciativas, ou seja, procuram ver em si e nos outros suas melhores competências e, neste sentido, a Investigação Apreciativa, um método que V&A usa em seu repertório habitual, é um meio imprescindível para a construção de uma cultura desta natureza; (2) as pessoas querem (e passam a) sentir-se felizes quando podem seguir um líder benevolente, ao qual dedicam respeito, fidelidade e disponibilidade. Dialeticamente, isto é tanto auspicioso como potencialmente muito perigoso.

Uma cultura assim demarca um perfil que, por seu caráter muito idealista, quase missionário, é muito favorável em redes de relações positivas e éticas, mas pode ser um perfil perigoso em relações com fragilidade, risco ou impedimento da observação mais objetiva da realidade, porque as pessoas podem perder o senso de reflexão ou de capacidade crítica para confrontos saudáveis. O traço da apreciação, tão raro e tão nobre nas pessoas humanas e nas culturas que valorizam a gratidão, pode servir para o bem ou para o seu contrário, nas relações tipicamente missionárias. É um tipo de cultura encontrado com freqüência em instituições dogmáticas que mantêm coesão em torno de uma idéia comunitária. Aos poucos, podem se transformar em ambientes exigentes, excelentes, mas sempre marcados pelo eixo do afeto e da confiança.

Pesquisa da Cultura de RH em Pernambuco (Publicada no Diário de Pernambuco em 4/12/2003)

Com respeito ao perfil do Líder Mais Eficaz em RH, conhecido pelos respondentes da pesquisa efetuada por Valença & Associados – Aprendizagem Organizacional e o Symlog Consulting Group, o parecer foi muito próximo, embora um pouco mais competente, do perfil sobre a cultura ideal para a prática futura de RH: "Os membros vistos nesta localização têm um equilíbrio particular de valores que é estratégico na promoção do trabalho em equipe. Geralmente não mostram excesso de domínio ou submissão. Dão igual ênfase às solicitações da tarefa e às necessidades de integração do grupo. Freqüentemente mostram uma preocupação altruísta não só com os membros da equipe ou do grupo, mas também com o bem-estar de outros indivíduos e grupos. Os outros tendem a descrever estes membros como sinceramente 'bons'. Seus valores se ajustam às necessidades do grupo para o trabalho cooperativo dentro do grupo, e com outros grupos, com um mínimo de efeitos colaterais indesejados."

Este perfil do líder mais eficaz, percebido na prática de RH, é um dos mais competentes entre os 94 tipos ou arquétipos de liderança mais encontrados no planeta. Diríamos que é o segundo ou, no máximo, o terceiro tipo mais competente. Sua definição básica seria a de um líder ideal para a construção do trabalho de RH num ambiente de trabalho colaborativo em equipe. Ou seja, um líder voltado para três dimensões extremamente relevantes: (1) um ambiente favorável (com todas as condições infra-estruturais de comunicação, diálogo, reflexão, instrumentos de eficácia para decisões, meios de trabalho que ofereçam conforto e espontaneidade nas ações, metodologias colaborativas etc.); (2) uma tendência ou prioridade para o trabalho colaborativo; (3) fortalecimento e coesão da equipe. É um tipo raro de liderança, mas típico do líder educador. Este líder está inteiramente alinhando com o modelo de competências e meta-competências, defendido internacionalmente pela equipe de Valença & Associados – Aprendizagem Organizacional, e que vem sendo corroborado, cada vez mais, com os achados internacionais do Symlog em ambientes de aprendizagem paradigmática. Ou seja, é um líder alvissareiro para a construção no futuro dos ambientes organizacionais abertos à aprendizagem. O interessante nesta pesquisa é que ela oferece um perfil, a partir de respostas sobre um "líder conhecido dos respondentes". Portanto, concreto. Vivo. Trabalhando em RH.

Um traço bom deste perfil, para a maioria das situações, é o seu equilíbrio no uso do poder, que nem é submisso nem dominador. No entanto, em muitas circunstâncias, pode haver dificuldades por esta situação extremamente "igualitária", sobretudo nas situações de emergência ou nas situações que exigem estrita perícia técnica, nas quais o perfil pode ser menos eficaz por procurar sempre as "decisões totalmente colaborativas". Aqui, um comentário: na pragmática do mundo executivo brasileiro, quando se quer sair do modelo autoritário, por não sermos educados histórica e organicamente para sermos democráticos, caímos num modelo "protetor", ou, o que é pior, caímos num modelo "sedutor". Infelizmente, "simpáticos, sociais e melosos" são sinônimos de virtude social e competência, na cultura brasileira.

Este tipo de liderança está sempre preocupado em equilibrar o desempenho da tarefa e a coesão e bem-estar do grupo, mas pode perder em eficácia e produtividade, em algumas situações, por falta de orientação mais intensa de poder, portanto por ausência de proatividade. Outro traço muito importante é o estabelecimento da rede de relações colaborativas dentro do grupo e entre os grupos, com as pessoas procurando evitar as conseqüências indesejadas, decorrentes das ações isoladas ou competitivas. É um perfil ou tipo de líder que evita o uso unilateral do poder, portanto, com baixo poder de influência autoritária, e cujas mediações de conflitos e contradições ocorrem mais pelo efeito do esforço de todo o grupo, estando ele muito preocupado com a manutenção da harmonia do grupo, que pode sacrificar a tarefa. Ele está sempre com uma grande preocupação e se sente sempre responsável pelo desempenho harmonioso da tarefa. Não há desequilíbrio entre tarefa e coesão de grupo. Isto é notável.

É um perfil menos idealista e missionário, como foi desejado para a cultura eficaz de RH no futuro, ou seja, um líder mais colaborativo do que idealista. Pensamos que o modelo de líder, conhecido na prática pela média das respostas dos entrevistados, revela um perfil mais alvissareiro e competente para uma nova cultura de RH, do que mesmo a cultura idealizada. Ele seria um líder muito competente para evitar os exageros do idealismo, trazendo o grupo para uma visão mais objetiva e realizadora. Por seu espírito educador, procura desenvolver a equipe.

Pesquisa da Cultura de RH em Pernambuco (Publicada no Diário de Pernambuco em 5/12/2003)

Neste último artigo da série sobre a pesquisa de cultura de prática de RH em Pernambuco, fruto da parceria internacional entre a Valença & Associados – Aprendizagem Organizacional e o Symlog Consulting Group para a ABRH-PE, vamos indicar os valores da prática atual da cultura de RH que merecem apreciação e devem continuar como valores efetivos de um trabalho eficaz e democrático em equipe e refletir sobre os valores que deveriam ser melhorados.

Oito conjuntos de valores, dentre os 26 conjuntos colocados para avaliação de sua freqüência na prática, foram avaliados **dentro da média internacional** de uma cultura de trabalho eficaz em equipe: aqueles voltados para o sucesso social, a amizade, o alinhamento com as normas e as convenções sociais, o sucesso financeiro e o uso do poder unilateral, o individualismo, a eficiência e, finalmente, a contenção dos desejos pessoais em função das metas organizacionais. Estes valores, portanto, foram avaliados dentro do perfil aceitável e necessário para o trabalho em equipe, se comparados a mais de 2 milhões de respostas sobre a freqüência destes valores em todo o planeta.

Foram avaliados como valores **abaixo da freqüência média internacional** de uma cultura de trabalho eficaz em equipe: valores voltados para a imparcialidade, a proteção dos membros menos capacitados, a proatividade em equipe, a imparcialidade, o humor exagerado, a igualdade e a participação, o idealismo responsável, a criatividade, a confiança na bondade dos outros, a fidelidade e o auto-sacrifício. Estas freqüências menores, dos valores considerados imprescindíveis, levando-se em conta suas freqüências específicas para cada situação, comprometeram em muito o perfil da cultura atual da prática de RH em Pernambuco.

Mais grave, no entanto, foi a freqüência **superior à média internacional** de uma cultura de trabalho eficaz em equipe dos seguintes valores, considerados como valores que perturbam a eficácia, a coesão, o bem-estar, a produtividade, a aprendizagem e a elevação do estado de ânimo e da motivação no ambiente de trabalho: aqueles que estão voltados para a autoproteção, a resignação ante o fracasso, a resistência passiva à autoridade e a passividade. Estes valores, quando exagerados, levam a cultura a um tom de insinceridade, fofoca, alheamento, comprometimento externo ou higiênico e, infelizmente, permissividade e cinismo. Estas avaliações foram preocupantes e contribuíram para um perfil pouco eficaz da cultura atual da prática de RH em Pernambuco.

Na verdade, a cultura atual, por força do amplíssimo escopo de respostas de valores diversos e contraditórios entre si, ou em termos mais técnicos, pela ampla dispersão de respostas, ficou caracterizada como uma cultura sem um perfil definido. O Symlog Consulting Group apresentou o diagnóstico ou parecer de uma cultura "oscilante ou ambivalente". Digamos, numa expressão popular, uma cultura de pessoas "em cima do muro". Tecnicamente, a equipe de Valença & Associados – Aprendizagem Organizacional apresentou o seguinte parecer: "No levantamento realizado com os respondentes da pesquisa sobre a Cultura Atual da prática de RH em Pernambuco, encontramos um grau excessivo de dispersão de respostas de valores, de tal modo que se configurou um ponto médio numa área considerada de indefinição ou de oscilação de valores de poder, afeto e realização da tarefa. Ou seja, não foi possível estabelecer um perfil que demonstrasse uma inclinação maior por um destes eixos, por dois ou mesmo pelos três eixos teóricos. Este fenômeno ocorre quando as avaliações, na média do grupo, tendem a subtrair as avaliações opostas entre eixos. Um exemplo: quando uma pessoa pontua alto em poder e uma outra pontua baixo em poder; ora, isto acarreta a anulação de uma avaliação pela outra, colocando o ponto num espaço de indefinição ou oscilação. Este fenômeno aconteceu para todos os três eixos, impossibilitando um perfil dominante."

Nós, de Valença & Associados – Aprendizagem Organizacional, ficamos honrados em participar com a ABRH-PE e com o Symlog Consulting Group nesta pesquisa. Queremos nos colocar ao inteiro dispor de todos os associados da ABRH-PE, além do mundo acadêmico e empresarial, para avaliar, ainda e melhor, com exercícios de diálogo e de reflexão pública sobre os resultados apresentados nestes quatro artigos. Todos os leitores interessados em analisar e eventualmente copiar o relatório completo desta pesquisa, devem acessar nosso endereço eletrônico www.valencaeassociados.com.br a partir do dia 3 de dezembro de 2003. Neste mesmo endereço estará disponível um outro relatório da sessão de Investigação Apreciativa, realizada no último sábado, 22 de novembro, no CERNE, em Aldeia. Naquela ocasião foram realizadas as fases Diagnóstica da Descoberta Apreciativa e da Construção dos Cenários Desejantes de 2005 para a ABRH-PE.

Caso 2

Perfil de Valores da Cultura ou da Prática Profissional dos Executivos de RH no Brasil

Histórico

Com a iniciativa do levantamento do perfil de valores da cultura ou da prática dos executivos de RH de Pernambuco, os diretores da Seccional da ABRH-PE, Manoel Balbino e Enildo Oliveira, propuseram aos diretores da ABRH-Nacional, Luiz Carlos Campos, Rijane Neto e Maria Hyeronides Barros, a mesma parceria e a mesma tarefa, agora em âmbito nacional. A parceria foi estabelecida nos mesmos moldes. O levantamento deveria ocorrer com um mês de antecedência ao X Congresso Internacional de Recursos Humanos e ao 30º CONARH.

Uma Amostra Exploratória

Quando negociamos a parceria envolvendo a ABRH-Nacional, o Symlog Consulting Group e Valença & Associados – Aprendizagem Organizacional, imaginamos fazer um levantamento de extrema robustez, que de fato pudesse identificar, com muito rigor e precisão, o perfil dos valores de prática na cultura brasileira de RH. Devido aos inúmeros projetos de parceria, anteriormente negociados pela ABRH-Nacional, para a realização do X Congresso Internacional de Recursos Humanos e o 30º CONARH, revelou-se mais adequado fazer um levantamento inicial, exploratório, deixando para ser anunciado, logo após o Congresso, um levantamento com uma amostra mais abrangente.

Sessenta e nove associados, de várias Seccionais da ABRH, responderam a este levantamento, feito via WEB. Vamos publicar na íntegra o relatório emitido pelo Symlog Consulting Group, acompanhado de algumas reflexões, questões e desafios que este levantamento preliminar sinaliza.

Resultados Básicos

1. Imagem dos Valores da Prática Profissional Desejada no Futuro

Descrição Geral

"De acordo com as médias recebidas por todos os avaliadores, os valores mais característicos parecem ser: **idealismo responsável, colaboração no trabalho, participação democrática.**"

Os membros deste tipo tendem a ser bons, práticos, estáveis e confiáveis. São amigáveis, mas não muito calorosos. Tendem a assumir que as pessoas com autoridade são benevolentes, e eles próprios são responsivos. Estão preocupados em fazer um bom trabalho. Acreditam em eqüidade, justiça e altruísmo, tanto no interior do grupo como entre grupos. Geralmente estão felizes por seguir os líderes que representam seu ideal de autoridade benevolente, mas tendem a não assumir a liderança. Geralmente tendem a assumir o melhor dos outros, e a procurar o melhor. Em alguns casos, podem não ser críticos.

2. Imagem dos Valores da Prática de RH Atribuídos como Percepção dos Principais Clientes

Descrição Geral

"De acordo com a média recebida por todos os avaliadores, os valores mais característicos parecem ser: **idealismo responsável, colaboração no trabalho.**"

Os membros vistos nesta localização têm um equilíbrio particular de valores que é estratégico na promoção do trabalho em equipe. Geralmente não mostram excesso de domínio ou submissão. Dão igual ênfase às solicitações da tarefa e às necessidades de integração do grupo. Freqüentemente mostram uma preocupação altruísta não só com os membros da equipe, ou do grupo, mas também com o bem-estar de outros indivíduos e grupos. Os outros tendem a descrever estes membros como sinceramente "bons". Seus valores se ajustam às necessidades do grupo para o trabalho cooperativo dentro do grupo, e com outros grupos, com um mínimo de efeitos colaterais indesejados.

3. Imagem dos Valores da Prática Atual e dos Valores Efetivamente Recompensados

Descrição Geral

"De acordo com a média recebida por todos os avaliadores, os valores mais característicos parecem ser: **conservadorismo, formas estabelecidas e 'corretas' de fazer as coisas, idealismo responsável, colaboração no trabalho.**"

Os membros que se aproximam deste tipo estão preocupados primeiramente com a realização de um bom trabalho e como fazê-lo da forma certa. Eles nem são dominadores nem submissos, e não estão muito interessados em cultivar relações amigáveis com os outros. São sérios, reflexivos, controlados, e têm pouco senso de humor. Geralmente se identificam com as demandas ou as exigências da autoridade. Eles querem ser capazes de aprovar o que fazem, em termos de seus próprios padrões, mas estes geralmente coincidem com aqueles determinados pela autoridade. Sua abordagem conscientemente operosa também se estende a um sentimento de obrigação com a manutenção de relações boas e confiáveis com os outros, e eles acreditam na cooperação, ou pelo menos na "lealdade". Mas não são calorosos nem muito igualitários e tendem a tomar decisões mais em termos do que eles vêem como demandas da tarefa.

4. Reflexões e Desafios

A. Cultura Atual

Questões explícitas no relatório:

1. Por que na prática profissional atual dos executivos de RH no Brasil estão subenfatizados valores voltados para:

    a) Trabalho proativo em equipe, voltado para as metas comuns, unidade organizacional?

    b) Eficiência, gestão firme e imparcial?

    c) Divertimento, alívio de tensão, relaxamento dos controles?

    d) Proteção dos membros menos capacitados, oferecimento de ajuda quando necessário?

    e) Igualdade, participação democrática nas tomadas de decisão?

    f) Confiança na bondade dos outros?

2. Por que na prática profissional atual dos executivos de RH no Brasil estão superenfatizados valores voltados para:

   a) Conservadorismo, formas estabelecidas e "corretas" de fazer as coisas?
   b) Autoproteção, primazia dos interesses próprios, auto-suficiência?
   c) Resignação ante o fracasso, retraimento do esforço?
   d) Resistência passiva à cooperação com a autoridade?

   Questões complementares ou implícitas no relatório:

3. O que dizer de uma cultura ou prática profissional que exercita estas quatro orientações de valor?
4. É possível inferir que é uma cultura que pratica: (a) abuso de poder? (b) teimosia em vez de firmeza? (c) omissão? (d) baixa assunção de riscos? (e) baixo grau de inovação?

B. Práticas Idealizadas

5. Por que na prática profissional idealizada para o futuro, como uma prática ideal dos executivos de RH no Brasil, estão subenfatizados valores voltados para:

   a) Divertimento, alívio de tensão, relaxamento dos controles?
   b) Auto-sacrifício, se necessário, para atingir as metas da organização?
   c) Conservadorismo, formas estabelecidas e "corretas" de fazer as coisas?
   d) Intransigência, assertividade auto-orientada?

6. Por que na prática profissional idealizada para o futuro, como uma prática ideal dos executivos de RH no Brasil, estão superenfatizados valores voltados para:

   a) Idealismo responsável, colaboração no trabalho?
   b) Mudança para novos procedimentos, valores diferentes, criatividade?
   c) Amizade, satisfação mútua, recreação?
   d) Contentamento, desligamento?

C. Suposições Práticas

7. Por que os executivos de RH do Brasil imaginam que a sua prática profissional seja percebida pelos principais clientes como superenfatizando os valores voltados para:

    a) Popularidade e sucesso social, ser querido(a) e admirado(a)?

    b) Sucesso financeiro individual, proeminência pessoal e poder?

    c) Conservadorismo, formas estabelecidas e "corretas" de fazer as coisas?

    d) Autoproteção, primazia dos interesses próprios, auto-suficiência?

    e) Resignação ante o fracasso, retraimento do esforço?

    f) Resistência passiva à cooperação com a autoridade?

    g) Contentamento, desligamento?

D. Desafios

1. Qual o desafio inerente a uma cultura que se revela, se inspira e recompensa efetivamente as práticas orientadas por valores do "conservadorismo" e da "execução correta das coisas", mas que deseja praticar o "idealismo responsável, a colaboração no trabalho e a participação democrática", inclusive porque imagina que seus principais clientes já percebem nesta direção sua prática atual?

2. Qual a justificativa para uma cultura ideal no futuro voltada para o "idealismo responsável, a colaboração no trabalho e a participação democrática", mas que não reivindica um grau de poder e influência efetiva?

3. Qual a justificativa para uma mudança considerada "ideal" na qual se anula a intensidade do poder e da influência e mais do que dobram a intensidade e a freqüência do eixo de valores e de estratégias de afeto e relações amigáveis? O que isto pode implicar em ineficácia e proteção unilateral?

4. Que programas de informação, reflexão, diálogo e desenvolvimento de competências seriam importantes ou imprescindíveis para o bom êxito de uma mudança ou processo de transformação desta grandeza?

5. Que competências são fundamentais em profissionais experientes e especializados para facilitar um processo que encerra tais desafios?

6. Que suporte de infra-estrutura, tecnologia, métodos, instrumentos e meios educativos seria necessário para um processo desta natureza?
7. Como a criação de uma comunidade investigativa da prática profissional poderia contribuir para esta transformação?

Relatório Symlog* Baseado nas Avaliações Agregadas – Diagnóstico da Cultura Organizacional, Apresentado por Valença & Associados – Aprendizagem Organizacional, agosto de 2004

Gráficos de Barra e Diagramas de Campo Baseados na Média de Todas as Avaliações Feitas por 69 Respondentes

* Copyright 2002 Symlog Consulting Group, 18580 Polvera Dr., San Diego, CA 92128. (858) 673-2098. Todos os direitos reservados. Versão autorizada por R. F. Bales. **Tradução de Valença & Associados**. 07/28/04 10:46 FL-US ABRH-RH's S0009012 SYMNET 3.50 Basic Int

PERFIL DE VALORES DA CULTURA OU DA PRÁTICA PROFISSIONAL... 231

Sinopse do gráfico de barras da média de todas as avaliações feitas sobre: *CUR
Pergunta sobre avaliação: Em geral, que tipos de valores são exibidos habitualmente na prática efetiva dos profissionais de RH no seu Estado?

Página 1

Relatório baseado nas avaliações agregadas

Tipo: PF
Avaliações: 69
Localização Final: 0.9U 3.6P 6.7F

a barra de Xs = a avaliação média sobre cada item
E = a localização ótima para a maioria dos trabalhos eficazes

RARAMENTE · ÀS VEZES · FREQÜENTEMENTE

#	Código	Descrição
1	U	Sucesso financeiro individual, proeminência pessoal e poder
2	UP	Popularidade e sucesso social, ser querido(a) e admirado(a)
3	UPF	Trabalho proativo em equipe, voltado para as metas comuns, unidade organizacional
4	UF	Eficiência, gestão firme e imparcial
5	UNF	Reforço ativo da autoridade, regras e regulamentos
6	UN	Intransigência, assertividade auto-orientada
7	UNB	Rudeza, individualismo auto-orientado, resistência à autoridade
8	UB	Divertimento, alívio de tensão, relaxamento dos controles
9	UPB	Proteção dos membros menos capacitados, oferecimento de ajuda quando necessário
10	P	Igualdade, participação democrática nas tomadas de decisão
11	PF	Idealismo responsável, colaboração no trabalho
12	F	Conservadorismo, formas estabelecidas e "corretas" de fazer as coisas
13	NF	Contenção dos desejos individuais em favor das metas organizacionais
14	N	Autoproteção, primazia dos interesses próprios, auto-suficiência
15	NB	Rejeição aos procedimentos estabelecidos, rejeição ao conformismo
16	B	Mudança para novos procedimentos, valores diferentes, criatividade
17	PB	Amizade, satisfação mútua, recreação
18	DP	Confiança na bondade dos outros
19	DPF	Dedicação, fidelidade, lealdade à organização
20	DF	Obediência à hierarquia de comando, comportamentos de acordo com a autoridade
21	DNF	Auto-sacrifício, se necessário, para atingir as metas da organização
22	DN	Rejeição passiva da popularidade, auto-isolamento
23	DNB	Resignação ante o fracasso, retraimento do esforço
24	DB	Resistência passiva à cooperação com autoridade
25	DPB	Contentamento, desligamento
26	D	Renúncia a necessidades e desejos pessoais, passividade

Copyright 2002 SYMLOG Consulting Group, 18580 Polvera Dr., San Diego, CA 92128. (858) 673-2098. Todos os direitos reservados.
Versão autorizada por R.F. Bales. Tradução de Valença & Associados. 07/28/04 10:46 FL-US ABRH--RH's S0009012 SYMNET 3.50 Basic Int.

Sinopse do Gráfico de barras sobre: *CUR
Pergunta sobre avaliação: Em geral, que tipos de valores são exibidos habitualmente na prática efetiva dos profissionais de RH no seu Estado?

Sinopse do Gráfico de barras sobre: *CUR

Esta sinopse compara os resultados do gráfico de barras com as normas da pesquisa sobre a eficácia pessoal e de grupo. Baseia-se na literatura científica e na pesquisa feita pelo Professor Robert F. Bales, conduzida por mais de quarenta anos, sobre grupos em uma ampla variedade de organizações nos setores público e privado.

Itens do gráfico de barras

O comprimento das barras no gráfico de barras precedente indica a freqüência com que, em média, seu grupo foi avaliado em cada um dos 26 itens. Estes valores e seus comportamentos associados são importantes para determinar o quanto seu grupo pode ser eficaz.

Comparação do perfil do gráfico de barras com o ponto ótimo para um trabalho em eficaz equipe; relacionamento para norma: próximo (=), acima (+), embaixo (-)

Item			=	+	-
Valores que contribuem para um Trabalho Eficaz em Equipe					
2	UP	Popularidade e sucesso social, ser querido(a) e admirado(a)	X		
3	UPF	Trabalho proativo em equipe, voltado para as metas comuns, unidade organizacional			X
4	UF	Eficiência, gestão firme e imparcial			X
8	UB	Divertimento, alívio de tensão, relaxamento dos controles			X
9	UPB	Proteção dos membros menos capacitados, oferecimento de ajuda quando necessário			X
10	P	Igualdade, participação democrática nas tomadas de decisão			X
11	PF	Idealismo responsável, colaboração no trabalho	X		
16	B	Mudança para novos procedimentos, valores diferentes, criatividade	X		
17	PB	Amizade, satisfação mútua, recreação	X		
18	DP	Confiança na bondade dos outros			X
19	DPF	Dedicação, fidelidade, lealdade à organização	X		
20	DF	Obediência à hierarquia de comando, comportamentos de acordo com a autoridade	X		
21	DNF	Auto-sacrifício, se necessário, para atingir as metas da organização	X		
Valores que Podem Ser Necessários às Vezes, Mas Perigosos					
1	U	Sucesso financeiro individual, proeminência pessoal e poder	X		
5	UNF	Reforço ativo da autoridade, regras e regulamentos	X		
6	UN	Intransigência, assertividade auto-orientada	X		
12	F	Conservadorismo, formas estabelecidas e "corretas" de fazer as coisas		X	
13	NF	Contenção dos desejos individuais em favor das metas organizacionais	X		
Valores que Quase Sempre Interferem no Trabalho em Equipe					
7	UNB	Rudeza, individualismo auto-orientado, resistência à autoridade	X		
14	N	Autoproteção, primazia dos interesses próprios, auto-suficiência		X	
15	NB	Rejeição aos procedimentos estabelecidos, rejeição ao conformismo	X		
22	DN	Rejeição passiva da popularidade, auto-isolamento	X		
23	DNB	Resignação ante o fracasso, retraimento do esforço		X	
24	DB	Resistência passiva à cooperação com a autoridade		X	
25	DPB	Contentamento, desligamento	X		
26	D	Renúncia a necessidades e desejos pessoais, passividade	X		

PERFIL DE VALORES DA CULTURA OU DA PRÁTICA PROFISSIONAL... 233

Relatório de Bales para o Gráfico de barras sobre: *CUR
Pergunta sobre avaliação: Em geral, que tipos de valores são exibidos habitualmente na prática efetiva dos profissionais de RH no seu Estado?

Relatório de Bales para o Gráfico de barras sobre: *CUR

Lendo o Relatório de Bales, tenha em mente que ele tenciona ajudá-lo a entender como os outros percebem o comportamento de seu grupo, e considerar formas de melhorar a eficácia de seu grupo. O trabalho eficaz em equipe não substitui o saber como fazer a tarefa. Um trabalho deficiente em equipe, entretanto, pode impedir o desempenho eficaz da tarefa. E, também pode impedir que os indivíduos tenham satisfação por serem membros do grupo.

Valores que contribuem para um Trabalho Eficaz em Equipe

O comprimento das barras de x's no gráfico de barras indica a freqüência com que, em média, seu grupo ou sua organização foram avaliados por mostrarem vários tipos de valores quanto ao comportamento. Seu gráfico de barras pode indicar que seu grupo é percebido por mostrar alguns valores em maior ou menor extensão do que o Perfil Normativo. Para dar uma melhor idéia quanto ao tipo de comportamento que pode merecer uma certa atenção, cada valor listado vem acompanhado de algumas reflexões quanto ao que pode ser feito em relação a ele.

Seu grupo, ou organização, está próximo ao Perfil Normativo quanto a:

2 UP   Popularidade e sucesso social, ser querido(a) e admirado(a)   (próximo)

Seu grupo ou organização, em média, parece dar uma ênfase ótima a estes valores. O bem-querer mútuo e a admiração são as primeiras recompensas intrínsecas que os membros do grupo podem dar uns aos outros. Quando a troca é mútua e igualitária, ela fortifica realmente a solidariedade do grupo. Quando as recompensas são dadas por um desempenho eficaz em relação à tarefa, a combinação é ideal para o trabalho eficaz em equipe.

11 PF   Idealismo responsável, colaboração no trabalho   (próximo)

Se há um conjunto de valores necessário ao trabalho em equipe, que dificilmente pode ser muito enfatizado, este é um deles. É um suporte valioso para todo valor ligado ao trabalho em equipe, e está exatamente no centro do agrupamento de valores necessários ao trabalho eficaz em equipe. Está também estrategicamente colocado para ajudar na mediação eficaz de valores conflitantes, especialmente o conflito endêmico entre os valores mais liberais e conservadores. Este conjunto de valores quase não tem efeitos colaterais indesejados. Entretanto, a falta deste conjunto é muito difícil de ser superada. Seu grupo parece tê-lo num nível ótimo. Este é um grande recurso.

16 B   Mudança para novos procedimentos, valores diferentes, criatividade (próximo)

O trabalho em equipe bem-sucedido requer a habilidade de relacionar potencialmente valores de conflito entre as pessoas, em uma grande perspectiva, incluindo todos os valores importantes. Ele exige têmpera e o balanceamento de sua ênfase relativa, de acordo com as necessidades de tempo, do grupo, da grande organização, e da situação externa. E às vezes até requer que alguém aja de forma a parecer oposto a outras formas que podem parecer logicamente inconsistentes, e até conflitantes.

Seu grupo ou organização parecem ter esta flexibilidade vital. O Perfil Mais Eficaz de freqüências de comportamento não é atingido ou aproximado em períodos de tempo muito curtos, mas é o resultado da flexibilidade apropriada ao longo de períodos de tempo maiores. Para um trabalho ótimo em equipe, em muitas equipes, em grupos e organizações orientadas para a tarefa, provavelmente haverá a necessidade de dar uma ênfase igual tanto ao tempo de mudança para novos procedimentos (16 B) como para "formas estabelecidas e 'corretas' de fazer as coisas" (12 F). Mas há sempre o risco de equilibrar muito e ficar preso em um lado ou outro.

Copyright 2002 SYMLOG Consulting Group, 18580 Polvera Dr., San Diego, CA 92128, (858) 673-2098. Todos os direitos reservados.
Versão autorizada por R.F. Bales. Tradução de Valença & Associados.   07/28/04 10:46 FL-US ABRH--RH's S0009012 SYMNET 3.50 Basic Int.

Relatório de Bales para o Gráfico de barras sobre: *CUR
Pergunta sobre avaliação: Em geral, que tipos de valores são exibidos habitualmente na prática efetiva dos profissionais de RH no seu Estado?

17 PB   Amizade, satisfação mútua, recreação   (próximo)

Quem pode duvidar de que a amizade, o prazer mútuo e a recreação sejam bons para a solidariedade da equipe? O problema para muitas equipes, grupos e organizações é atingir o equilíbrio certo entre estes valores e os mais orientados para a tarefa. Muito freqüentemente, nos grupos de trabalho, por muitas razões, os valores mais orientados para a tarefa (mais encontrados na direção F) tendem a se tornar prioritários (sobre aqueles da direção P), sendo o trabalho em equipe eventualmente prejudicado.

Seu grupo ou organização parecem ter a flexibilidade vital necessária (e grande sorte) de se mover para trás e para a frente, em torno de um equilíbrio excelente entre estes dois conjuntos competidores de valores. É importante enfatizar a necessidade de um equilíbrio ao longo do tempo, já que todos os grupos parecem ter uma tendência endêmica a circular para trás e para frente, entre estes dois tipos de ênfases, ao longo do tempo, e estão em perigo de ficar presos a uma ou outra condição de desequilíbrio.

19 DPF   Dedicação, fidelidade, lealdade à organização (próximo)

Este conjunto de valores depende da habilidade dos membros e de fato do grupo e da organização como um todo, para "saírem de si mesmos" e dirigirem seus esforços para o grupo, e seus propósitos que são maiores e mais vagos, quanto a seus perfis, do que eles próprios o são, como indivíduos ou grupos menores. As recompensas como retorno destes tipos de esforços são necessariamente atrasadas, e nem sempre chegam. Nem todos os indivíduos são capazes de uma lealdade forte, e nem todas as organizações são capazes de inspirá-la. Mas quando existe dedicação à organização e ela é justificada, esta combinação é mágica. Ela satisfaz as longas esperas, e provoca esforços supremos.

20 DF   Obediência à hierarquia de comando, comportamentos de acordo com a autoridade (próximo)

Muitas pessoas sentem que é difícil obedecer, e dificilmente alguém realmente o faz. Muitas pessoas sentem que é perigoso, em qualquer caso, e que a obediência inquestionável, em particular, leva à imoralidade. No fundo, estes sentimentos sobre a obediência provavelmente dependem muito do que se sente quanto à autoridade em questão, se ela é geralmente boa ou má.

E é óbvio que muita coordenação, em qualquer grande organização (onde a comunicação e o consenso estão longe de ser perfeitos) depende muito de um grau considerável de obediência à diretividade razoável. Este conjunto de valores da atual cultura de sua equipe, ou grupo, ou da organização como um todo, parece estar em um ótimo grau. Ele diz bem tanto da organização como das equipes e grupos que a compõem.

21 DNF   Auto-sacrifício, se necessário, para atingir as metas da organização (próximo)

A vontade de sacrificar o auto-interesse em ocasiões de rara tensão para a organização ou equipe é o teste amargo de dedicação. É de grande valor para o trabalho eficaz em equipe, e embora faça demandas incomuns, não é igualmente importante durante todo o tempo e em todas as situações. O auto-sacrifício deve acontecer o mais raramente possível. Não se deve depender dele, como se fosse substituto da boa liderança e da boa administração. É um valor que está à margem da dependência arriscada de recursos escassos.

A cultura atual de seu grupo ou organização parece ter valores baseados no auto-sacrifício, num grau ótimo, o que provavelmente também significa, em muitos casos, que não acontece excessivamente. Esta freqüência em um grau ótimo provavelmente também significa que a vontade dos membros não foi violentada nem destruída.

Seu grupo, ou organização, pode enfatizar muito:
Nenhum dos itens.

Relatório de Bales para o Gráfico de barras sobre: *CUR
Pergunta sobre avaliação: Em geral, que tipos de valores são exibidos habitualmente na prática efetiva dos profissionais de RH no seu Estado?

Seu grupo, ou organização, não parece dar muita ênfase a nenhum dos valores normalmente associados ao bom desempenho no trabalho em equipe, até o ponto em que ocorre o conflito. As médias, porém, não dizem tudo. Um ou mais membros podem ainda sentir que é colocada muita ênfase em certos valores, e é vantajoso para o grupo explorar isto.

Seu grupo, ou organização, pode não enfatizar muito:

3 UPF   Trabalho proativo em equipe, voltado para as metas comuns, unidade organizacional (dar subenfatizado)

Este valor é reforçado pela liderança da tarefa, deliberadamente democrática em toda a organização. Em princípio, este tipo de liderança pode ser mostrado de alguma forma por todos os membros da organização. A liderança não deve ser imaginada como confinada a membros de posições formais de liderança. A aceitação das tarefas do grupo e o otimismo quanto à realização bem sucedida em todos os grupos da organização, com apreço a outros membros do grupo, assim como a percepção da autoridade mais elevada como boa e justa, são atitudes que tendem a reforçar estes valores.

Se estas atitudes estão faltando em alguma parte da organização, pode ser necessário empreender a ação para que as novas atitudes possam ser desenvolvidas. As tarefas específicas do grupo podem precisar ser redefinidas ou redesenhadas para que a realização bem-sucedida seja possível; talvez seja necessário mais treinamento; os membros de grupos selecionados podem precisar passar mais tempo apreciando uns aos outros. Mas em particular eles podem precisar apreciar mais e gostar realmente da liderança da autoridade superior fora do grupo particular. Isto provavelmente não acontecerá, a menos que aqueles que têm autoridade ajam diferentemente.

4 UF   Eficiência, gestão firme e imparcial   (dar subenfatizado)

Uma organização ou grupo em que este valor é deficiente provavelmente parece desorganizada. Alguns ou muitos membros provavelmente sentirão que seu tempo e suas habilidades estão sendo gastos em vão. O tempo é um recurso precioso em todos os grupos e organizações, já que o simples fato de reunir os membros e deixá-los prontos para o trabalho requer muito tempo e energia. A boa administração pode ajudar a evitar perdas devidas à preparação insuficiente, aos procedimentos sem objetivos, e assim por diante. Voltar a atenção ao planejamento concreto das tarefas às vezes também se revela o mediador mais eficaz e é o neutralizador de desacordos e discussões em escala.

Se estes valores são deficientes na organização, isto pode ser devido a experiências com a administração autoritária em níveis particulares ou em grupos particulares que, no passado, tenham provocado a polarização. Pode ser útil observar isto e verificar se a reação alérgica pode ser reduzida.

A participação maior do membro das funções de administração é a cura estratégica em muitos casos (ativação dos valores mostrados no gráfico de barras como 10 P: "Igualdade, participação democrática nas tomadas de decisão"). Todos os membros da organização podem e precisam participar de maneiras diferentes, da boa administração.

8 UB   Divertimento, alívio de tensão, relaxamento dos controles   (dar subenfatizado)

A ansiedade quanto ao desempenho adequado, especialmente se também forem esperadas ameaças da situação externa e reprovação da autoridade, pode tornar muito difícil relaxar o controle. O desempenho tende a se tornar obsessivo e a exigência de perfeição pode aumentar a probabilidade de erros. A necessidade de liberação periódica e de relaxamento é óbvia.

Se grupos específicos ou a organização como um todo forem deficientes quanto a este valor, haverá uma necessidade de tentar descobrir as fontes de ansiedade, de fazer o que pode ser feito para reduzi-la, e

Relatório de Bales para o Gráfico de barras sobre: *CUR
Pergunta sobre avaliação: Em geral, que tipos de valores são exibidos habitualmente na prática
efetiva dos profissionais de RH no seu Estado?

legitimar, através da discussão e do acordo, momentos específicos, lugares e atividades de relaxamento, liberação de tensão e diversão. Estas ocasiões também são momentos em que as relações amigáveis entre os membros são naturalmente revistas e fortificadas.

É uma contradição, em termos, é claro, tentar-se decidir e controlar tudo o que se refira a quando e como relaxar. Se você está cercado de pessoas brincalhonas, considere-se uma pessoa de sorte (a menos que sejam realmente intoleráveis).

9   UPB   Proteção dos membros menos capacitados, oferecimento de ajuda quando necessário (dar subenfatizado)

É importante para a administração e para todos os membros reconhecerem a importância das seguintes funções: apoio nutriente, terapia, ensino, treinamento, como aspectos necessários de liderança eficaz em qualquer tipo de organização ou grupo. Se essas funções não forem desempenhadas pela liderança especializada da tarefa devem ser, em última análise, oferecidas pelos líderes sócio-emocionais que as desempenham e apoiadas pelos líderes da tarefa.

É preferível que os dois tipos de liderança possam ser combinados nas mesmas pessoas. Entretanto, uma divisão do trabalho entre dois tipos pode ser feita, e é geralmente inevitável, em alguma medida. Em ambos os casos, uma forte coalizão entre estes dois tipos de líderes, se estas funções forem desempenhadas por pessoas diferentes, talvez seja o tipo mais importante e único de relação no grupo ou na organização, até que seja considerada a promoção de um trabalho eficaz em equipe.

Muitos grupos têm um ou dois membros que parecem ser especialmente sensíveis às necessidades dos outros membros, e esforçam-se muito para manter o grupo em um clima caloroso e feliz. Como isto nem sempre está aliado ao esforço máximo em relação à tarefa, ou pode envolver fazerem-se exceções quanto às responsabilidades da tarefa para membros específicos, os protetores às vezes são incômodos ou são ignorados pelos membros rigidamente mais orientados para a tarefa. Isto não é necessário ou obviamente prejudicial como alguns outros tipos de polarização. Entretanto, vai pesar ao longo do tempo.

10   P   Igualdade, participação democrática nas tomadas de decisão   (dar subenfatizado)

Há muitas razões pelas quais este conjunto de valores pode ser subenfatizado em um grupo ou organização. Alguns membros com uma "mentalidade voltada para sua sobrevivência, em primeiro lugar", valores mostrados no gráfico de barras como (1U), (6 UN), (7UNB), (14 N), por exemplo, podem realmente adotar os valores de igualdade de contentamento, como irrealistas, tolos e como ameaçadores a sua liberdade individual.

Os membros que estão preocupados com as ameaças externas ao grupo ou à organização e enfatizam a necessidade de uma forte autoridade, valores mostrados como (5 UNF), (12 F), (13 NF), (21 DNF), por exemplo, podem sentir que os outros não percebem a natureza e a seriedade dos problemas que desafiam o grupo ou a organização. Eles podem acreditar que outros não têm a habilidade ou a motivação para resolverem problemas, ou que a participação democrática na tomada de decisão é muito mais lenta, e provavelmente surgirá com as respostas erradas.

Os membros que adotam fortemente estes valores anti-igualitários podem não reconhecer o nível de ameaça deles quanto à integridade do grupo ou da organização, e destroem o trabalho eficaz em equipe. É quase certo que uma ênfase exagerada nos valores que se opõem à igualdade provoque polarizações.

Uma solidariedade e uma integridade básicas, de uma equipe, de um grupo ou de toda uma organização é essencial para o trabalho eficaz a longo prazo. Se a natureza da tarefa não permitir esta solidariedade básica, pode ser mais sábio diminuir o nível de aspiração, redefinir ou redesenhar a tarefa, do que persistir sem a possibilidade de um trabalho em equipe viável. Se a composição do grupo ou da organização como um todo, em termos das responsabilidades dos membros e dos valores, não permite um trabalho em equipe viável, talvez a recomposição do grupo ou de todos precise ser considerada.

Sem uma partilha apropriada e justa quanto à tomada de decisão por parte de todos, o grupo ou a organização será incapaz de desenvolver normas legítimas e aglutinadoras. Sem estas, o grupo ou a organização como um todo se fragmentará e o desempenho de todos degenerará.

18 DP   Confiança na bondade dos outros   (dar subenfatizado)

A razão mais óbvia para que a confiança na bondade dos outros possa ser baixa no grupo é que a confiança não é justificada, e pode de fato ser perigosa. Provavelmente é isto o que ocorre, se muitos membros do grupo vêem o mundo como uma selva, e agem muito de acordo com os valores da sobrevivência individual. Isto tende a tornar o grupo também uma selva, é claro, e aqueles que mantêm a confiança o fazem por razões irrealistas.

Para alguns tipos de equipes, a confiança é absolutamente essencial, já que os membros às vezes têm a vida de cada um em suas mãos. Para muitas equipes, o trabalho eficaz em equipe depende, de alguma forma, da confiança, e a falta da mesma é um fator corrosivo que tende a multiplicar os problemas.

Não há formas fáceis de se lidar com a falta de confiança. A confiança verdadeira só pode se desenvolver como um resultado de demonstrações repetidas de confiança.

Relatório de Bales para o Gráfico de barras sobre: *CUR
Pergunta sobre avaliação: Em geral, que tipos de valores são exibidos habitualmente na prática efetiva dos profissionais de RH no seu Estado?

Valores que Podem Ser Necessários Às Vezes, Mas Perigosos

Nosso Perfil Normativo mostra que às vezes certos valores são aprovados, mas não o são quando mostrados com muita freqüência ou quando mostrados raramente. Eles podem ser necessitados como medidas emergências temporárias, mas são geralmente do tipo chamado "autoritário" e têm um potencial perigoso quanto à provocação de polarização em muitos grupos. Quaisquer valores observados nesta seção podem ser necessários às vezes, mas perigosos para o trabalho em equipe.

Seu grupo, ou organização, pode enfatizar muito:

12 F   Conservadorismo, formas estabelecidas e "corretas" de fazer as coisas (super enfatizado)

Todos os grupos e organizações vivem e lutam, de alguma forma, com algum equilíbrio instável entre manter formas estabelecidas de fazer as coisas e a mudança (ver 16 B versus 12 F). A flutuação de vai-vém entre estes dois pólos deve ser esperada, já que tanto a situação externa quanto as condições internas do grupo ou da organização são inerentemente instáveis. Provavelmente haverá problemas se ambos os conjuntos de valores se tornarem muito enfatizados e rígidos.

Se ambos os conjuntos de valores forem muito enfatizados, isto pode indicar um conflito aberto no grupo ou, de alguma forma, um estado de alta preocupação e uma possível confusão. Se a polarização entrar em escalada, é provável que assuma a forma de "autoritários" versus "anti-autoritários", e se torne o foco de muitos outros conflitos do grupo.

Seu grupo, ou organização, pode não enfatizar muito:

nenhum dos itens.

Seu grupo, ou organização, não parece dar pouca ênfase a nenhum dos valores que são necessários às vezes, mas que podem tornar-se perigosos. As médias, porém, não dizem tudo. Um ou mais membros podem ainda sentir que seu grupo coloca pouquíssima ênfase em certos valores e pode ser vantajoso explorar isto.

PERFIL DE VALORES DA CULTURA OU DA PRÁTICA PROFISSIONAL... 239

Relatório de Bales para o Gráfico de barras sobre: *CUR
Pergunta sobre avaliação: Em geral, que tipos de valores são exibidos habitualmente na prática efetiva dos profissionais de RH no seu Estado?

Valores que Quase Sempre Interferem no Trabalho em Equipe

Há valores que podem servir às necessidades de determinados indivíduos, mas que interferem no trabalho em equipe, exceto em condições muito raras e temporárias. Em geral, eles devem ser minimizados. Ao mesmo tempo, se eles existem, é importante achar as condições que os causam, e, se possível, lidar com as causas. Se seu grupo tem qualquer um destes valores em grau alto, certamente será vantajoso discutir isto, assim que ele indicar que algo de considerável importância precisa ser mudado.

Seu grupo, ou organização, pode enfatizar muito:

14 N   Autoproteção, primazia dos interesses próprios, auto-suficiência   (super enfatizado)

O medo de que o sucesso, ou mesmo a sobrevivência do grupo ou da organização estejam muito ameaçados pode trazer à tona estes valores auto-protetores para muitos membros. Alguns indivíduos, porém, por causa de experiências anteriores, e como uma parte regular de sua personalidade, são ameaçados por qualquer aumento de amizade, solidariedade e consenso no grupo ou na organização.

Eles temem que possam vir a confiar demais nos outros, ou que sejam levados à mediocridade, ao se juntarem aos outros, ou que sejam impossibilitados de elevar seu status, ao se identificarem com a "população comum", ou que incorram em obrigações com outros ou com o grupo que não desejam assumir. Seu comportamento parece não-amigável, negativista e persistentemente discordante. Nestes casos extremos, as fortes tentativas de "trazê-los para dentro do grupo" freqüentemente só aumenta a polarização e torna as coisas piores.

Se o problema é a personalidade baseada e confinada em um ou em alguns indivíduos, pode ser útil simplesmente não dedicar mais tanta atenção a eles nem à polarização, procurando concentrar-se mais na tarefa. Se o sucesso ou a sobrevivência do grupo ou da organização realmente está ameaçado, é claro que os passos emergenciais podem ser necessários.

23 DNB   Resignação ante o fracasso, retraimento do esforço   (super enfatizado)

Se este valor for enfatizado por muitos do grupo ou da organização, isto pode significar que existe a crença de que certos objetivos ou procedimentos falharam e que o grupo está buscando alternativas. Isto não significa necessariamente que um humor de pessimismo esteja crescendo desordenadamente em toda a organização, embora isto não seja impossível.

Em contrapartida, alguns indivíduos do grupo ou grupos podem estar demonstrando um comportamento que parece indicar um sentimento de alienação tanto em relação à tarefa quanto a outros membros do grupo: abandonar a tarefa, tentando realmente deixar o grupo, absenteísmo, diminuição do ritmo de trabalho, falta de participação, demonstração de falta de coragem e desânimo, distração e preocupação. A motivação pode envolver fatores externos ao grupo, ou internos a ele, tais como a fadiga, padrões de sucesso colocados muito alto, falha ou medo de falha, discórdia com a direção dos objetivos do grupo, convicção de que os objetivos do grupo são impossíveis ou que os meios empregados falharão.

Se forem reconhecidas, algumas dessas possíveis causas podem ser modificadas ou removidas. Os membros atuais provavelmente não podem fazer muito quanto às causas baseadas na personalidade, no caso de indivíduos específicos, a não ser oferecer apoio e tentar encontrar ajuda fora do grupo.

Copyright 2002 SYMLOG Consulting Group, 18580 Polvera Dr., San Diego, CA 92128, (858) 673-2098. Todos os direitos reservados.
Versão autorizada por R.F. Bales. Tradução de Valença & Associados.   07/28/04 10:46 FL-US ABRH--RH's S0009012 SYMNET 3.50 Basic Int.

Relatório de Bales para o Gráfico de barras sobre: *CUR
Pergunta sobre avaliação: Em geral, que tipos de valores são exibidos habitualmente na prática efetiva dos profissionais de RH no seu Estado?

24 DB   Resistência passiva à cooperação com a autoridade   (super enfatizado)

Se a média organizacional quanto a este valor for alta, isto naturalmente é uma indicação de sério problema, centrado na relação com a autoridade dentro de grupos específicos, fora da organização, ou em ambas as hipóteses. Alguns indivíduos específicos podem mostrar comportamento deste tipo, por razões baseadas em valores. Eles podem ter a convicção de que o que está sendo exigido pela autoridade é errado, ou que os objetivos de um grupo particular ou as convenções estão equivocadas. Porém, se a falta de cooperação for passiva, pode ser que eles acreditem que se deve ser "civil" na desobediência - deve-se defender seriamente um conjunto diferente de valores, mas a resistência deve ser "não-violenta".

Pode ser, de fato, que aquilo que a autoridade está exigindo seja reprovado pela grande sociedade, que o indivíduo sinta culpa pessoal pelo conformismo, e esteja "no limite da paciência". Esta possibilidade não deve ser levianamente desconsiderada.

Por outro lado, a posição do indivíduo pode estar fundamentalmente baseada em sua personalidade. Pode ser o resultado de uma história de experiência de injustiça. Ou fundamentalmente um medo de falha em atender as demandas da tarefa.

Em qualquer caso, é importante compreender o problema para achar a melhor abordagem. A pressão crescente direta da autoridade provavelmente só fará aumentar o problema.

PERFIL DE VALORES DA CULTURA OU DA PRÁTICA PROFISSIONAL... 241

Gráfico de barras da média de todas as avaliações feitas sobre: *FUT
Pergunta sobre avaliação: Em geral, que tipos de valores precisariam ser exibidos na prática efetiva dos profissionais de RH para que ela seja mais eficaz, no futuro?

Página 1

Relatório baseado nas avaliações agregadas

Tipo: PF   Localização Final: 1.6U 10.0P 5.4F
Avaliações: 59

a barra de Xs = a avaliação média sobre cada item
E = a localização ótima para a maioria dos trabalhos eficazes

RARAMENTE   ÀS VEZES   FREQÜENTEMENTE

#	Código	Descrição
1	U	Sucesso financeiro individual, proeminência pessoal e poder
2	UP	Popularidade e sucesso social, ser querido(a) e admirado(a)
3	UPF	Trabalho proativo em equipe, voltado para as metas comuns, unidade organizacional
4	UF	Eficiência, gestão firme e imparcial
5	UNF	Reforço ativo da autoridade, regras e regulamentos
6	UN	Intransigência, assertividade auto-orientada
7	UNB	Rudeza, individualismo auto-orientado, resistência à autoridade
8	UB	Divertimento, alívio de tensão, relaxamento dos controles
9	UPB	Proteção dos membros menos capacitados, oferecimento de ajuda quando necessário
10	P	Igualdade, participação democrática nas tomadas de decisão
11	PF	Idealismo responsável, colaboração no trabalho
12	F	Conservadorismo, formas estabelecidas e "corretas" de fazer as coisas
13	NF	Contenção dos desejos individuais em favor das metas organizacionais
14	N	Autoproteção, primazia dos interesses próprios, auto-suficiência
15	NB	Rejeição aos procedimentos estabelecidos, rejeição ao conformismo
16	B	Mudança para novos procedimentos, valores diferentes, criatividade
17	PB	Amizade, satisfação mútua, recreação
18	DP	Confiança na bondade dos outros
19	DPF	Dedicação, fidelidade, lealdade à organização
20	DF	Obediência à hierarquia de comando, comportamentos de acordo com a autoridade
21	DNF	Auto-sacrifício, se necessário, para atingir as metas da organização
22	DN	Rejeição passiva da popularidade, auto-isolamento
23	DNB	Resignação ante o fracasso, retraimento do esforço
24	DB	Resistência passiva à cooperação com a autoridade
25	DPB	Contentamento, desligamento
26	D	Renúncia a necessidades e desejos pessoais, passividade

Copyright 2002 SYMLOG Consulting Group, 18580 Polvera Dr., San Diego, CA 92128. (858) 673-2098. Todos os direitos reservados.
Versão autorizada por R.F. Bales. Tradução de Valença & Associados.   07/28/04 10:46 FL-US ABRH--RH's S0009012 SYMNET 3.50 Basic Int

242 MÉTODO SYMLOG E APRENDIZAGEM ORGANIZACIONAL

Sinopse do Gráfico de barras sobre: *FUT
Pergunta sobre avaliação: Em geral, que tipos de valores precisariam ser exibidos na prática efetiva dos profissionais de RH para que ela seja mais eficaz, no futuro?

Sinopse do Gráfico de barras sobre: *FUT

Esta sinopse compara os resultados do gráfico de barras com as normas da pesquisa sobre a eficácia pessoal e de grupo. Baseia-se na literatura científica e na pesquisa feita pelo Professor Robert F. Bales, conduzida por mais de quarenta anos, sobre grupos em uma ampla variedade de organizações nos setores público e privado.

Itens do gráfico de barras

O comprimento das barras no gráfico de barras precedente indica a freqüência com que, em média, seu grupo foi avaliado em cada um dos 26 itens. Estes valores e seus comportamentos associados são importantes para determinar o quanto seu grupo pode ser eficaz.

Comparação do perfil do gráfico de barras com o ponto ótimo para um trabalho em eficaz equipe; relacionamento para norma: proximo (=), acima (+), embaixo (-)

Item			=	+	-
Valores que contribuem para um Trabalho Eficaz em Equipe					
2	UP	Popularidade e sucesso social, ser querido(a) e admirado(a)	X		
3	UPF	Trabalho proativo em equipe, voltado para as metas comuns, unidade organizacional	X		
4	UF	Eficiência, gestão firme e imparcial	X		
8	UB	Divertimento, alívio de tensão, relaxamento dos controles			X
9	UPB	Proteção dos membros menos capacitados, oferecimento de ajuda quando necessário	X		
10	P	Igualdade, participação democrática nas tomadas de decisão			X
11	PF	Idealismo responsável, colaboração no trabalho			X
16	B	Mudança para novos procedimentos, valores diferentes, criatividade			X
17	PB	Amizade, satisfação mútua, recreação			X
18	DP	Confiança na bondade dos outros			
19	DPF	Dedicação, fidelidade, lealdade à organização	X		
20	DF	Obediência à hierarquia de comando, comportamentos de acordo com a autoridade	X		
21	DNF	Auto-sacrifício, se necessário, para atingir as metas da organização			X
Valores que Podem Ser Necessários Às Vezes, Mas Perigosos					
1	U	Sucesso financeiro individual, proeminência pessoal e poder	X		
5	UNF	Reforço ativo da autoridade, regras e regulamentos			
6	UN	Intransigência, assertividade auto-orientada			X
12	F	Conservadorismo, formas estabelecidas e "corretas" de fazer as coisas			X
13	NF	Contenção dos desejos individuais em favor das metas organizacionais	X		
Valores que Quase Sempre Interferem no Trabalho em Equipe					
7	UNB	Rudeza, individualismo auto-orientado, resistência à autoridade	X		
14	N	Autoproteção, primazia dos interesses próprios, auto-suficiência	X		
15	NB	Rejeição aos procedimentos estabelecidos, rejeição ao conformismo	X		
22	DN	Rejeição passiva da popularidade, auto-isolamento	X		
23	DNB	Resignação ante o fracasso, retraimento do esforço	X		
24	DB	Resistência passiva à cooperação com a autoridade	X		
25	DPB	Contentamento, desligamento		X	
26	D	Renúncia a necessidades e desejos pessoais, passividade	X		

PERFIL DE VALORES DA CULTURA OU DA PRÁTICA PROFISSIONAL... 243

Gráfico de barras da média de todas as avaliações feitas sobre: *REW
Pergunta sobre avaliação: Em geral, que tipo de valores exibidos na pratica efetiva dos profissionais de RH do seu Estado são realmente recompensados?

Página 1

Relatório baseado nas avaliações agregadas

Tipo: PF   Localização Final: 0.7U 4.3P 7.8F
Avaliações: 56

a barra de Xs = a avaliação média sobre cada item
E = a localização ótima para a maioria dos trabalhos eficazes

RARAMENTE   ÀS VEZES   FREQÜENTEMENTE

#	Código	Descrição
1	U	Sucesso financeiro individual, proeminência pessoal e poder
2	UP	Popularidade e sucesso social, ser querido(a) e admirado(a)
3	UPF	Trabalho proativo em equipe, voltado para as metas comuns, unidade organizacional
4	UF	Eficiência, gestão firme e imparcial
5	UNF	Reforço ativo da autoridade, regras e regulamentos
6	UN	Intransigência, assertividade auto-orientada
7	UNB	Rudeza, individualismo auto-orientado, resistência à autoridade
8	UB	Divertimento, alívio de tensão, relaxamento dos controles
9	UPB	Proteção dos membros menos capacitados, oferecimento de ajuda quando necessário
10	P	Igualdade, participação democrática nas tomadas de decisão
11	PF	Idealismo responsável, colaboração no trabalho
12	F	Conservadorismo, formas estabelecidas e "corretas" de fazer as coisas
13	NF	Contenção dos desejos individuais em favor das metas organizacionais
14	N	Autoproteção, primazia dos interesses próprios, auto-suficiência
15	NB	Rejeição aos procedimentos estabelecidos, rejeição ao conformismo
16	B	Mudança para novos procedimentos, valores diferentes, criatividade
17	PB	Amizade, satisfação mútua, recreação
18	DP	Confiança na bondade dos outros
19	DPF	Dedicação, fidelidade, lealdade à organização
20	DF	Obediência à hierarquia de comando, comportamentos de acordo com a autoridade
21	DNF	Auto-sacrifício, se necessário, para atingir as metas da organização
22	DN	Rejeição passiva da popularidade, auto-isolamento
23	DNB	Resignação ante o fracasso, retraimento do esforço
24	DB	Resistência passiva à cooperação com a autoridade
25	DPB	Contentamento, desligamento
26	D	Renúncia a necessidades e desejos pessoais, passividade

Copyright 2002 SYMLOG Consulting Group, 18580 Polvera Dr., San Diego, CA 92128. (858) 673-2098. Todos os direitos reservados.
Versão autorizada por R.F. Bales. Tradução de Valença & Associados.   07/28/04 10:46 FL-US ABRH--RH's S0009012 SYMNET 3.50 Basic Int

Sinopse do Gráfico de barras sobre: *REW Página 2
Pergunta sobre avaliação: Em geral, que tipo de valores exibidos na pratica efetiva dos profissionais
de RH do seu Estado são realmente recompensados?

Sinopse do Gráfico de barras sobre: *REW

Esta sinopse compara os resultados do gráfico de barras com as normas da pesquisa sobre a eficácia pessoal e de grupo. Baseia-se na literatura científica e na pesquisa feita pelo Professor Robert F. Bales, conduzida por mais de quarenta anos, sobre grupos em uma ampla variedade de organizações nos setores público e privado.

Itens do gráfico de barras

O comprimento das barras no gráfico de barras precedente indica a freqüência com que, em média, seu grupo foi avaliado em cada um dos 26 itens. Estes valores e seus comportamentos associados são importantes para determinar o quanto seu grupo pode ser eficaz.

Comparação do perfil do gráfico de barras com o ponto ótimo para um trabalho em eficaz equipe; relacionamento para norma: proximo (=), acima (+), embaixo (-)

Item			=	+	-
Valores que contribuem para um Trabalho Eficaz em Equipe					
2	UP	Popularidade e sucesso social, ser querido(a) e admirado(a)	X		
3	UPF	Trabalho proativo em equipe, voltado para as metas comuns, unidade organizacional		X	
4	UF	Eficiência, gestão firme e imparcial	X		
8	UB	Divertimento, alívio de tensão, relaxamento dos controles			X
9	UPB	Proteção dos membros menos capacitados, oferecimento de ajuda quando necessário			X
10	P	Igualdade, participação democrática nas tomadas de decisão			X
11	PF	Idealismo responsável, colaboração no trabalho	X		
16	B	Mudança para novos procedimentos, valores diferentes, criatividade	X		
17	PB	Amizade, satisfação mútua, recreação			
18	DP	Confiança na bondade dos outros			X
19	DPF	Dedicação, fidelidade, lealdade à organização	X		
20	DF	Obediência à hierarquia de comando, comportamentos de acordo com a autoridade	X		
21	DNF	Auto-sacrifício, se necessário, para atingir as metas da organização	X		
Valores que Podem Ser Necessários Às Vezes, Mas Perigosos					
1	U	Sucesso financeiro individual, proeminência pessoal e poder	X		
5	UNF	Reforço ativo da autoridade, regras e regulamentos	X		
6	UN	Intransigência, assertividade auto-orientada			X
12	F	Conservadorismo, formas estabelecidas e "corretas" de fazer as coisas	X		
13	NF	Contenção dos desejos individuais em favor das metas organizacionais	X		
Valores que Quase Sempre Interferem no Trabalho em Equipe					
7	UNB	Rudeza, individualismo auto-orientado, resistência à autoridade	X		
14	N	Autoproteção, primazia dos interesses próprios, auto-suficiência	X		
15	NB	Rejeição aos procedimentos estabelecidos, rejeição ao conformismo	X		
22	DN	Rejeição passiva da popularidade, auto-isolamento	X		
23	DNB	Resignação ante o fracasso, retraimento do esforço			
24	DB	Resistência passiva à cooperação com a autoridade		X	
25	DPB	Contentamento, desligamento	X		
26	D	Renúncia a necessidades e desejos pessoais, passividade		X	

Copyright 2002 SYMLOG Consulting Group, 18580 Polvera Dr., San Diego, CA 92128. (858) 673-2098. Todos os direitos reservados.
Versão autorizada por R.F. Bales. Tradução de Valença & Associados. 07/28/04 10:46 FL-US ABRH--RH's S0009012 SYMNET 3.50 Basic Int

PERFIL DE VALORES DA CULTURA OU DA PRÁTICA PROFISSIONAL... 245

Gráfico de barras da média de todas as avaliações feitas sobre: "CXP
Pergunta sobre avaliação: Em geral, que tipo de valores você supõe que os principais clientes percebem na prática efetiva dos profisssionais de RH no seu Estado?

Página 1

Relatório baseado nas avaliações agregadas

Tipo: PF Localização Final: 1.3U 4.1P 5.4F
Avaliações: 56

a barra de Xs = a avaliação média sobre cada item
E = a localização ótima para a maioria dos trabalhos eficazes

RARAMENTE ÀS VEZES FREQÜENTEMENTE

#	Código	Descrição
1	U	Sucesso financeiro individual, proeminência pessoal e poder
2	UP	Popularidade e sucesso social, ser querido(a) e admirado(a)
3	UPF	Trabalho proativo em equipe, voltado para as metas comuns, unidade organizacional
4	UF	Eficiência, gestão firme e imparcial
5	UNF	Reforço ativo da autoridade, regras e regulamentos
6	UN	Intransigência, assertividade auto-orientada
7	UNB	Rudeza, individualismo auto-orientado, resistência à autoridade
8	UB	Divertimento, alívio de tensão, relaxamento dos controles
9	UPB	Proteção dos membros menos capacitados, oferecimento de ajuda quando necessário
10	P	Igualdade, participação democrática nas tomadas de decisão
11	PF	Idealismo responsável, colaboração no trabalho
12	F	Conservadorismo, formas estabelecidas e "corretas" de fazer as coisas
13	NF	Contenção dos desejos individuais em favor das metas organizacionais
14	N	Autoproteção, primazia dos interesses próprios, auto-suficiência
15	NB	Rejeição aos procedimentos estabelecidos, rejeição ao conformismo
16	B	Mudança para novos procedimentos, valores diferentes, criatividade
17	PB	Amizade, satisfação mútua, recreação
18	DP	Confiança na bondade dos outros
19	DPF	Dedicação, fidelidade, lealdade à organização
20	DF	Obediência à hierarquia de comando, comportamentos de acordo com a autoridade
21	DNF	Auto-sacrifício, se necessário, para atingir as metas da organização
22	DN	Rejeição passiva da popularidade, auto-isolamento
23	DNB	Resignação ante o fracasso, retraimento do esforço
24	DB	Resistência passiva à cooperação com a autoridade
25	DPB	Contentamento, desligamento
26	D	Renúncia a necessidades e desejos pessoais, passividade

Copyright 2002 SYMLOG Consulting Group, 18580 Polvera Dr., San Diego, CA 92128. (858) 673-2098. Todos os direitos reservados.
Versão autorizada por R.F. Bales. Tradução de Valença & Associados. 07/28/04 10:46 FL-US ABRH--RH's S0009012 SYMNET 3.50 Basic Int

Sinopse do Gráfico de barras sobre: *CXP
Pergunta sobre avaliação: Em geral, que tipo de valores você supõe que os principais clientes percebem na prática efetiva dos profisssionais de RH no seu Estado?

Sinopse do Gráfico de barras sobre: *CXP

Esta sinopse compara os resultados do gráfico de barras com as normas da pesquisa sobre a eficácia pessoal e de grupo. Baseia-se na literatura científica e na pesquisa feita pelo Professor Robert F. Bales, conduzida por mais de quarenta anos, sobre grupos em uma ampla variedade de organizações nos setores público e privado.

Itens do gráfico de barras

O comprimento das barras no gráfico de barras precedente indica a freqüência com que, em média, seu grupo foi avaliado em cada um dos 26 itens. Estes valores e seus comportamentos associados são importantes para determinar o quanto seu grupo pode ser eficaz.

Comparação do perfil do gráfico de barras com o ponto ótimo para um trabalho em eficaz equipe; relacionamento para norma: próximo (=), acima (+), embaixo (-)

Item			=	+	-
Valores que contribuem para um Trabalho Eficaz em Equipe					
2	UP	Popularidade e sucesso social, ser querido(a) e admirado(a)	X		
3	UPF	Trabalho proativo em equipe, voltado para as metas comuns, unidade organizacional		X	
4	UF	Eficiência, gestão firme e imparcial		X	
8	UB	Divertimento, alívio de tensão, relaxamento dos controles		X	
9	UPB	Proteção dos membros menos capacitados, oferecimento de ajuda quando necessário		X	
10	P	Igualdade, participação democrática nas tomadas de decisão		X	
11	PF	Idealismo responsável, colaboração no trabalho			
16	B	Mudança para novos procedimentos, valores diferentes, criatividade	X		
17	PB	Amizade, satisfação mútua, recreação	X		
18	DP	Confiança na bondade dos outros		X	
19	DPF	Dedicação, fidelidade, lealdade à organização			
20	DF	Obediência à hierarquia de comando, comportamentos de acordo com a autoridade	X		
21	DNF	Auto-sacrifício, se necessário, para atingir as metas da organização	X		
Valores que Podem Ser Necessários Às Vezes, Mas Perigosos					
1	U	Sucesso financeiro individual, proeminência pessoal e poder		X	
5	UNF	Reforço ativo da autoridade, regras e regulamentos	X		
6	UN	Intransigência, assertividade auto-orientada			
12	F	Conservadorismo, formas estabelecidas e "corretas" de fazer as coisas		X	
13	NF	Contenção dos desejos individuais em favor das metas organizacionais	X		
Valores que Quase Sempre Interferem no Trabalho em Equipe					
7	UNB	Rudeza, individualismo auto-orientado, resistência à autoridade	X		
14	N	Autoproteção, primazia dos interesses próprios, auto-suficiência		X	
15	NB	Rejeição aos procedimentos estabelecidos, rejeição ao conformismo	X		
22	DN	Rejeição passiva da popularidade, auto-isolamento	X		
23	DNB	Resignação ante o fracasso, retraimento do esforço		X	
24	DB	Resistência passiva à cooperação com a autoridade		X	
25	DPB	Contentamento, desligamento		X	
26	D	Renúncia a necessidades e desejos pessoais, passividade	X		

Copyright 2002 SYMLOG Consulting Group, 18580 Polvera Dr., San Diego, CA 92128. (858) 673-2098. Todos os direitos reservados.
Versão autorizada por R.F. Bales. Tradução de Valença & Associados. 07/28/04 10:46 FL-US ABRH--RH's S0009012 SYMNET 3.50 Basic Int

PERFIL DE VALORES DA CULTURA OU DA PRÁTICA PROFISSIONAL... **247**

Diagrama de Campo da Média do Grupo
Baseado nas avaliações feitas pelo Grupo

Página 1

Relatório baseado nas avaliações agregadas
Diagnóstico da cultura organizacional
Apresentado por Valença & Associados -- Aprendizagem Organizacional
Agosto de 2004

O seguinte diagrama de campo demonstra a localização média para cada conceito, e/ou pessoa, baseada nas avaliações recebidas.

	Código Nome	Localização da Imagem Final					
Imagens de Conceitos	*FUT	1.6	U	10.0	P	5.4	F
	*CXP	1.3	U	4.1	P	5.4	F
	*CUR	0.9	U	3.6	P	6.7	F
	*REW	0.7	U	4.4	P	7.8	F
Imagens de Pessoas							

*Código prédeterminado

Copyright 2002 SYMLOG Consulting Group, 18580 Polvera Dr., San Diego, CA 92128. (858) 673-2098. Todos os direitos reservados.
Versão autorizada por R.F. Bales. Tradução de Valença & Associados. 07/28/04 10:46 FL-US ABRH--RH's S0009012 SYMNET 3.50 Basic Int

248 MÉTODO SYMLOG E APRENDIZAGEM ORGANIZACIONAL

Diagrama de Campo da Média do Grupo
Baseado nas avaliações feitas pelo Grupo

Página 2

Relatório baseado nas avaliações agregadas
Diagnóstico da cultura organizacional
Apresentado por Valença & Associados -- Aprendizagem Organizacional
Agosto de 2004

ACEITAÇÃO DE ORIENTAÇÃO PARA A TAREFA, POR PARTE DE UMA AUTORIDADE ESTABELECIDA
F

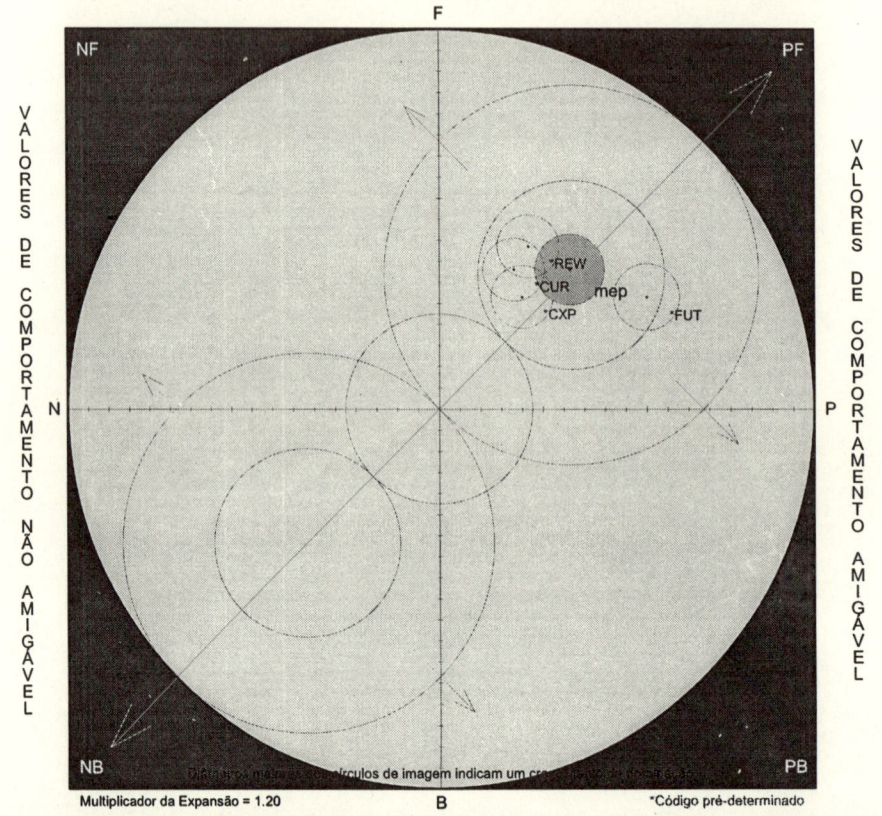

NF   PF

VALORES DE COMPORTAMENTO NÃO AMIGÁVEL

N   P

VALORES DE COMPORTAMENTO AMIGÁVEL

*REW
*CUR mep
*CXP   *FUT

NB   PB

Multiplicador da Expansão = 1.20   B   *Código pré-determinado

OPOSIÇÃO DIANTE DA ORIENTAÇÃO PARA A TAREFA, POR PARTE DE UMA AUTORIDADE ESTABELECIDA

Copyright 2002 SYMLOG Consulting Group, 18580 Polvera Dr., San Diego, CA 92128. (858) 673-2098. Todos os direitos reservados.
Versão autorizada por R.F. Bales. Tradução de Valença & Associados.   07/28/04 10:46 FL-US ABRH--RH's S0009012 SYMNET 3.50 Basic Int

Diagrama de Campo da Média do Grupo
Baseado nas avaliações feitas pelo Grupo

Relatório de Bales

Sobre o Relatório de Bales quanto ao Diagrama de Campo

Este relatório gerado em computador é escrito pelo Professor Robert F. Bales, da Universidade de Harvard. Ele está baseado em literatura científica, em sua própria pesquisa, de 1945 até os dias de hoje, e na pesquisa contínua feita pelo Grupo de Consultoria SYMLOG (SYMLOG Consulting Group), junto a equipes administrativas e organizações.

A primeira finalidade deste relatório é educacional. Pretende ajudá-lo a aprender e aplicar princípios associados à polarização e unificação em grupos. O relatório usa, ilustra estes princípios, referindo-se aos tipos gerais abstratos de personalidades e papéis nos grupos que foram encontrados, através de pesquisa, nas mesmas localizações do Diagrama de Campo, como as imagens que você avaliou.

A pesquisa, entretanto, depende muito das médias e padrões. Suas avaliações são únicas para você. Por estas razões, você não deve tomar nenhuma descrição ou interpretação contida neste relatório como literalmente verdadeira sobre pessoas reais ou conceitos que você avaliou e que são representadas por um nome de código no Diagrama de Campo.

O autor escreveu seus comentários partindo da perspectiva baseada na pesquisa quanto à posição "mais eficaz" localizada no centro do Círculo de Referência no quadrante superior direito do Diagrama de Campo. Se você fez avaliações sobre quaisquer conceitos envolvendo "desejo", "ideal", "eu mesmo", "futuro", ou "mais eficaz", e a localização no Diagrama de Campo para um ou mais destes conceitos inicia significativamente (cinco ou mais unidades) no centro do Círculo de Referência, há razão para esperar que suas percepções dos membros do grupo sejam diferentes das avaliações que estes membros receberiam de uma grande população. Estes pontos de partida também tornam possível que você não ache os comentários interpretativos muito acurados.

É importante lembrar que suas avaliações estão baseadas em suas percepções e que todas as percepções são sujeitas a tendenciosidade. Suas percepções de si próprio e dos outros são únicas para você, seu grupo, sua situação particular no grupo, e para a situação do grupo como um todo. As melhores oportunidades para descobrir tendenciosidades e ajustar percepções incomuns provavelmente ocorrem em discussão aberta onde todos os membros do grupo participam de um esforço conjunto para melhorar sua eficácia.

Imagens de Conceitos Avaliados por Membros de Seu Grupo

A linguagem do relatório foi concebida para descrever pessoas, e tipos de pessoas. Entretanto, as características associadas a um conceito podem freqüentemente ser entendidas em um senso muito útil e concreto, através da descrição do tipo de pessoa que pode exemplificar o conceito. Para fins deste relatório, um conceito é caracterizado por uma descrição do tipo de pessoa que pode exemplificar o conceito.

Imagem de: *FUT

Descrição Geral

De acordo com a média recebida por todos os avaliadores, os valores mais característicos parecem ser: Idealismo responsável, colaboração no trabalho, participação democrática.

Os membros deste tipo tendem a ser bons, práticos, estáveis e confiáveis. São amigáveis, mas não muito calorosos. Tendem a assumir que as pessoas com autoridade são benevolentes, e eles próprios são responsivos. Estão preocupados em fazer um bom trabalho. Acreditam em eqüidade, justiça, e altruísmo, tanto interior do grupo como entre grupos. Geralmente estão felizes por seguir os líderes que representam seu ideal de autoridade benevolente, mas tendem a não assumir a liderança. Geralmente tendem a assumir o melhor dos outros, e a procurar o melhor. Em alguns casos, podem não ser críticos.

Copyright 2002 SYMLOG Consulting Group, 18580 Polvera Dr., San Diego, CA 92128. (858) 673-2098. Todos os direitos reservados.
Versão autorizada por R.F. Bales. Tradução de Valença & Associados.   07/28/04 10:46 FL-US ABRH--RH's S0009012 SYMNET 3.50 Basic Int

Diagrama de Campo da Média do Grupo
Baseado nas avaliações feitas pelo Grupo

Imagem de: *CXP

Descrição Geral

De acordo com a média recebida por todos os avaliadores, os valores mais característicos parecem ser: Idealismo responsável, colaboração no trabalho.

Os membros vistos nesta localização têm um equilíbrio particular de valores que é estratégico na promoção do trabalho em equipe. Geralmente não mostram excesso de domínio ou submissão. Dão igual ênfase às solicitações da tarefa e às necessidades de integração do grupo. Freqüentemente mostram uma preocupação altruísta não só com os membros da equipe, ou do grupo, mas também com o bem-estar de outros indivíduos e grupos. Os outros tendem a descrever estes membros como sinceramente "bons". Seus valores se ajustam às necessidades do grupo para o trabalho cooperativo dentro do grupo, e com outros grupos, com um mínimo de efeitos colaterais indesejados.

Imagem de: *CUR, e *REW

Descrição Geral

De acordo com a média recebida por todos os avaliadores, os valores mais característicos parecem ser: Conservadorismo, formas estabelecidas e "corretas" de fazer as coisas, idealismo responsável, colaboração no trabalho.

Os membros que se aproximam deste tipo estão preocupados primeiramente com a realização de um bom trabalho e como fazê-lo da forma certa. Eles nem são dominadores nem submissos, e não estão muito interessados em cultivar relações amigáveis com os outros. São sérios, reflexivos, controlados, e têm pouco senso de humor. Geralmente se identificam com as demandas ou as exigências da autoridade. Eles querem ser capazes de aprovar o que fazem, em termos de seus próprios padrões, mas estes geralmente coincidem com aqueles determinados pela autoridade. Sua abordagem conscientemente operosa também se estende a um sentimento de obrigação com a manutenção de relações boas e confiáveis com os outros, e eles acreditam na cooperação, ou pelo menos na "lealdade". Mas não são calorosos nem muito igualitários, e tendem a tomar decisões mais em termos do que eles vêem como demandas da tarefa.

PERFIL DE VALORES DA CULTURA OU DA PRÁTICA PROFISSIONAL... 251

Diagrama de Campo do Diagrama de Dispersão de avaliações individuais feitas sobre: *CUR   Página 1
Pergunta sobre avaliação: Em geral, que tipos de valores são exibidos habitualmente na prática
efetiva dos profissionais de RH no seu Estado?

Relatório baseado nas avaliações agregadas
Diagnóstico da cultura organizacional
Apresentado por Valença & Associados -- Aprendizagem Organizacional
Agosto de 2004

ACEITAÇÃO DE ORIENTAÇÃO PARA A TAREFA, POR PARTE DE UMA AUTORIDADE ESTABELECIDA

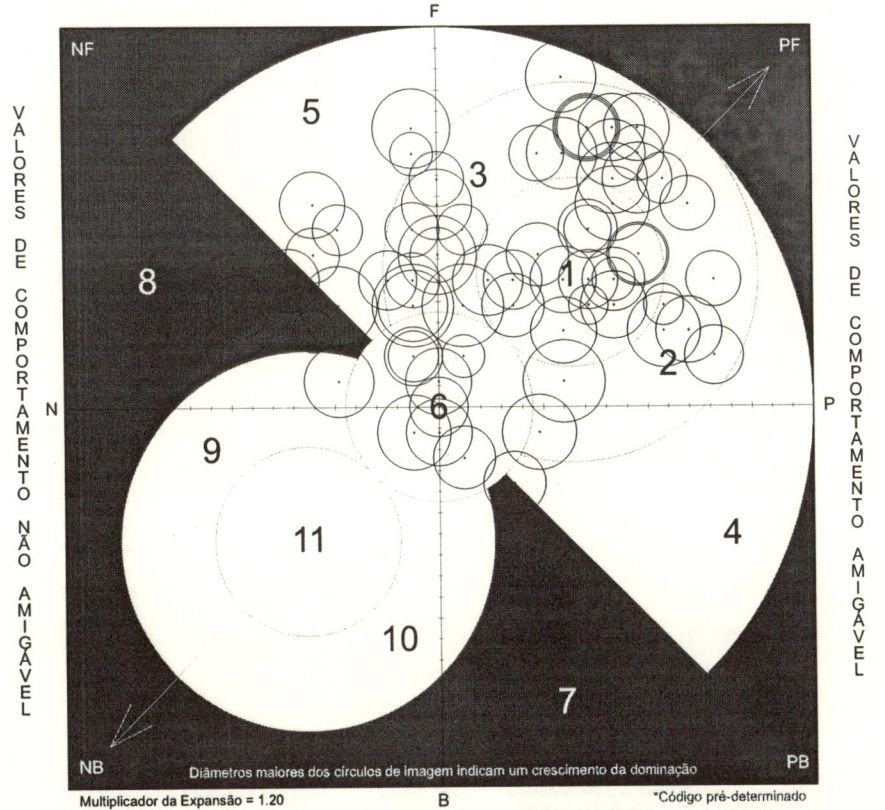

OPOSIÇÃO DIANTE DA ORIENTAÇÃO PARA A TAREFA, POR PARTE DE UMA AUTORIDADE ESTABELECIDA

Copyright 2002 SYMLOG Consulting Group, 18580 Polvera Dr., San Diego, CA 92128. (858) 673-2098. Todos os direitos reservados.
Versão autorizada por R.F. Bales. Tradução de Valença & Associados.   07/28/04 10:46 FL-US ABRH--RH's S0009012 SYMNET 3.50 Basic Int

252 MÉTODO SYMLOG E APRENDIZAGEM ORGANIZACIONAL

Diagrama de Campo do Diagrama de Dispersão de avaliações individuais feitas sobre: *CUR
Pergunta sobre avaliação: Em geral, que tipos de valores são exibidos habitualmente na prática
efetiva dos profissionais de RH no seu Estado?

Página 2

Transparência para Orientação de Valor

ACEITAÇÃO DE ORIENTAÇÃO PARA A TAREFA, POR PARTE DE UMA AUTORIDADE ESTABELECIDA

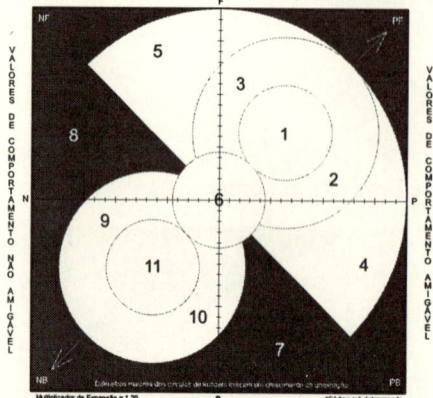

OPOSIÇÃO DIANTE DA ORIENTAÇÃO PARA A TAREFA, POR PARTE DE UMA AUTORIDADE ESTABELECIDA

Nomes das Áreas

1 Núcleo do Trabalho Mais Eficaz em Equipe

2 Lado Liberal do Trabalho em equipe
3 Lado Conservador do Trabalho em equipe

4 Ala Centrada no Grupo
5 Ala Centrada na Autoridade

6 Área de Balanceamento

7 Facção Libertária
8 Facção Individualista

9 Oposição Anti-grupo
10 Oposição Anti-autoridade

11 Núcleo de Oposição Radical

Número de Avaliações em Cada Área: A Observada comparada à Esperada*

Nome da Imagem: *CUR
Total de círculos da imagem no Diagrama de Dispersão: 69

A = "Alta"
B = "Baixa"

ÁREA Número e Nome	NÍVEL DE DOMINAÇÃO			TOTAL DA ÁREA	
	Dominador	Mediador	Submisso	Observada	Esperada
1 Núcleo do Trabalho Mais Eficaz em Equipe	3 L	11	3	17 L	32
2 Lado Liberal do Trabalho em equipe	3 L	4	2 H	9 L	15
3 Lado Conservador do Trabalho em equipe	8	13 H	2	23 H	15
4 Ala Centrada no Grupo	0	1	0	1	1
5 Ala Centrada na Autoridade	2	2 H	2 H	6 H	1
6 Área de Balanceamento	1	5 H	2 H	8 H	4
7 Facção Libertária	0	0	0	0	0
8 Facção Individualista	1 H	2 H	1 H	4 H	0
9 Oposição Anti-grupo	1 H	0	0	1 H	0
10 Oposição Anti-autoridade	0	0	0	0	0
11 Núcleo de Oposição Radical	0	0	0	0	0
Totais Observados:	19 L	38 H	12 H	69	
Normas Esperadas:	37	29	4		

*A norma, ou o número esperado, para cada célula da tabela foi computada como uma percentagem do total N de uma grande população normativa. Para uma comparação mais fácil com o conjunto dos números originais dos dados atuais observados, cada percentagem foi aplicada ao total N do conjunto de dados atuais para obter um número esperado para a célula. A comparação da observada com a esperada permite, então, um julgamento estatístico do número observado como alto (A), baixo (B), ou normal. Essas células que são altas ou baixas são marcadas por A ou B. Entretanto, os números normativos são dispostos na tabela somente para as células que mostram a ÁREA TOTAL.

Copyright 2002 SYMLOG Consulting Group, 18580 Polvera Dr., San Diego, CA 92128. (858) 673-2098. Todos os direitos reservados.
Versão autorizada por R.F. Bales. Tradução de Valença & Associados.   07/28/04 10:46 FL-US ABRH--RH's S0009012 SYMNET 3.50 Basic Int

PERFIL DE VALORES DA CULTURA OU DA PRÁTICA PROFISSIONAL... 253

Diagrama de Campo do Diagrama de Dispersão de avaliações individuais feitas sobre: *CUR
Pergunta sobre avaliação: Em geral, que tipos de valores são exibidos habitualmente na prática
efetiva dos profissionais de RH no seu Estado?

Página 1

Relatório baseado nas avaliações agregadas
Diagnóstico da cultura organizacional
Apresentado por Valença & Associados -- Aprendizagem Organizacional
Agosto de 2004

ACEITAÇÃO DE ORIENTAÇÃO PARA A TAREFA, POR PARTE DE UMA AUTORIDADE ESTABELECIDA

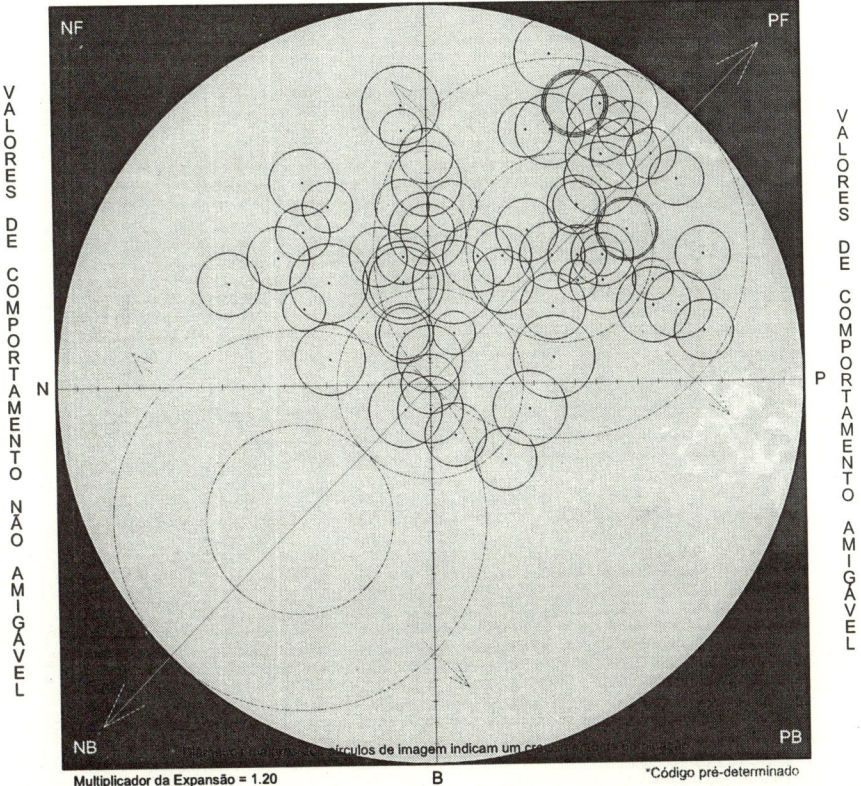

VALORES DE COMPORTAMENTO NÃO AMIGÁVEL

VALORES DE COMPORTAMENTO AMIGÁVEL

Multiplicador da Expansão = 1.20   B   *Código pré-determinado

OPOSIÇÃO DIANTE DA ORIENTAÇÃO PARA A TAREFA, POR PARTE DE UMA AUTORIDADE ESTABELECIDA

Copyright 2002 SYMLOG Consulting Group, 18580 Polvera Dr., San Diego, CA 92128. (858) 673-2098. Todos os direitos reservados.
Versão autorizada por R.F. Bales. Tradução de Valença & Associados.   07/28/04 10:46 FL-US ABRH--RH's S0009012 SYMNET 3.50 Basic Int

254 MÉTODO SYMLOG E APRENDIZAGEM ORGANIZACIONAL

Diagrama de Campo do Diagrama de Dispersão de avaliações individuais feitas sobre: *FUT Página 1
Pergunta sobre avaliação: Em geral, que tipos de valores precisariam ser exibidos na prática efetiva
dos profissionais de RH para que ela seja mais eficaz, no futuro?

Relatório baseado nas avaliações agregadas
Diagnóstico da cultura organizacional
Apresentado por Valença & Associados -- Aprendizagem Organizacional
Agosto de 2004

ACEITAÇÃO DE ORIENTAÇÃO PARA A TAREFA, POR PARTE DE UMA AUTORIDADE ESTABELECIDA
F

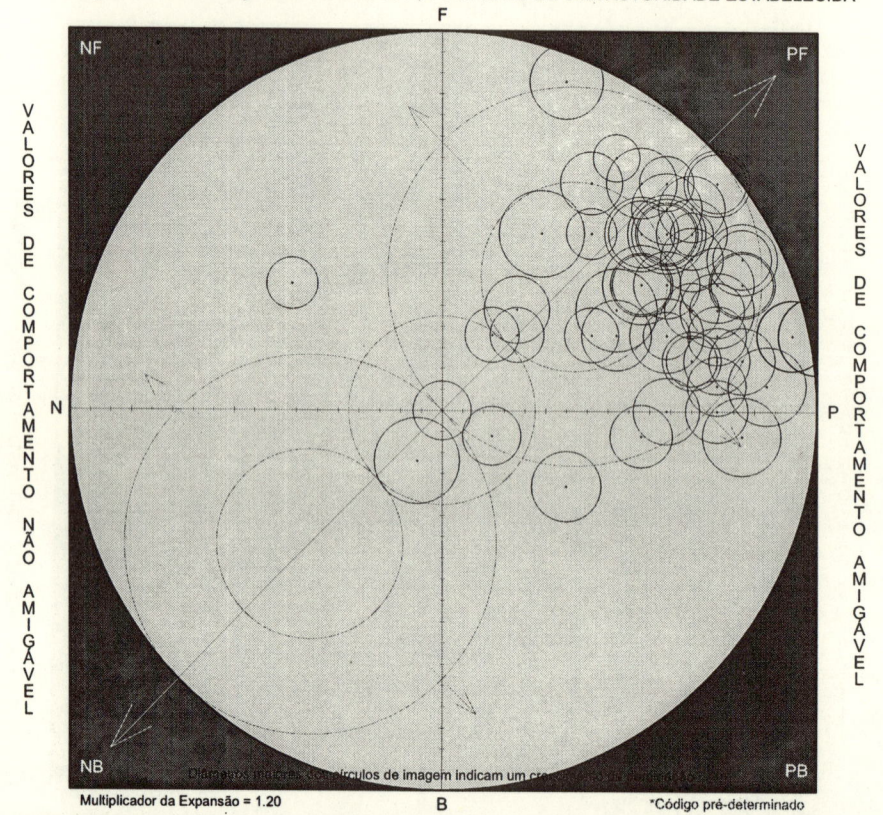

NF PF

VALORES DE COMPORTAMENTO NÃO AMIGÁVEL

N P

VALORES DE COMPORTAMENTO AMIGÁVEL

NB PB

Multiplicador da Expansão = 1.20   B   *Código pré-determinado
OPOSIÇÃO DIANTE DA ORIENTAÇÃO PARA A TAREFA, POR PARTE DE UMA AUTORIDADE ESTABELECIDA

Copyright 2002 SYMLOG Consulting Group, 18580 Polvera Dr., San Diego, CA 92128. (858) 673-2098. Todos os direitos reservados.
Versão autorizada por R.F. Bales. Tradução de Valença & Associados.   07/28/04 10:47 FL-US ABRH--RH's S0009012 SYMNET 3.50 Basic Int

PERFIL DE VALORES DA CULTURA OU DA PRÁTICA PROFISSIONAL... 255

Diagrama de Campo do Diagrama de Dispersão de avaliações individuais feitas sobre: *REW
Pergunta sobre avaliação: Em geral, que tipo de valores exibidos na pratica efetiva dos profissionais
de RH do seu Estado são realmente recompensados?

Página 1

Relatório baseado nas avaliações agregadas
Diagnóstico da cultura organizacional
Apresentado por Valença & Associados -- Aprendizagem Organizacional
Agosto de 2004

ACEITAÇÃO DE ORIENTAÇÃO PARA A TAREFA, POR PARTE DE UMA AUTORIDADE ESTABELECIDA

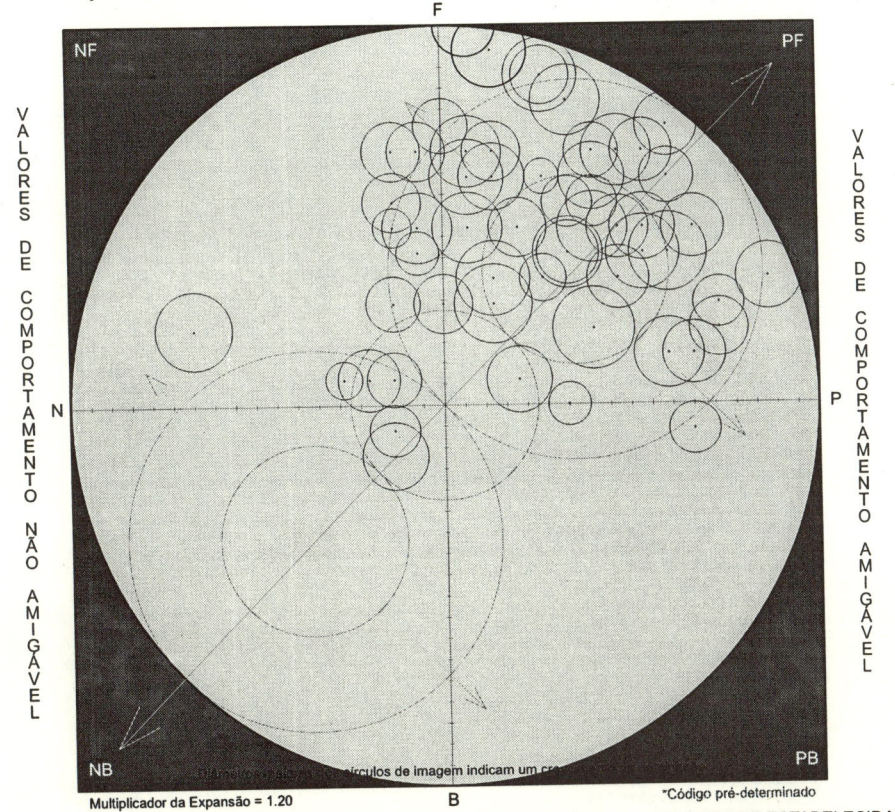

OPOSIÇÃO DIANTE DA ORIENTAÇÃO PARA A TAREFA, POR PARTE DE UMA AUTORIDADE ESTABELECIDA

Multiplicador da Expansão = 1.20   *Código pré-determinado

Copyright 2002 SYMLOG Consulting Group, 18580 Polvera Dr., San Diego, CA 92128. (858) 673-2098. Todos os direitos reservados.
Versão autorizada por R.F. Bales. Tradução de Valença & Associados.   07/28/04 10:47 FL-US ABRH--RH's S0009012 SYMNET 3.50 Basic Int

256 MÉTODO SYMLOG E APRENDIZAGEM ORGANIZACIONAL

Diagrama de Campo do Diagrama de Dispersão de avaliações individuais feitas sobre: *CXP
Pergunta sobre avaliação: Em geral, que tipo de valores você supõe que os principais clientes
percebem na prática efetiva dos profisssionais de RH no seu Estado?

Página 1

Relatório baseado nas avaliações agregadas
Diagnóstico da cultura organizacional
Apresentado por Valença & Associados -- Aprendizagem Organizacional
Agosto de 2004

ACEITAÇÃO DE ORIENTAÇÃO PARA A TAREFA, POR PARTE DE UMA AUTORIDADE ESTABELECIDA

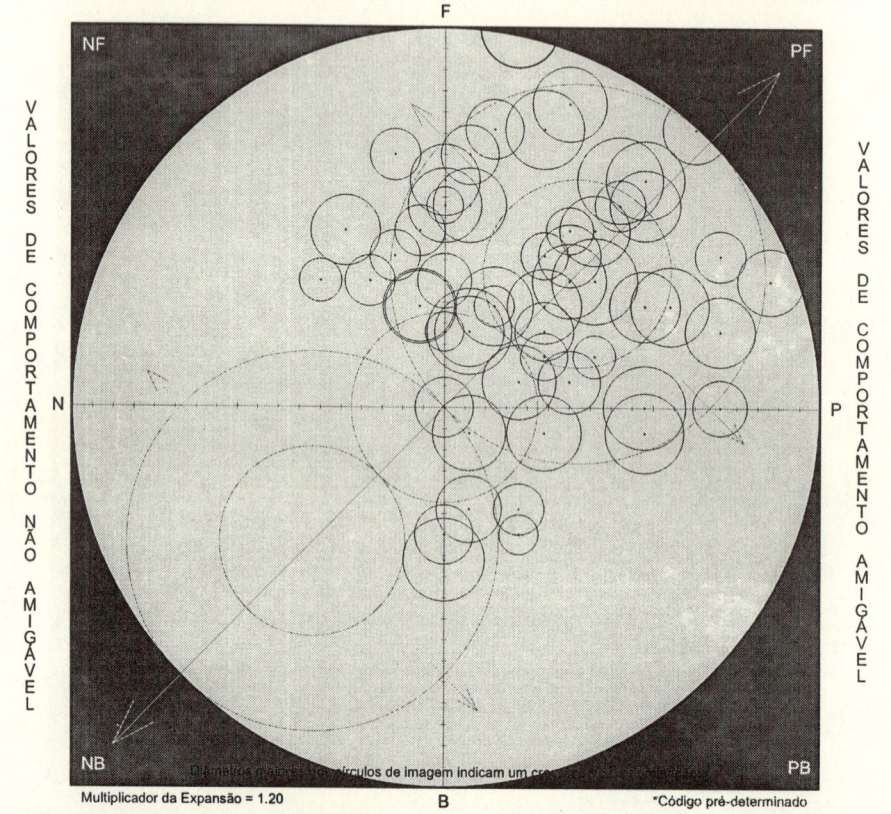

Multiplicador da Expansão = 1.20   *Código pré-determinado

OPOSIÇÃO DIANTE DA ORIENTAÇÃO PARA A TAREFA, POR PARTE DE UMA AUTORIDADE ESTABELECIDA

Copyright 2002 SYMLOG Consulting Group, 18580 Polvera Dr., San Diego, CA 92128. (858) 673-2098. Todos os direitos reservados.
Versão autorizada por R.F. Bales. Tradução de Valença & Associados.   07/28/04 10:47 FL-US ABRH--RH's S0009012 SYMNET 3.50 Basic Int

Método Symlog no Brasil

Bases da Parceria e do Portfólio de Produtos e Serviços de Valença & Associados – Aprendizagem Organizacional e Symlog Consulting Group no Brasil

---

Introdução

Um dos grandes desafios das organizações modernas consiste em criar ambientes de convivência e trabalho que ajudem as pessoas:

1) a conseguirem realizar as metas organizacionais, mesmo em situações difíceis e tensionantes;

2) a terem o sentimento de essencialidade e sucesso psicológico;

3) a aumentarem a consistência e a coerência entre o que pretendem e prometem fazer e o que realizam de fato;

4) a manterem uma alta motivação e comprometimento interno;

5) a serem competentes e justas nas suas relações pessoais e profissionais, tratando as forças dinâmicas de coesão e conflito; e, conseqüentemente;

6) a manterem elevada produtividade, aperfeiçoando sua capacidade de aprender com a reflexão sobre a ação na própria ação.

Valença & Associados e o Symlog Consulting Group têm o justo orgulho de contribuir com duas grandes vertentes de pesquisas comportamentais:

1) a observação sistemática de grupos nas dinâmicas de coesão e polarização, e

2) a sistematização científica de uma teoria da ação humana, no que diz respeito tanto aos processos mentais como às estratégias comportamentais.

Ambas as empresas detêm um importante repertório de serviços e produtos com as duas perspectivas metodológicas, oferecendo uma abordagem extremamente rica nos trabalhos voltados para eficácia em equipe, liderança educadora e aprendizagem organizacional.

Valença & Associados

Valença & Associados – Aprendizagem Organizacional foi fundada em 1978 por Antônio Carlos Valença, Ph.D. em Comportamento Organizacional, para prestar serviços de Estratégia Empresarial. A empresa rapidamente evoluiu e ampliou seu escopo de serviços, especializando-se em Aprendizagem Organizacional com base em Ciência da Ação e Educação Reflexiva áreas de pesquisa e de prática de seu fundador.

- **Missão**: educar pessoas em grupos e organizações a aprender a aprender, através da reflexão crítica sobre a prática profissional.
- **Principal Estratégia**: prestar serviços de aprendizagem organizacional.
- **Meta Básica**: participar na criação de ambientes de aprendizagem e na construção de comunidades de prática profissional.
- **Força Motriz**: usar sistematicamente os métodos da Ciência da Ação e da Educação Reflexiva para investigar a prática humana.
- **Tática**: aderência à ética da responsabilidade: "Todo agente é responsável pelas conseqüências de sua ação. Inclusive pelas surpreendentes e indesejadas."

Entre as principais atividades de V&A constam: prestar serviços integrados em Processos de Aprendizagem Organizacional; conceber Cenários e Estratégias Empresariais, apoiar o Desenvolvimento de Competências e o Desenvolvimento de Equipes; conduzir Pesquisas Comportamentais; facilitar a Modelagem e a Simulação de Negócios; disseminar Conhecimentos e manter uma linha editorial de Publicações Técnicas.

Pela relevância, vale destacar, dentre suas atividades, o Programa de Formação de Consultores em Aprendizagem Organizacional. Mais de 150 profissionais passaram por esta formação que resultou na fundação de uma das primeiras comunidades de prática em aprendizagem organizacional que se tem notícia internacionalmente, com base na Ciência da Ação. As principais fontes teóricas na formação foram as contribuições dos mestres Chris Argyris, Donald Schön, além de contribuições de outros cientistas e pesquisadores, como Darcy Ribeiro, David Bohm, George Kelly, Gregory Bateson, Humberto Maturana, Jürgen Habermas, Karl Weick, Kurt Lewin, Paulo Freire, Peter Senge, Robert Bales, Robert Putnam, entre outros.

Hoje, Valença & Associados oferece programas de certificação a consultores no Brasil em parceria com o Symlog Consulting Group, em grupos abertos e *in company*.

O posicionamento institucional de Valença & Associados está alicerçado em:

Maturidade

Mais de 25 anos prestando serviços inovadores que fazem de V&A uma empresa ao mesmo tempo madura e confiável.

Inovação

Mantém-se líder em tecnologia educacional continuada, baseada em métodos experimentais de observação e de reflexão crítica sobre a prática profissional, de acordo com o princípio de "aprender fazendo".

Credibilidade

Em toda sua história, V&A tem sido coerente com valores de excelência dos serviços, transparência e seriedade nas negociações, zelo pela melhor qualidade das intervenções.

Cooperação

Cada intervenção de V&A é uma ação próxima, partilhada e cooperativa com o cliente, na base da confiança, da apreciação recíproca e de responsabilidade social.

Suporte

V&A oferece modernas instalações, com espaço para trabalho em grupos, um amplo leque de produtos e um vasto repertório de técnicas sofisticadas de laboratório, clínicas de habilidade, simulação, dramatizações, jogos computacionais e recursos didáticos.

Especialização

Dedicada a serviços comportamentais através da abordagem da Ciência da Ação, um campo de pesquisa com início na década de 50 no Departamento de Relações Humanas da Universidade de Harvard, e elevado ao *status* de ciência social crítica desde 1985, por mérito de Chris Argyris e Donald Schön.

Symlog Consulting Group – SCG

O SCG é uma empresa de Consultoria e Treinamento fundada a partir da aquisição dos direitos autorais e da assessoria técnica de Robert F. Bales, Ph.D., professor emérito da Universidade de Harvard. Em 1983, fundou o Symlog Consulting Group com seus colegas e assistentes: Robert Köenigs, Ph.D. e Margaret Cowen, Ph.D., em San Diego, Califórnia.

Robert F. Bales é autor de várias obras importantes tais como: *Interaction Process Analysis*; Personality and Interpersonal Behavior, co-autor com Talcott Parsons e Edward Shils, da obra: *Working Papers in the Theory of Action*. E tem publicado mais de 100 *papers* nas maiores revistas internacionais de Sociologia e Psicologia. Ele escreveu e trabalhou junto ao Symlog Consulting Group até junho de 2004, quando faleceu. Uma de suas principais inovações foi desenvolver o Symlog, um Sistema de Observação de Grupos em Múltiplos Níveis.

O Symlog Consulting Group atua em nível internacional e de forma interativa; detém um banco de dados que torna possível a realização de pesquisas sobre as leis gerais da interação humana. O banco de dados do Symlog contém mais de um milhão (1.000.000) de perfis profissionais, produto de pesquisas em mais de 40 países e disponíveis em 13 idiomas.

Na ousada tentativa de identificar características e traços universais, Robert F. Bales redefiniu os limites fundamentais do campo de pesquisa e estabeleceu critérios para valores e comportamentos de líderes e liderados. Ele ofereceu, desta forma, uma nova "teoria de campo" e uma apreciação dos múltiplos contextos nos quais as pessoas vivem e interagem.

Sem ânimo de erradicar as diferenças, antes entendê-las, Robert F. Bales considera que os valores inerentes a qualquer interação ou situação permitem ao interveniente apreciar as causas de polarização existentes entre conservadores e liberais, individualistas e autoritários, libertários e comunitários.

Robert F. Bales enfatizou que o processo mental dos indivíduos e suas interações sociais ocorrem em contextos que podem vir a ser mensurados de forma sistemática; portanto, permitem a explicação e predição do comportamento dos indivíduos de forma mais acurada e precisa do que através dos métodos inferenciais tradicionalmente utilizados até o momento.

O início da pesquisa de Robert F. Bales começou com o intuito de responder à pergunta: "O que se entende por situação?" Ele achava que as situações dinâmicas e complexas servem como o contexto para todas as interações sociais. Ao desenvolver o Symlog, o professor Bales abandonou os métodos tradicionais inadequados, estáticos e lineares de avaliação e deu início a uma nova abordagem para o entendimento de relações dinâmicas, com uma base tridimensional de eixos teóricos: poder, afeto e orientação para a tarefa.

Robert F. Bales oferece, desta forma, um trabalho pioneiro que tem o potencial de dar início a uma nova teoria científica. O seu trabalho contribui e dá suporte aos esforços de intervenção e síntese de todos os profissionais que trabalham com grupos e todos os tipos de organização.

O Sistema Symlog

Um acrônimo para *Systems for the Multiple Level Observation of Groups*, que em português vem a ser "Sistema para Observação de Grupos em Níveis Múltiplos", e pode ser entendido como:

- Uma **ciência social** empiricamente fundada e baseada em pesquisa com mais de dois milhões de perfis de pessoas, grupos e organizações.

- Uma **teoria abrangente**, empiricamente conduzida para identificar e atuar sobre os fenômenos da unificação e da polarização nas interações e dinâmicas humanas.

- Um **modelo** claro e eloqüente que ilustra a consistência ou a congruência de valores e estratégias de ação, os conflitos nos grupos e nas organizações e as formas de como superá-los.
- Um **instrumento** preciso, versátil e fácil de usar para avaliar percepções da eficácia, da produtividade, da harmonia e da coesão em grupo.
- Um **método** de análise que produz relatórios gráficos inteligentes, com opções de confidencialidade ou de aconselhamento personalizado.
- Um **guia normativo** para recomendar alternativas à liderança, para o trabalho em equipe, e para maximizar o desempenho pessoal ou em grupo.
- Um **sistema integrado** que pode comparar os cenários de perfis de valores ou de ambientes de trabalho internacionais de diversas culturas.

Parceria V&A e SCG

A parceria SCG e V&A ocorre através de um processo que estimula a consciência dos valores e estratégias de ação pessoais e coletivas. Aumenta, assim, a probabilidade de que os esforços das equipes ou unidades funcionais sejam bem-sucedidos. Com a reflexão sobre valores e prática concreta nos grupos, equipes e organizações, a aprendizagem coletiva acontece e a adaptação às condições de mudança passa a ser um processo acolhido e estimulado por todos. Comprovadamente, trata-se de uma forma construtiva de transformar a reflexão coletiva em ação educativa e transformadora.

Pode-se distinguir os seguintes processos ou passos de atuação, a partir da parceria tecnológica:

Observação

Os indivíduos, grupos e/ou membros das organizações e a cultura corporativa são focos de avaliação mediante a utilização de instrumentos integrados sobre conceitos importantes. Os conceitos versam sobre valores, traços pessoais ou comportamentais, voltados para diagnosticar as interações comportamentais e as inferências que as pessoas fazem sobre os valores subjacentes que conduzem à escolha tácita dos comportamentos individuais ou estruturados em grupos, equipes e organizações.

Feedback

Extensos relatórios confidenciais ou públicos, pessoais ou restritos à equipe, ou ainda estritamente personalizados são produzidos para sessões de *feedback* facilitadas pelos Consultores Internacionais Certificados pelo *Symlog Consulting Group*, da Califórnia, Estados Unidos. É possível receber *feedback* simultaneamente sobre uma percepção individual dos outros, as percepções dos outros quanto a um indivíduo, as dinâmicas e as normas dos grupos, os componentes da cultura organizacional e os sistemas de aprendizagem organizacional. Junto aos relatórios do Symlog, Valença & Associados oferece mais três relatórios complementares, opcionais: o PCO – Perfil das Competências; o ADS – Autodiagnóstico Sistêmico dos membros de grupos ou equipes; e o MSAO – Mapeamento do Sistema de Aprendizagem Organizacional.

Interação

Através da discussão dos resultados das pesquisas/avaliações, os participantes:

- Desenvolvem uma compreensão partilhada e mútua sobre a forma como eles se percebem, percebem os outros e o seu grupo, a equipe ou a cultura de sua organização. Aprendem quais as interações necessárias para a eficácia e a competência, quais as perigosas, porém necessárias em alguma freqüência e aquelas que em qualquer hipótese irão sempre ser prejudiciais para a eficácia e competência.

- Estabelecem um comprometimento com as mudanças estratégicas necessárias.

- Formulam planos para o desenvolvimento pessoal, grupal e organizacional, de forma que as metas venham a ser atingidas, tanto em termos de produtividade como de competência e aprendizagem.

Educação Continuada

Com o intuito de manter um processo de educação continuada, recomenda-se que os levantamentos e pesquisas Symlog sejam periódicos, de forma a tornar possível uma avaliação das mudanças, dos contextos ou das tarefas, e para monitorar o progresso diante de planos de mudanças em competências, em processos de aprendizagem e nos critérios que regulam as relações entre os envolvidos.

Como produto da parceria entre SCG e V&A, a língua portuguesa tornou-se a 13ª língua em que o Symlog está disponível. Valença & Associados detém os direitos autorais para a língua portuguesa e a exclusividade da aplicação e do uso do Symlog junto ao setor público, além de representar o Symlog no Brasil. É a única empresa de consultoria no Brasil autorizada a conduzir e oferecer a formação aberta e *in company* de consultores para aplicação do Symlog, com certificação internacional.

Filosofia de Intervenção Integrada

A filosofia de intervenção de V&A e SCG implica processos integrados de mudança planejada e aprendizagem organizacional cujas características são as seguintes:

- Uma **abordagem de reflexão coletiva** para esclarecer valores e estratégias de ação, de modo a implementar escolhas claras para uma melhoria significativa da prática coletiva e da aprendizagem em grupo.

- Um **método preciso**, que usa informações válidas para enriquecer o diálogo produtivo, a reflexão crítica e o trabalho em equipe, de modo a elevar a motivação e a promover o comprometimento.

- Um **processo contínuo**, que unifica pessoas diversas para que as metas comuns sejam atingidas, em situações freqüentemente variadas e difíceis, de modo que as pessoas aumentem a consistência e a congruência entre o que intencionam fazer e o que fazem de fato.

Principais Usos do Sistema Symlog

O Sistema Symlog é baseado essencialmente em processos de percepção e permite uma variada utilização de seus métodos e instrumentos, demonstrando uma excelente potencialidade para revelar e interpretar a relação existente entre motivos, valores e comportamentos, em relação a um modelo de eficácia empiricamente construído.

Dentre suas principais e mais importantes características vale destacar a sua capacidade de:

- Mensurar o impacto dos valores na dinâmica de grupo, especialmente nos processos interativos de unificação e polarização, assim como também mensurar o impacto e a eficácia das pessoas e das culturas em relação aos processos de liderança, à eficácia do trabalho em grupo e à cultura organizacional.

- Avaliar a capacidade e a potencialidade de liderança na condução de equipes e grupos, com foco nos processos de mediação, dominação ou transferência de responsabilidade, na criação de bodes expiatórios.
- Como método de análise produzir relatórios, gráficos com opções de confidencialidade ou de leitura com aconselhamento personalizado (coaching).
- Como guia normativo recomendar alternativas para a liderança, o trabalho em equipe e a maximização do desempenho pessoal ou em grupo.
- Como sistema integrado, permitir comparar perfis de valores em diversas culturas e cenários organizacionais.

O Symlog tem sido utilizado para as mais diversas formas de intervenção em consultoria, desenvolvimento individual e de grupo, processos de coaching, pesquisa científica, pesquisa de mercado, pesquisa política, processos de transformação cultural, fusão, aquisição, reposicionamento estratégico, diagnósticos de diversos tipos, análise de desempenho, de perfil de liderança, *setting* terapêutico, análise literária, gerenciamento da diversidade: gênero e cultura, etc.

- Pesquisas de Mercado, Relações Comerciais, Pesquisas de Imagem.
- Seleção e Avaliação de Líderes.
- Treinamento e Desenvolvimento da Liderança.
- Formação de Equipe.
- Liderança e Administração das Equipes de Trabalho.
- Administração da Qualidade e Excelência de Desempenho.
- Desenvolvimento Interfuncional das Unidades ou Equipes.
- Integração Cultural das Equipes de Trabalho.
- Avaliação das Culturas de Grupos ou de Equipes Organizacionais.
- Bases Relacionais do Planejamento Estratégico.

- Avaliação de Programas de Desenvolvimento.
- Bases das Teorias de Ação Pessoais, de Grupos e Organizações.
- Análise de Valores do Sistema de Aprendizagem Organizacional.
- Dinâmicas Favoráveis ou Desfavoráveis para a Aprendizagem.

LINHA DE PRODUTOS SYMLOG MAIS UTILIZADOS NO MUNDO E DISPONÍVEIS PARA O BRASIL

1. Desenvolvimento do Perfil de Líderes e da Liderança

Os indivíduos têm entendimentos diferentes quanto ao impacto de seu comportamento sobre as pessoas com quem trabalham e aprendem. Dificilmente conhecem a fundo a sua teoria de ação. Às vezes, nem desconfiam que tendem a falar de um modo e agir de outro. O conhecimento do perfil de líderes pode favorecer significativamente a consciência e o plano de ação de melhoria da atuação da liderança, do trabalho em equipe e da eficácia interpessoal. Entre as abordagens utilizadas em todo o mundo, três estão entre as principais e mais freqüentes:

a) Liderança de Diversos Grupos

Os indivíduos analisam os valores e as estratégias de ação mostrados pelos membros de seu grupo de trabalho, bem como suas próprias motivações para a liderança, e planejam as mudanças para elevar a eficácia de sua liderança e suas interações com cada membro do grupo.

b) Perfil do Líder e da Liderança

Os indivíduos recebem *feedback* dos companheiros de trabalho sobre seus valores e estratégias de ação, examinam suas próprias motivações para a liderança e planejam as mudanças para elevar a eficácia de sua liderança e a produtividade.

c) Liderança para um Trabalho Eficaz em Equipe

Os indivíduos recebem *feedback* dos companheiros de trabalho, analisam os valores e estratégias de ação mostrados pelos membros de seu grupo de trabalho, bem como suas próprias motivações para a liderança, e planejam as mudanças para elevar a eficácia de sua liderança e trabalho em equipe, e a produtividade de seu grupo.

2. Desenvolvimento do Trabalho em Equipe

Introdução

Os membros entendem as dinâmicas de seu grupo, as forças de unificação e polarização operantes e a importância das diferenças individuais. Desenvolvem uma visão e estratégia abrangentes, partilhadas, para integrar as forças individuais, resolver conflitos, fomentar o trabalho em equipe e elevar a produtividade. Há três abordagens principais:

a) Perfil da Equipe

Os membros de um grupo analisam os valores e as estratégias de ação mostrados em sua equipe, sob condições variadas e planejam mudanças para elevar o diálogo, seu trabalho em equipe e a produtividade.

b) Otimização do Desempenho da Equipe

Os membros de um grupo analisam os valores e as estratégias de ação mostrados pelos membros individualmente, pela equipe e planejam mudanças para elevar o diálogo, o trabalho em equipe e a produtividade, alinhada aos objetivos da equipe.

c) Formação de Equipe e Cultura Organizacional

Os membros de um grupo analisam os valores e as estratégias de ação mostrados pelos membros individualmente, pela equipe e a organização em que trabalham, e planejam mudanças para integrar a eficácia do trabalho em equipe e a produtividade organizacional.

3. Cultura e Aprendizagem Organizacional

Introdução

Os membros descobrem como ocorre a interseção das percepções e imagens individuais e coletivas, quais os valores, normas e traços da cultura organizacional, juntamente com as políticas, procedimentos e sistemas infra-estruturais (sistemas de informação, comunicação, controles de desempenho e de recompensas) e como ocorre o processo dinâmico que contribui para a competência geral da organização, a produtividade e a sustentabilidade a longo prazo.

Uma vez conhecida esta complexidade dinâmica dos fatores da aprendizagem organizacional, os membros responsáveis pela estratégia organizacional planejam e procuram implementar as mudanças necessárias para elevar o comprometimento individual, mesclar as necessidades administrativas com o desempenho eficaz do grupo e focalizar a ação corporativa para a melhoria contínua em busca da satisfação do cliente e a continuidade estratégica da organização, baseadas na criação de um ambiente de diálogo, reflexão crítica, construção coletiva e comprometimento responsável com as visões e ações comuns. Há três processos de atuação integrados:

a) Pesquisa sobre a Cultura Organizacional

Os membros de uma organização, ou uma equipe administrativa, analisam os valores e as estratégias de ação mostrados em sua cultura organizacional e planejam as mudanças para alinharem os sistemas infra-estruturais, de modo que o trabalho em equipe e a produtividade organizacional sejam melhorados.

b) Integração de Grupos e Equipes

Os membros de dois ou mais grupos analisam os valores e as estratégias de ação mostrados em suas interações, sob condições variadas, e planejam mudanças para elevar a competência relacional, a produtividade intergrupal e a eficácia.

c) Pesquisa sobre o Sistema de Aprendizagem

Os membros da hierarquia estratégica da organização elaboram uma pesquisa geral sobre o seu sistema de aprendizagem, composto dos instrumentos do Symlog sobre a cultura da organização e a integração das equipes, juntamente com os instrumentos de Valença & Associados voltados para a construção de autodiagnóstico sistêmico, um perfil das competências organizacionais e o mapeamento do sistema de ação e da aprendizagem. Cada uma destas pesquisas e avaliações conta com o apoio de softwares específicos desenvolvidos por V&A – Valença & Associados e o SCG – Symlog Consulting Group.

Contatos do Método Symlog no Brasil

Valença & Associados – Aprendizagem Organizacional

Matriz à Rua Marcelino Lisboa, 55 – Parnamirim

CEP: 52060-040 – Recife/PE

Fone/Fax: (81) 3268-4403

cva@valencaeassociados.com.br

www.valencaeassociados.com.br

Nota final: Novas fontes lingüísticas e uma ampla revisão da tradução do método Symlog estão em curso, com base nos resultados e avaliações desses primeiros anos de parceria entre V&A e SCG. Serão bem-vindas todas as sugestões, apreciações e críticas que venham a constituir para essa tarefa.

EDUCAÇÃO ESTRATÉGICA NAS ORGANIZAÇÕES
Como as Empresas de Destaque Gerenciam o Processo de Educação Corporativa

Elizabeth Ayres Gdikian e Moisés Correia da Silva

A Educação Corporativa é uma tendência que vem ganhando espaço no Brasil neste momento em que as velhas fórmulas de organização do trabalho, baseadas numa administração autocrática, fiscalizadora e restritiva estão sendo substituídas por um novo formato de negócios baseado na criatividade, no poder de inovar processos e produtos, e de dominar tecnologias emergentes. Mas como esse processo está se dando no Brasil? Quais são os resultados das iniciativas já implementadas? De acordo com os autores, o treinamento tradicional está sendo crescentemente substituído por ter características que não atendem às necessidades competitivas das empresas hoje.

Enquanto o treinamento é reativo, descentralizado e voltado para um público amplo, a Universidade Corporativa é um processo centralizado que oferece soluções de aprendizagem com relevância estratégica para cada família de cargos e para as competências essenciais da organização.

SÉRIE:
RECURSOS HUMANOS
Nº DE PÁGINAS:
112
FORMATO:
16 x 23
ISBN:
85-7303-367-3

AS PESSOAS EM PRIMEIRO LUGAR
Como Promover o Alinhamento de Pessoas, Desempenho e Resultados em Tempos Turbulentos

Dermeval Franco

Aspectos importantes da Gestão Empresarial, como Liderança, Motivação, Cultura e Mudança Organizacional, Educação Corporativa, dentre tantos outros, são o objeto de análise deste livro. Dermeval Franco trabalha com maestria os conceitos tão em voga atualmente – como a Gestão por Competências – sem cair no lugar comum das teorias inaplicáveis à prática. E tudo ricamente ilustrado com **cases** atuais que facilitam uma assimilação por parte do leitor. Um guia completo para uma nova modalidade de gerentes: aqueles que colocam as pessoas em primeiro lugar.

SÉRIE:
RECURSOS HUMANOS
Nº DE PÁGINAS:
280
FORMATO:
16 x 23
ISBN:
85-7303-438-6

Educação Corporativa
Fundamentos e Práticas

Ana Paula Freitas Mundim e Eleonora Jorge Ricardo

Na atual sociedade em que vivemos, é extremamente importante que o conhecimento dos colaboradores de uma organização seja devidamente qualificado, especializado e atualizado. Neste cenário, a educação corporativa é a chave principal para reter este capital intelectual.

Esta coletânea de artigos, organizada por Ana Paula Freitas Mundim e Eleonora Jorge Ricardo, navega desde a teoria até a prática, com apresentação de casos sobre implantação de projetos de educação corporativa. Com uma linguagem clara e objetiva, os textos permitem que o leitor tenha uma visão de impacto que a aplicação do conceito de educação corporativa vem provocando no nível de competividade das empresas.

SÉRIE:
Recursos Humanos
Nº DE PÁGINAS:
184
FORMATO:
16X23
ISBN:
85-7303-506-4

Entre em sintonia com o mundo

QualityPhone:
0800-263311
Ligação gratuita

Rua Teixeira Júnior, 441
São Cristóvão
20921-400 – Rio de Janeiro – RJ
Tel.: (0XX21) 3860-8422
Fax: (0XX21) 3860-8424

www.qualitymark.com.br
E-Mail: quality@qualitymark.com.br

Dados Técnicos

Formato: 16 x 23

Mancha: 12 x 19

Corpo: 11

Entrelinha: 13

Fonte: Times New Roman

Total de Páginas: 304